# 民主主義はいつ成立するのか

時間と民意の政治学

# 民主主義はいつ成立するのか

時間と民意の政治学

鵜飼健史
Takefumi Ukai

岩波書店

# 目　次


序　論　時間の問題――『慎慮の寓意』とその先……1

第一章　過去――死者による支配からの解放……17

一　時間の政治学――クロノスとカイロス　18
二　八月革命の時間――「起源」から民主主義を考える　21
三　プリコミットメントの時間――「帰結」から民主主義を考える　26
四　過去から現在へ　33
五　一時的な結論と死者による支配について　41

第二章　未来――将来の民主主義と民主主義の将来……47

一　再開する時間について　48
二　未来の制限――未来に関する政治理論　51
三　未来の希望――デモスと「来るべき民主主義」　65
四　おわりに――未来という怪物とともに　80

第三章　テンポ――民主主義の遅さと遅れ……85

一　政治の速度　86

二　持続する民主主義——全体主義とその逆立ち　91
三　加速化・時間性・化石化——政治のスピード　103
四　多元化する時間——遅さから遅れへ　114
五　自己統治と時間——アディショナル・タイムにて　121

**第四章　代表——デモスの持続的な現在**……125

一　代表の地平　126
二　参加と代表——代表制批判の諸層　128
三　選挙と代表——代表制民主主義の実態　135
四　構築と代表——デモスの居場所　143
五　代表か民主主義か——デモスの持続的な現在と慎慮　151

**第五章　民意——代表制民主主義における不純さ**……155

一　民意の時代　156
二　代表制統治の弁証——民意の通時的な循環　158
三　選挙と民意——民意のルートについて　165
四　民意の現われ——過去と未来　170
五　民意の彼岸で　178

**第六章　はじまり——主権者の意味と無意味**……183

一　国民主権のスタート地点　184

二　憲法前文は、歴史的に、誰が書いたか　186
三　憲法前文を読む　193
四　憲法前文は、理論的に、誰が書いたか　198
五　外国の痕跡とこれから　204

第七章　終焉——民主主義がなくなるとき……209
一　コロナ禍の民主主義——あらためて何が問題なのか　210
二　民主主義の死から偶然性を考える　214
三　偶然性の政治理論——政治の代償について　217
四　緊急対応する民主主義　224
五　平時の民主主義——緊急事態は存在するか　231
六　「終わり」に代えて　235

注……237
あとがき……271
参考文献
索　引

序論

# 時間の問題

——『慎慮の寓意』とその先

あまり意識されていないが、政治も時間から逃れられない。本書では、こうした政治の基本的な条件のひとつを念頭に置いた上で、私たちの自己統治を実現する手続きとしての民主主義が、時間といかなる理論的な関係にあるのかが論じられる。はじめに、次の絵画を見ていただこう。

ティツィアーノの晩年に、『慎慮の寓意』(*Allegory of Prudence*)という奇妙な絵画がある。政治思想史に詳しい方であれば、ジョン・ダンの *Interpreting Political Responsibility* の表紙で使用された印象的な作品、といえばお分かりいただけるかもしれない(Dunn 1990)(1)。盛期ルネサンスを生きたティツィアーノ・ヴェチェッリオは、動態的で色彩豊かな画風で知られるヴェネツィア派の中心的な画家で、肖像画で一般に知られているものの、古代神話や宗教を画題とした優れた作品も数多く残した。

『慎慮の寓意』も、こうした古典的な知識を背景として描かれた作品であるのは間違いない。この絵の中央には正面を向いた男性の肖像、それを挟んでそれぞれ左と右を向いた、二人の男性の横顔が描かれている。この男性たちは左から老人、壮年、青年である。三つの肖像の下には、向かって左からオオカミ、ライオン、犬の頭部が各肖像にシンメトリックに描かれている。動物はその順に狡猾、壮健、従順をしめしていると考えられる。そして男性たちの頭上の背景にはラテン語で、「過去の経験によって／現在は慎慮にふるまう／未来の行為を損なわないために」と不明瞭に書かれている。この文章から推察すると、各年代に対応した男性の肖像はそれぞれ過去、現在、未来を含意し、各動物は記憶、知性、予見という能力を表象すると理解できよう(Panofsky 1955: 149)(2)。

寓意的な意味づけがあまりに明白にも思われるこの作品は、それにもかかわらず、その存在が知られていなかったこともあり、これまで数多くの解釈を惹起してきた(そのタイトルも二〇世紀に与えられた)(Lippincott et al. 1999; McCouat

2013/14)。まず、この描かれた男性たちが誰かという問題についてだが、ティツィアーノの一族の肖像と一般的に考えられている。この場合、左の老人がティツィアーノ本人で、中央がその息子のオラツィオ・ヴェチェッリオ、そして右の青年が縁戚のマルコ・ヴェチェッリオとされる。たしかにマドリッドのプラド美術館に所蔵されているティツィアーノの自画像と左の人物は、素人目にもかなり似ているようにみえる。美術史の泰斗、エルヴィン・パノフスキーは、こうした今日では通説的となった一連の理解を披瀝した上で、本作品がティツィアーノの一族の財産の法的な継承順をしめすという斬新な解釈を提起したことで知られる(それゆえ本作品で向かって左側の過去が薄暗く、右側の未来が明るく描写されたのは、「視覚以上の意味をもつ」と彼は主張する)(Panofsky 1955: 166-68)。

Titian, *Allegory of Prudence*, 1550-1565, National Gallery, London.

また、老境に至ったティツィアーノが自らのキリスト教的な罪の意識とその悔恨をしめしたという説もある(Cohen 2000)。この場合、当時としては驚異的な長命を保った画家が、自らの履歴を表現するために三世代をその性格ごとの異なるタッチで描いたと考えられる[3]。あるいは近年では、若き天才をもて囃す当時の風潮に対して、加齢とともに熟達する画力および慎慮のはたらきと、これらにもとづくヴェネツィアの工房制作の伝統を擁護する作品という解釈も提示されている(Campbell 2003)[4]。こうした解釈の並立や対立は、制作者(たち)やモデルが実は誰なのかを明らかにし、画題の意図を推し量るのにたいへん興味深いものの、もちろん本書が論じるべき課題ではない。

本書が末席に連なる政治学分野においても、慎慮は重要な概念としてすでに一定の研究蓄積がある(佐々木 1986; 荒木 2011; 関口 2020)。アリストテレス以来、慎慮が実践知のあり方と関係することはこの言葉の共通認識として指摘できるものの、「特定の状況に結びつけるかぎり」で、それは意味をもつ(Hariman 2003: 3)。すなわち、合理的な思考という実践の形式というよりも、慎慮と解釈されたものの内容が問題とされ、社会状況や哲学体系との関連におけるその蓄積が、実質的に慎慮の概念史であった。

だが、慎慮をめぐる概念分析のこうした傾向性の顕著な例外として、トマス・ホッブズを挙げることは許されるだろう。注目すべきは、彼が『リヴァイアサン』で時間的な枠組みにおいて慎慮の思考のあり方を精緻に考察しており、たんなる教訓的な論議から大きくはみ出して、その実践および限界を明確化している点である(第一部第三章)。ホッブズは慎慮を、「過去の時間の経験から集約された、未来についての仮定」と定義した。それが働くのは、ある行為の出来事を知るという状況であり、慎慮は過去の類似の行為とその成果を連続的に想定する思考によって成り立つ。

ある犯罪者がどうなるだろうかと予測する人は、自分が以前に、類似の犯罪に何がつづくのをみたかを再検討するのと同様であり、彼は犯罪、役人、牢獄、裁判官、そして絞首台という順序の思考をもつ。

しかし、あらゆる事情を観察するのが困難なため、慎慮はかなり間違えやすい。そのため、慎慮の評価は、それを引き出す過去の経験をどれだけ豊富に所持するかに依存する。この可謬性の自覚は、未来の不確かさに反映される。

つまり、「未来は過去の諸行為の帰結を、現在の諸行為に適用した心の仮想にすぎず、〔…〕十分な確実性をもっていない」。ホッブズによれば、過去は記憶のなかにのみ存在し、そして未来は全く存在せず、現在だけが「自然のなかに存在する」。

ホッブズの慎慮は確固たる現在にあって、過去から引き出された未来への展望である。それは記憶や類似にもとづくので、また能力的な限界のために完全に正確とはいえない。慎慮の有効性を高めるには、せいぜいその経験の引き出しを増やすことくらいでしか対処できないが、それが慎慮の質的な向上を確実に保証するわけではない。彼の興味深い指摘によれば、「人を獣から区別するのは、慎慮ではない。一歳で、一〇歳の子供がなしうるよりも多くを観察し、いっそうの慎慮で、自分たちの利益になることを追求する獣たちがいる」。いまや慎慮は、時間意識と経験を背景とした、生物に共通する、利益計算である。[5] ティツィアーノの『慎慮の寓意』でも、人間と動物がシンメトリックに描かれていた。経験の量においてはどの人間もそれほど大差はないので、各人の慎慮のちがいは、あくまでそれが使用される「それぞれの個人的な企図」とそれによって生じる「経験の機会」のちがいに由来する（第一部第八章）。そして、この万人に等しい時間経過が授ける慎慮の平等性は、逆に、結果の格差を許容できず、そこから生じる相互不信が戦争状態をもたらすことになる（第一部第一三章）。つまり、平等的で実践的な慎慮は、帰結が不平等だというよりも、その帰結が偶然だという底の浅い事実に耐え切れない。それは、結果として、互いが争う環境を準備する。[6] このように慎慮は、理性と自然法に導かれて社会契約が締結されるための、露払いをつとめることとなる。

ティツィアーノの寓意画を念頭に置いて解釈するなら、慎慮は過去と未来を真摯に理解し、受容することをもとめる。そして同時に、過去と未来に対する現在の相対的な優位性を決定づける能力でもある。過去と未来への配慮は必要だが、最終的な決定権は現在にある。そのため、政治の実践的で現実主義的な側面が台頭し、現在の優位性が確立する近代政治の発端で本作品が描かれたことに、思想史的な意味を読み取れるかもしれない。[7] この時代以降の政治は、慎慮の警句的な側面を即座に消化して、自らに都合のよい過去と未来を想定する権力間での、現在の闘争と同義的なものとなる。ダンによれば、近代的な思考では、形式的な因果関係を意味するような「道具的な理性」に、慎慮が還元される傾向にある(Dunn 1990: 200)。よくいえば慎慮を内面化した実践的な権力による時間設定が、近代政治の表舞台で演じられ、対立的な政治課題になればなるほど、諸々の時間設定に和解と統合の余地がなくなる。とくに、近代的な思考における自己利益の最大化を目的とする政治的アクターが台頭する渦中で、慎慮は「合い言葉」(Hariman 2003: 15)として用いられて、その増殖と反比例するかのように、それがかつて有していた真理に連なる神聖さや倫理性は急速に廃れていく。

自らが奉じる過去および自らが信じる未来を、局所的な道具的な理性に合致した形式で一方的に主張し、現在の判断を正当化する言説的な構成は、もはや政治の基本的な語法である。だが、だからこそ、時間認識をめぐって混迷を極めたかのような現代社会と民主主義に対して、時間への反省を組み込んだ慎慮が、重要性と有用性をいっそう高めると予想することもできる(Beer and Hariman 2013)。ダンの主張を参照すれば、「近代政治がもっとも喫緊に必要とするのは慎慮の民主化であり、それはある社会の全成人にわたる、政治的な諸問題に関する着実な判断と選択の責務の拡散である」(Dunn 1990: 214)。このとき慎慮の民主化は、諸個人にとっての善き生の「レシピ」ではなく、それを疑うための「前提条件」である。すなわち、各人が慎慮を善き生の展望に簡単に同一化させないために、各人に慎慮がより必要となる。ここでダンがもとめるのは、「決然とした、より近代的でより慎慮的な慎慮の創成」(Dunn 1985: 102、強調は原著者)である。まとめると、慎慮が別の慎慮に対する無視と対立を呼び込む政治状況は、それでも慎慮によって再帰的に対応せざるをえない。そして、この難題にいかに応答するかに、慎慮はもとより、民主主義の存在意義が賭けられているはずである。

本書もまた、現在の優位性に依拠し、そのかぎりで過去と未来に気を配るという点で、両義的な時間感覚を慎慮と共有しており、この点だけを取り出せば政治的慎慮の書といえるかもしれない。しかし、本書が希求する慎慮のあり方は、近代政治に内面化されて権力闘争の道具となる慎慮の再生産にとどまらない。それはむしろ過去・現在・未来の不調和なつながりを意識し、現在の政治、とりわけ民主主義の優位性と結びついている。

ふたたび『慎慮の寓意』に目を向けよう。本書が気にかけているのは、その蓄積が厚く、知的な刺激に満ちた解釈史からすればかなり皮相的だが、少なくとも確実な事柄である――同一の人物ではなく、同一の動物でもない。画中の人物も動物も、同類ではあるものの、完全な同一性は想定されていない。時制の相違をしめすのは、同一人物の年代別の肖像ではなく、別人の肖像である。慎慮が求めるのは、どの時点においても、現在の事象とは絶対的に同一化しない過去と未来の事象を考慮することである。それは同一性が保持された空間や主体における、反省や期待や、そのかぎりでの道具的な理性とは区別される。逆にいえば、慎慮に意義があるのは、それが時間と空間の異なる事象、そして異なる時間的な能力を発揮する時制から、現在の知性の働きを自らに引きつけて導くからである。慎慮は時間に関する同一性と差異を同時に要求するような、両義的な思考と表現できるだろう。本書は民主主義の慎慮的な性質についての考察を主題とする。

民主主義を語る上ですぐに気づくのは、その多義性である。それは統治形態であり、政府組織であり、政治過程であり、これらの信念であり、あるいは人びとの運動であったりもする。また、それは法的、経済的、文化的、倫理的、歴史的、あるいは生物的な概念であるかもしれない。現代社会でしばしばみられるのは、その政治制度の体系的な総称としての使用と、機能や理念として意識されるそれとの相違であろう。シャンタル・ムフの術語を用いれば、民主主義に関する存在的なレヴェルと存在論的なレヴェルとの乖離として表現できる(Mouffe 2005: 8-9)[8]。またジョルジョ・アガンベンは、民主主義の多義性の根源に、公法的な政体と行政実践的な統治というアリストテレス以来のシステム的な二重性と相互依存的な関係を指摘する(アガンベン 2011)。こうした民主主義の両義的な理解においても、その双方の要素は民主主義をめぐって対立するかもしれないし、その実現に協働するかもしれないし、ともに民主主義を実質的に攻撃するかもしれず、民主主義は定位置を確保していない。ウェンディ・ブラウンは民主主義のもつ「意味と有効性の不明確さ」および「それらの空虚さ」が、逆に民主主義の今日的な人気を支えていると皮肉交じりに指摘する(ブラウン 2011)。少なくともたしかなのは、その内容は大きく異なるものの、いまや地球上のほとんどの人たちは民主主義を肯定し、その表現上の否定が現代人からの脱落を意味する段階に至ったということである。そして民主主義が批判されるのは、それを超えるいっそうの——より本物の——民主主義という論拠においてのみである。このような絶え間なく更新され続ける民主主義の形式は、その進歩というよりも、統治者も被治者も民主主義を信奉していないのにもかかわらずその看板に固執する、悲劇的な状態にあるのかもしれない。

民主主義が日常的に別の民主主義を攻撃し、無視するような、民主主義への重視と軽視とが同居する政治状況は、どのようにして克服されるのか。あるいは、そもそも克服されるべきなのか。本書では、民主主義の顕著な特質である統治者と被治者の同一性という原理的なパラドクスの考察を通じて、この問題への応答を組み立てる。上述の通り、民主主義の内容については対立があるものの、「人民が自己自身を統治する」(ブラウン 2011: 87)というその原理については、およそコンセンサスがあるといえる。もちろん、この原理への着目は民主主義の論争可能性を政治主体に移管しただけで、何らかの解決となるわけではないが、それでも私たちに論点を明らかにしてくれる。この自律的でありながらパラドクス的な政治主体(デモス)は、その定義の困難さゆえに、期待と批判を同時に招き、民主主義間の対立を惹起してきた。ブラウンが指摘するのは、人民が「一般的多数者」であり、その原理が権力の分有や組織化や制度化を明確にできないため、民主主義は「未完の原理」であり「一種の駆け引き」だということである(9)。

そのため、政治主体はしばしば外在的な論拠によって、暗黙的にも明示的にもこれまで説明されてきた。民族、文化、経済、言語、道徳、宗教、国際環境などの共通性、所与性、あるいは利便性によって、民主主義およびその主体の領域が外在的に与えられた。だが、社会の複雑化と領域性の流動化によって、デモスの単位はいっそう増殖し、複雑化することが見込まれ、こうした情勢で、デモスの正統な基礎づけとその特質を議論する必要性は高まるだろう。あるいは、既存の空間的なデモスの想定が政治環境の変動するスピードについていけず、民主主義の実質を喪失し、また自らそのような選択を下すかもしれない。

さらにいえば、現代政治を取り巻く諸課題は、基本的にデモスの自己統治の不成立と関係している。すなわち代表政治の諸制度への全般的な不信、デモスの意志や利益と乖離した政治過程、敵対性の亢進によるデモスの分断、あるいは参加の欠如にしめされる政治的無関心など、自己統治は十分に確立しているとはいえず、その原理的な考察は、個別の深刻な政治現象の劇的な症例に目を奪われて、検討がいまだに及んでいない。

本書では、デモスの自己統治が実現する環境を、政治における時間に注目して、民主主義に内在的に考察する。デモスを領域的に定義する民主主義的な諸理論の共同戦線からいったん離脱して、それを時間的観点から再構成する。デモスが実質的な政治過程から分離するような、民主主義の形骸化する状況では、それを再包摂する政治的な領域性の絶え間ない修正は必要だとしても、こうした民主主義のあり方を原理的に叙述する作業は無駄ではあるまい。つまり、民主主義の機能や可能性を性急にアップデートする前に、それがなされうる土台、あるいはその特異性を確認しておくことは、その目的を明確化し、空回りを防止するために必要だろう。本書では時間という観点から民主主義を眺めてみて、これまで意識されていなかったその魅力の再発見に努める。統治すると同時に統治される両義的なデモスを取り巻く困難さは、その能力や法的要件や社会的な資格においてのみならず、あるいはこれらを人工的に乗り越える強引さに起因するだけではなく、デモスを想定する時間的な条件にも規定されているのではないか。この観点は、政治の独自性を明らかにするとともに、民主主義が他の政治体制と顕著な相違がある点に論及する。そのため本書の最大の課題は、民主主義の特徴あるいは特異性の描出であり、その意味で「民主主義とは何か」である。デモスの構成を論じるこの原理的な考察は、それ自体が民主主義の同士討ち状態をいっそう激化させるかもしれないという危惧を抱きつつも、それを何らかのかたちで終わらせるのを目的とする。

本書は、民主主義がそれとして成立するのはいつの時点かに注目する。そして、その時点を過去・現在・未来に想定することが、民主的な正統性を自己調達するデモスの構成にどのように関係するかを論じる。また、加速化する現代社会において、民主主義にもっとも適切な時間を探究し、その理論的な擁護と有用性の論拠を模索する。古来より慎慮は時間への配慮と結びつけられてきたものの、政治的時間に関する論争可能性は現代ではより明確になっている。時制の差異的な側面の忘却をともないつつ、現実社会の民主化と平行して「慎慮の民主化」が進展すれば、当然既存の民主主義制度の働きと慎慮的な展望とのずれが顕在化する。すなわち、慎慮が政治に一般化すればするほど、時間をめぐる政治の対立的な状況は全面化し、結果として慎慮がさらに必要となる。このように、あらゆる政治的思考や政治勢力が自らの時間的な適合性を主張する状況で、民主主義の時間的な特徴を理論的に明示する必要性はいっそう高まっている。本書では、過去と未来から峻別された特異な時制としての現在(present)において、民主主義が構成される、あるいは構成されつづけるという特性を考える。それはパラドクス的なデモスが存在するような不可能な時制であるものの、デモスの条件や境界線が宙吊りになるような可能性に満ちた瞬間でもあるはずだ。

民主主義がデモス自身による自己統治の手続きを意味するなら、いま現在のデモスと異なるような政治主体が統治する形態は、厳密な民主主義ではない。だが、その厳密さを推し進めると、過去にも未来にも結びつかないような、ある時点にのみ民主主義が存在する、という奇妙な事態が発生する。こうした事態を回避するために、民主主義は、デモスの実態とは合致しないような、それをつねに代表する(represent)統治形態としてしか成立しえない。つまり、民主主義に対応する政治主体が現在の時点で十全には現出不可能であるため、それは不在を存在化する代表の契機から自由ではなく、それは必然的に代表制民主主義となる。民主主義が実質的に代表制である理由は、コスト的な理由に集約されるような空間的な条件の不可避性だけではなく、時間的な条件の不可避性――現代人に時間がないという意味よりも、デモスの確定に決定的に時間がかかるという意味――のためでもある。現在の不可能性と代表の可能性の受容は、民主主義がいかに成立するかという別の新たな課題に足を踏み入れている。本書では、民主主義の時間的な特徴が代表をともなう点を精緻に分析し、既存の政治的代表論に時間的な次元を付け加える。それは政治が代表すべき民意が、いつ、いかに実現するものなのかを論じる。それでは、各章を概観しておこう。

第一章「過去――死者による支配からの解放」の目的は、民主主義の時制に関する理論的な特徴を、デモスの成立可能性と対峙しながら明確化することである。この課題は、民主主義が「いつ」成立し、「いつ」を目的として、「いつ」のデモスによって担われるのかという、民主主義理解の根本にかかわる。本章では、量的に計測可能な継続的な時間としてのクロノスと、時間の質的な変容を伴う行為の時間としてのカイロスというふたつの時間意識が導入され、過去と現在における自己統治の形態が論じられる。過去による民主主義の理論的な制約の事例として、八月革命説とプリコミットメント論を分析する。そして、「死者による支配」（トマス・ジェファーソン）として、民主主義のあり方を制約するような過去に対抗して、正統な自己統治原理の実現を主張する現在の可能性を考察する。しかし、時間的な耐久性のない現在はクロノス的には存在不可能であり、その時制の政治実践は固有の難題を抱えている。本章はハンナ・アーレントの思索を手がかりに、カイロス的な政治理論の理路を模索する。本章の暫定的な結論は、民主主義の現在がカイロスとクロノスが交錯するような両義的な時点として存在し、過去に対しても接続と断絶が共存した、両義的な態度を取らざるをえないということである。

過去・現在・未来を直線状に結びつける民主主義のクロノス的な理解は、民主主義が過去と未来に固執する理由であるとともに、その理解自体がひとつの権力作用である。個別の出来事が同一のクロノスに位置づけられることで、過去はかつて現在として経験されたものとされ、過去と現在が空間的に同一化する。それでは、未来は民主主義の成立にいかなる約束をし、現在にどのように介入するのか。第二章「未来――将来の民主主義と民主主義の将来」では、未来の措定に孕まれた権力作用を、政治理論の標準的な分析対象である、権力、責務、そして代表の中に発見して、未来の政治言説的な特質を考える。このとき、民主主義の未来は、クロノス的な予期可能とカイロス的な予期不可能が共存する。たしかに、デモスに共有されたクロノスでは、民主主義の実践は、主体と空間の一体性を担保する手続き的な正しさと互換的な、時間の経過を意味する。これに対して、カイロスの効果は、クロノス的な時間軸を解体することで既存の主体と空間のあり方を絶えず不安に陥れながら、所与の民主主義の形式を脱構築する点にある。ジャック・デリダの表現を用いれば、未来は「怪物的」であり、現行の民主主義的な構造を何度も横暴に破壊する。この意味で、民主主義がクロノスにもカイロスにも排他的に占有されず、過去と未来との緊張関係にある現在に正統性《レジティマシー》があることは、民主主義を変更可能な、その意味で不完全なものとして持続させる。

民主主義では、過去・現在・未来の時制はクロノス的な順序ではなく、それぞれが入り組んでいると考えられる。それでは、民主主義にふさわしい時間の流れはあるのだろうか。加速化する現代社会で政治に委ねられた時間が漸減する中で、民主主義のスピードを論じる意義はますます高まっている。第三章「テンポ――民主主義の遅さと遅れ」では手始めに、民主主義の持続する性格を論じたクロード・ルフォールとシェルドン・ウォリンの政治理論を批判的に検討し、それが持続する形式を明らかにする。次にその民主主義のテンポに注目し、速さと遅さの政治理論的な意味を考察する。すなわち、加速化が、持続する民主主義にどのような意味で適合的で、あるいは不適合的であるかを、現代政治理論の成果を参照しながら診断する。ここでの分析対象のひとつは、ウォリンによる民主主義の遅さの称揚である。これに対するマイケル・サワードの擁護やウィリアム・コノリーの批判などを参照した上で、本書では民主主義の適切な時間を、「遅さ」ではなく「遅れ」に見いだす。自己統治は瞬間的には成立せず、それは決定的に遅れるために、民主主義はこの遅れへの手続き的な対応が必要になるだろう。おそらく、遅れはけっして挽回できず、そのためデモスは現在に完成しない。ここで議論は再び多元的な時間の必要性に回帰するが、それはいわば遅れへの民主主義的な対応の真摯さの論拠として強調される。

遅れをともなう民主主義では、十全なデモスは当座は不在であり、代表されざるをえない。第四章「代表――デモスの持続的な現在」では代表と民主主義の関係性を分析し、代表制民主主義の世界的な危機的状況に切り込む。とりわけ、参加および選挙という、民主主義制度の主要な過程を再考察する。これまで民主主義理論において、代表は参加と対立的に理解されてきた。これに対して、本章では両者の補完的な効果が論じられ、キャロル・ペイトマン、ベンジャミン・バーバー、ポール・ハーストなどの主要な参加民主主義理論のみならず、アントニオ・ネグリの代表制民主主義批判にすら、政治的代表の不可避的な性質を指摘する。むしろ、本書が展開する代表は、こうした年来の参加民主主義理論の蓄積の産物である。だが、他方で本書の試みは、代表の意味を希薄化し、民主主義過程における私たちの代表を論じる土台を掘り崩して、結果として民主主義に危害を加えてしまうかもしれない。こうした当然の懸念に対して、本章はサイモン・トーミーとラッセ・トマセンの政治的な代表理解をめぐる近年の論争を参照しつつ、代表構築としての民主主義という解釈を導く。つまり、民主政治は、よりよい代表形態を私たち自ら選び出して構築する過程である。それは同時に、既存の代表形態に対する持続的な批判および政治的排除についての自覚をもたらす。

第五章「民意――代表制民主主義における不純さ」は、これまでほとんど議論の蓄積がなされてこなかった、だが現実的に急速に存在感を強めている民意という概念を代表制民主主義の内側で検討する。この目的は、民意の存在様式に注目し、その包摂と排除を問題化する。こうした民意の言説的な分析によって、かつてハンナ・ピトキンがもたらした、現代政治の基礎的なルールのひとつである、代表制と民主主義との同一視に対する内在的な批判がなされる可能性が展望される。本章は、民意と議会や選挙などの統治機構の制度的な側面との関係性について、ジャン＝ジャック・ルソーやJ・S・ミルの古典的な議論を批判的に参照しながら再考察する。その上で、民意を制度外的であって選挙を通じて間欠的に出現すると理解する現代の用法について、政治理論的な含意を読み解く。また民意に関する、従来の通説的な立場の再評価と、アクチュアルな政治課題の検討にも意欲的に取り組む。たとえば、前者では、ロバート・ダールについて、その民主主義理論が民意を規範的な基盤とし、再現に体系的に専心した実直な民主主義者としての像を提示する。そして後者では、「ポピュリズムは民意を歪める」という一見自明な主張を批判的に考察し、ポピュリズムと民意の関係性から民主主義の形態を逆照射する。

仮に民意の代表形態が多元的で、その単一性の発見が困難だとしても、少なくとも私たちの自己統治の出発時点では、十全なデモスが成立していたはずだ。こうした希望を胸にして、第六章「はじまり——主権者の意味と無意味」は、日本国憲法前文が執筆された日本政治史上の経緯を参照しながら、書き手の存在論の分析を主眼とする。本書における理論的な考察は前章までにほぼ終えられているので、本章はいわば民主主義のはじまりに立ち返って、それに対する期待混じりの反論を自ら志向する。本章のテーマは、前文(規範)が内包する権力性を考察するとともに、「国民主権のスタート地点」の発見をめざすことにある。クロノス的な歴史的事実と並行して、前文の意味を解釈しながら、過去の君主主権から現在の国民主権に転換する時点が観察される。本章は、主権者であることの意味に目を向けて、その規定としての言語行為が行為遂行的でも事実確認的でもない事実から目を背けない。デモスの時間に着目することで、前文の書き手の理論的な分裂と、民主主義の不安定でありながら開放的な性格を論じる。

そして本書の末尾を飾る第七章「終焉——民主主義がなくなるとき」では、これまでの叙述が構築してきた民主主義理論が、現代社会の文脈に適用される。本章は、いまや民主主義の死の可能性が本気で語られる現状において、それでも民主主義の生の可能性を模索する。コロナ禍を背景に、民主主義が緊急時に役に立たないという考えが、グローバルな常識となるかもしれない。こうした考えの広がりは、民主主義の能力に疑いの目を向けてきた、古典的な政治思想史の正しさを実証するかのようだ。本章は、民主主義の原理的な危機を目の当たりにして、その緊急対応力の分析によってそれに応答する。この課題は、民主主義はいつまで民主主義でいられるのかという、その時間性をめぐる問いでもある。本章では、民主主義に偶然性が必然的に包摂される形式を検討する。偶然性は、民主主義が緊急対応して護るべきその実質である。さらに、民主主義が持続するための論拠を、偶然性が提供する。民主主義が緊急対応と結びついている状態を明らかにしたのち、本章は民主主義が平時にやっておくべき事柄を提案する。それは民主主義がその死を先送りにして、少しでも長く、生きつづけるための条件でもある。

本書では最終的に次のような結論が迎えられるはずである。瞬時の直接性を可能にするような科学技術の助けがあったとしても、民主主義から代表は消えない。なぜなら、公共的な決定の集合的で対立的な、すなわち政治的な性質は解消されず、デモスによる統治行為に遅れが必ず生じ、そのためクロノス的な現在の時点での自己統治の実現が不可能であるため、何らかの意味での代表の介入は不可避的である。そして、過去と未来をともに規定するその介入をめぐって、広義の政治が発生しつづけるため、民主主義は幾重にも時間的な存在になる。

むしろこうした時間的な性格こそ、私たちの自己統治を実現してゆく環境として理解されるべきであろう。そのため、政治は決定に関係するというテーゼとは裏返しに聞こえるが、民主主義は非決定的である。たしかに決定が複雑に組織化される過程として民主政治は想定されるものの、こうした決定は過去を否定し、未来において否定されうるという点で決定的ではなく、同時に現在のデモスによる自己統治は決定的な正統性をもたない。外在的な論拠により権威が確立可能な他の統治形態とは異なり、民主主義では自己言及的で内在的な権威が究極的であるため、時間的な障害、あるいは現在の儚さ、に起因するその瑕疵が残る。そして、それを癒すために民主主義はいっそう民主的であることが条件づけられている。逆に、その努力を断念した時、壮大な制度と華麗な建造物群を残したまま、民主主義は容易に解体するだろう──この見通しも、慎慮にもとづき、途中で上書きされてしまうかもしれないが。

第一章

# 過去

## ――死者による支配からの解放

## 一　時間の政治学——クロノスとカイロス

天文学や物理学を基礎とし、連続的な線型として理解される時計時間が、たしかに時間のイメージを独占している。だが、自然現象の繰り返しの経験と結びついた循環・回帰型の時間意識の存在は、人類史を通じて報告されている。また、心身の状況に応じて時間のあり方が異なることは、私たちは日々実感しており、それを裏打ちする有名な研究の数々が広く知られている。こうしたさまざまな時間によって政治が構成されているという意味において、政治は幾重にも時間的である（高橋・山崎 2021）。時間意識のちがいが政治やその構成に与える影響は興味深いテーマであるものの、本書では、あくまで原理的なレヴェルでの時間と政治の結びつきに議論を限定しておきたい。

政治史に目を向ければ、近代化の発展とともに台頭する規律権力の主要な目的は、何より国民に共通の時間感覚を体得させることにあった（成沢 2011）。先駆的に政治の時間的性質と向き合った永井陽之助によれば、時間の近代化において、前近代的な生活様式と密接に関係した時間の象徴的な性質が切り落とされ、時計時間に時間が一元化されて、「もはや時間も場所も〔…〕再生可能で、反復可能なものとなった」（永井 1979: 40）。別の言い方をすれば、時間は量によって測られる対象となり、権力の源であり、同時に目的となる。権力作用を伴いながら時計時間が社会生活を組織化するような私たちの社会——時間を物象化した社会——において、時間そのものが資源として概念化される（アダム 1997: 195）。ロバート・ダールにしたがえば、いまや時間は、民主主義の主要な制約要因であるとともに、政治主体の間で不平等に配分されている政治的資源のひとつである（Dahl 2006: 51-55=58-63）[1]。

いみじくも永井は、万人に等しく計測可能となった時間の変化を「民主化」と呼んでいるが、それは現実政治における民主化と軌を一にしている。(2) 政治的な意志決定への参加者の数が増加するにしたがい、政治的資源としての時間の希少性は増大し、国家は官僚制と職業政治家の台頭をともないながら、行政効率と専門性を高めてこれに対応する（永井 1979: 81）。カリ・パローネンは議会制民主主義の定着とともに、政治が時間的な性質を帯びるという変化を指摘する。「議会の定期的な刷新と政府の変更という点で、民主化は活動としての政治の時間化を含んでいる」(Palonen 2006: 77)。時間的な要請や制限に対する真摯な応答という点で、議会を中心とした現代民主主義は他の政治形態との際立ったちがいをみせる。そのため、政治におけるタイミング、リズム、あるいはテンポの操作が権力作用の主要な対象となる(Palonen 2006: 81)。たとえば、変調としての議会の解散を自らの意志の下に置く人間は、たんにその手続きを自己に有利に開始できるだけでなく、それに付随する膨大な作用に影響を与えるという点で強大な権限を握っている。ダールが指摘するように、現代民主主義では政治主体はあまりに多数のため、各人の時間の割り当てが不十分で、自己統治が事実として実現しない。そして、「時間は希少であらかじめ量の定まった資源なので」、政治的影響力を獲得するために時間を使える市民がいっそう優位になり、「市民間の政治的不平等が生まれる」(Dahl 2006: 56=64)。つまり、認識上および運用上の、時間の民衆への解放という意味での「時間の民主化」が進展すればするほど、民主主義内部での制度と主体に関する、時間をめぐる非民主的な状況が顕在化する。かつての非民主的な政治体制や、デモスをさまざまに制限した小規模な民主主義においては潜在的であった、時間の非民主的な性質が、いまや民主主義体制であるがゆえに、その深刻な原理的な障害となり、民主主義の働きに対する不満足の基因となる。すなわち時間の民主化は、同時に、時間の非民主化を影としてともなっている。

民主主義の制度化が一応達成されたとする現代の政治状況でも、民衆による自己統治の実効性を高める意欲は民主化の過程から失われておらず、時間の民主化との接続がひきつづきもとめられている。こうした二重の民主化にあって、二一世紀に一般的な、民主政治に対する全般的な不信は、政治的な時間の統御をめぐるシステム的な限界をしめしているかもしれない。こうした見取り図を整備するためにも、本章は民主主義に固有の時間的な性質を明らかにするテーマの、もっとも原理的な部分を掘り下げる。そのため、政治的な時間の分配状況や、時間を消費することの意味に関する政治理論的な分析は第三章に委ねたい。以下では、時間の民主化への意志や民主主義に固有な時間の流れの根源にある、民主主義と時制(時間的様相)をめぐる理論的な特徴を、民主主義の成立可能性と対峙しながら明確化する。民主主義はいつ成立したのか。そして過去の民主主義と現在の民主主義はいかに両立するのか。民主主義における過去および現在の意味を検討しながら、こうした不気味な、だからこそ忌避されてきた問題群に分け入ってみたい。

本章では過去と現在に焦点をあて、民主主義の未来については次章に任せる。だが、民主主義の過去と現在を考察する試みが、その未来を映し出すために不可欠な作業であるため、それは全面的には後ろ向きではない。本章と次章は、時制を幾度も行き来しながら、民主主義の意味と政治の可能性を拡張する契機となるだろう。時制という観点からすれば、現代民主主義はかなり複雑な状況に置かれている。福祉政策、政治責任、国益、戦争の記憶、投票行動など、あらゆる政治的なテーマに過去と現在と未来が言説として入り込んでいる(3)。本章では、噴出する時制のレトリックをイデオロギーとして丸ごと放逐してしまうのではなく、むしろ民主主義における本質的な契機として理解する。

クロノス(*Chronos*)とカイロス(*Kairos*)というふたつの古典的な時間意識は、政治的な時間とその資源としての性質を理解する上で有益な展望をしめすだろう。クロノスは量的に計測可能な継続的で受身的な時間であり、カイロスは時間の質的な変容を伴う活動的な契機を意味する(Hutchings 2008: 5, 49; Hom 2020: 212-17)(4)。政治を根本的に規定するクロノスの民主化と平行して、政治的行為のタイミングと関係するカイロスが、民主主義段階においては権力闘争の重要な次元として台頭してきた(Palonen 2006: 241, 260)。先述の例を用いれば、解散権を首相の専管事項とすることは、カイロスの優越的な保持をこの公職者に認めることを意味する。本章は、これらふたつの時間軸に現出する民主主義の意味を分析し、時間に関するその理論的な特徴を考える。

次節と第三節では、民衆が支配する体制を過去と意識的に接続する理論である、八月革命説およびプリコミットメント論を批判的に読解して過去の意味を分析する。そして第四節は、過去による民主主義の支配に対抗し、ハンナ・アーレントに論及して現在の固有性を明らかにする。最終節となる第五節では、本章の議論をまとめつつ、それを死者による支配に対抗するトマス・ジェファーソンの論拠と対比して、次章以降の流れを導き出したい。

## 二　八月革命の時間——「起源」から民主主義を考える

民主主義が過去に執着する政治体制であることは否定できない。民主化が進展すればするほど過去を——それをどのように描出するのであれ——持ち出して、その解釈と評価を求める傾向にあるのは事実だろう。本節と次節では、こうした容易に観察できる民主主義の一般的な傾向と不可分だと思われる、その背後にある過去との理論的な関係性について考察を深めたい。こうした傾向は基本的にはあらゆる党派やイデオロギー的な立場に共通にみられ、歴史の定立が現代政治の重要な一側面であることは、言を重ねるまでもない。序論での議論を想起するならば、それは慎慮の近代政治への定着のひとつの成果であり、「時間の民主化」(永井)の反映でもあり、そして同時に「慎慮の民主化」(ジョン・ダン)が必要となる政治状態である。次章でみるように、同様の傾向は未来においても顕著だと思われるが、まず本節では過去をめぐる政治的思考について、八月革命説を事例として展開してみたい。なお、過去を取り上げる民主主義理論を客観的に捉える、というスタンスの本章の議論自体が、過去に(そして次章では未来に)著しく拘泥している政治的思考の例外ではないと認めた上で、叙述をはじめたい。このような民主主義およびその政治的思考に絡みつく時間という契機については、第三章でよりマクロ的な分析を準備している。

まず八月革命説を取り上げよう。八月革命説とは、一九四五年八月のポツダム宣言受諾により、主権の所在が天皇から国民に移行した、つまり法的な意味での革命がなされたとする説で、憲法改正案の内容がほぼ固まった四六年五月に宮沢俊義によって提唱された(宮澤 1946)。同説は、明治憲法から日本国憲法への改正手続きにおいて、主権者の変更という改正限界を超えるような根本規定の変更を可能にする論理として、現行憲法成立を理論的に擁護した。高見勝利によれば、八月革命説は日本国憲法が明治憲法とは法的に断絶した民定憲法であることを論証する(高見 1983: 74)。つまり、現行憲法に規定された民主主義体制がその由来においても一貫して民主的であることを擁護するのが、八月革命説である。それでは、時制という点のみに注目してこの理論をより詳しくみていこう。

本章では、過去としてのポツダム宣言の理解が問題となる。ポツダム宣言とは、一九四五年七月二六日に連合国から日本に対して発せられた、全一三項からなる降伏に関する宣言である。宮沢俊義はその第一二項「日本国国民の自由に表明する意志に基づいた平和的な傾向があり責任ある政府の樹立」という規定を国民主権主義の表明と解釈し、ここに主権者の転換が行われたとする。もちろん、ポツダム宣言が国民主権の採用を必然とするかについては議論の余地があるし、憲法改正を直接的に要求する文言はない。たしかにこの宣言の意味する事柄は不明瞭で、その解釈が戦争最末期の権力闘争の一局面でありつづけてきたものの——だからこそ、以下でみるように、宮沢が八月革命説に「転向」する余地がある——彼の意図とその理論的な意義は明瞭である。

> いまや、問題は国民主権主義を日本の政治の根本建前としてみとめるのがいいかどうかではなくて、国民主権主義といふ原理を憲法の中で表明するのが適当かどうか、また表明するのが適当だとすれば、どういふ言葉で表明するがいいか、といふにある(宮澤 1946: 70)。

四六年五月の段階では、もはや問題は天皇主権か国民主権かではない。国民主権はすでに根本建前として所与であり、それをどのように表現するかのみが問題となる。国民主権は過去に与えられており、それは変更不可能なものとして現在の政治を規定している。

国民主権の起源を過去化する理論の導入は、ポツダム宣言受諾からその時点までの半年余りの宮沢自身の憲法理解をも同様に、もはや手の届かない別のクロノスに置き去りにする。たとえば、四五年九月下旬の外務省によるヒアリングおよび一〇月一九日付の毎日新聞で公表された論説では、宮沢自身、ポツダム宣言の実現は明治憲法の部分的な改正によって可能だと考えていた(高見 1983: 70-71; 潁原 2012: 41-43; 波多野 2014: 13)[5]。また、憲法問題調査委員会(松本委員会)の一員として、(後にGHQに拒絶される)憲法改正要綱をまとめる活動中でも、革命の存在を意識していない。こうした終戦後(革命後)の仕事は、宮沢憲法学における八月革命説の成立という学説史の文脈では重要だが、理論的には八月革命説でその存在意義が否定されるような、まさに時間の無駄と的確に表現される再現不可能な作業である。

もちろん、歴史的事実という観点から八月革命がフィクションだと指摘するのは可能である(佐藤 1989: 13)。これに対して芦部信喜は、八月革命説は宣言受諾から新憲法制定までの事実経過とは異なる、法理を説明する解釈理論である点を強調する(芦部 1983: 341)。だが、八月革命がフィクションだからこそ、これまで科学とイデオロギーの峻別を主張してきた宮沢俊義にとって、この学説は、占領軍の越権行為に生まれた現行憲法の「弁護的法解釈」の色彩が濃いといえるかもしれない(長尾 1982: 146)[6]。さらに、長谷川正安によれば、八月革命説は占領軍と日本政府がともに欲した法的連続性を可能にする「解釈論的アポロギア」であり、民主的な要素はあるものの、基本的には権力側に資するイデオロギーにすぎない(長谷川 1981: 12-13)。だが、たとえそうであっても、少なくとも理論的にはこの根源的な虚偽が現行憲法の存立を危うくすることはない。現在の民主主義が自らの正統性を過去に求めるかぎり、宣言受諾を革命として理解する必要性は失われず、そのかぎりで歴史的事実とフィクションとを区別する境界線は宙吊りとなるからである。現行憲法体制に生きている現代人にとって、現行憲法の起源は別の革命で上書きしないかぎり変更することができない。この点は宮沢も自覚している。

〔…〕八月革命でとにかく国民主権主義は一応承認せられたと見なくてはならぬから、ここで国民主権主義否なりと主張することは、昨年の八月革命そのものを否定する新たな革命を主張するにほかならぬといふことを忘れてはいけない（宮澤 1946: 70-71）。

以上を要約すれば、八月革命説は現在の民主主義の正統性を、歴史的事実そのものとは区別された過去の革命に基づいて保障する理論である。ポツダム宣言の受諾により憲政の正統性は断絶し、明治憲法で国民主権原理に反する部分はその効力を失った（長谷部 1999: 101-2）。国民主権主義を憲法の外部にもとめることで、八月革命説は正統性の問題を現在の政治過程から遮断したといえよう[7]。逆にいえば、原理と区別される天皇制などの憲政の制度的な内容は、ときどきの政治的な課題となる。ただし、国民主権が置かれた憲法の外部は法的効力というだけでなく、時間的なもの、現在から遡及できない過去でもある。八月革命の存在は、終戦後半年間の宮沢自身を含む当時の憲法論、および宮沢を当事者として巻き込んだ憲法制定手続きにおける現実的な権力関係を、国民主権原理のもとに事後的に措定する。仮に憲法改正無限界論に立脚し、神権主義から国民主権主義への移行も明治憲法の予定範囲内とするならば、現在の民主主義の起源における正統性は崩され、それは通常の政治によって変更可能なものとなるだろう。このような状況においては同時に、八月革命説がもたらした過去と現在のクロノス的な順序が放棄され、原理的な問題が現在に露呈してしまう。

以上のように、過去は立憲主義的な民主主義の正統性を確保する契機として理解できるものの、はたして時制の理論的な効果はそれだけに留まるだろうか。石川健治は、ケルゼン主義者の宮沢による、シュミット的な憲法制定権力論の便宜的な導入は、八月革命説が国民の同質性を所与とする代償を孕んだと指摘する。

「国民」の憲法制定権力は、シュミットの場合、自覚的に凝集度を高めた政治的単位としての国民を想定しており、それは「単一民族国家の神話」によって成り立っているからである。戦後憲法学は、宿命的に国民国家仕様なのであり、国内のエスニシティーの存在に冷淡であり続けたのは決して偶然ではない（石川 2015: 85）。

正統性としての国民国家仕様は過去に与えられたため、その来歴やフィクション性に疑義を挟んだり、別の政治形態を想定したりすることは、もはや手遅れである。(8) もちろん、宮沢が国民をあくまで抽象的に理解する点で、シュミット等のそれを実体的に理解する立場とは異なる（宮澤 1957: 18）。(9) 過去はあくまで主権者としての国民を授けた時制であって、それが連綿と育んできた（はずの）歴史とは区別されなければならない。主権者としての国民をたんなる建前とする原理的理解は、国民とは誰かを政治問題化せずに、現在と過去との区別を同一クロノス上で維持し続けるための理論的な代償ともいえる。

八月革命によって得たものと失ったものをはっきりさせておくべきだろう。得たものはあきらかに現行憲法とその体制の正統性であり、国民主権の憲法の内と外での一貫性である。それはたしかに特定の政治勢力を利することになったかもしれないが、本章が問題化したい点はそこではない。八月革命は、現在の民主主義の内在的に否定できない起源を定めた。

これに対して、失ったものは何か。それは歴史的には押し付けの事実であり、現行憲法をもたらした権力関係であるのはたしかである。ただし、この歴史の消去は、同時に憲法をもたらしたはずの民主主義の実践、主体を自己定義する機会、そして正統であった権力行使を憲法体制の外側に追いやる。つまり、八月革命は民主主義の制度と実践を取り替え、あるいは人びとの主権のあり方において事実確認性と行為遂行性を取り替える。この取引は、たしかに当時の、思想的にも実践的にも脆弱な民主主義の状況を考えると、民主主義体制の成立を目的とするならば、悪い取引ではなかっただろう。しかし、憲法の以前にある時間を奪ったことは、（少なくとも日本の）民主主義とデモスに原理的な意味での大きな制約を与えることとなった。この点はしばらく先の第六章でふたたび議論するとして、デモスおよびそのクロノスの設定の政治性、あるいは自己統治の手続き上の不完全さを自覚し、次の事例を取り上げたい。

## 三　プリコミットメントの時間——「帰結」から民主主義を考える

プリコミットメント論と目される理論はあきらかに多様で、場合によっては矛盾するような立場を幅広く包摂するが、本章では時間という点に触れる議論のみを検討する。プリコミットメント論とは、現在における行動の可能性を、過去において自ら法的に制限することを擁護する理論である。本章の議論では、現在の民主主義の実践に対して、それに関する変更しにくいルールを過去の時点で設定する行為がプリコミットメントである。航行する船の乗員を惑わして、災難をもたらすほど美しい、セイレンの歌声を楽しむために、あらかじめ自らの身体をマストに縛り付けておいたオデュッセウスの行為は、その典型として頻繁に言及される。

まず、プリコミットメントをどのような意味で民主主義の擁護として利用できるのかを確認したい。もっとも単純な形式では、過去の時点で民衆が民主主義のあり方やルールを自ら確定しておき、現在の時点で、たとえそれを変更したいという誘惑に駆られても、過去に従うような状況が想定できる。この場合、プリコミットメントを擁護する立場からすれば、現在の政治的判断は一時的な気の迷いであり、それに追従するといずれ民主主義自体を破壊してしまうような悲惨な状況に陥る。そのため、民主主義を与えた過去の公的な判断は、現在のそれに優越されなければならない(Honig 2009: 26-28)。しかし、この種の物語を政治理論に適用するには超えなければならない障害も多い。代表的なものだけでも以下のような問題点がありうる。

第一に、過去を現在に優越させる論拠の弱さである。この議論でしばしば例示される、同一人格におけるしらふと酔っ払いという対比が、集合的な主体に合致するのかは、経験的にも理論的にもかなり疑わしい(同一人格の通時的な同一性がどこまで可能かという根源的な問いもあるが、ここでは不問とする)。集合的な主体が、過去の原理的な決定の時点でしらふだと明確に想定することの困難さには、言を費やすまでもない。そもそも、どのような基準で民衆がしらふかどうかを判断するのだろうか(Waldron 1999b)。さらに、過去が合理的で現在が感情的だと理解する発想自体にも問題が含まれている。過去と現在をめぐるこうした評価の妥当性はもとより、仮に妥当だったとしても、感情的な現在の判断が退けられなければならない理由とはならない。とりわけ、政治における感情や情動の再評価という政治理論研究の気運を念頭に置くと、合理性と感情との非対称的な二分法的な理解が孕む権力性は自覚されなければならない(吉田 2014)。さらに、過去の政治的判断の優越性を支えてきた、効用計算の基準も批判の対象となるだろう。プリコミットメント論を主導するヤン・エルスターも、利益、理性、そして情熱という動機は、過去でも現在でも、人間の行動に作用しているとみなす(Elster 2003)。もはや、過去の現在に対する規範的な優越性を主張できる論拠は、かなり相対化されている。(10)

第二に、集合的な主体である場合には、過去の政治的判断の正しさがより厳密に問われることになる。たしかに、現在の政治的判断が妥協や偏見に満ちた産物であるのと同様に、過去のそれもまた普遍的な真理とは言い難いし、現在の観点からすれば、時代の制約と呼びうる知的な限界もある。古さはひとつの社会的な価値ではあろうが、それによって現在の民主主義を内容的にどこまで拘束できるかは不明である。それでも過去の優越を主張するなら、「死者による支配」（トマス・ジェファーソン）の困難な擁護に挑戦せざるをえない。同一人格の場合とは異なり、集合的な主体では、過去の公的な判断を下した人間集団が現在の民衆と違う場合がある――絶え間のない人口の入れ替わりという点からすればそれが常態である。このように過去と現在の意志の同一性を完全に確保することが不可能な状況で、はたして、死者の手による現在の支配を擁護できるだろうか。[11]

ひとつの考えとして、その死者が歴史上の英雄であるため、私たちもその決定に従うべきだと主張できる。たとえば、「たんなる新しい政治ではなく永続的な新しさの政治」（Shklar 1998: 174）を民主主義の原理としたジェファーソンの政治思想とは正反対となるが、彼がかつて下した公共的な判断を、少なくともそれが当時有効であった範囲に現在暮らす人間たちは、墨守すべきであろうか。その人物の英雄的な性質と現在の政治的支配の権威はやはり別次元の議論であり、デモスの意志に基づいた民主主義とは必ずしも整合的ではない。仮に死者の意志が今日まで持続するとしても、それがデモスの継続的な判断に基づいていなければ擁護できない。だが、その英雄の当時の意志が現在の時点でも妥当なのかは大きな課題であり、たとえそれが可能でも、その意志をどのように解釈するかが争点となってしまう。つまり、過去の意志を原意主義的に支配の根拠として擁護できたとしても、争点をその解釈に移動させるに留まり、政治的産物による汚染から免れた純粋な過去はやはり実現しない。なお、ジェファーソンの論拠は本章の最後にあらためて批判的に検討するとして、ここでは彼と口を揃えて、過去のある時点を、現在の民主主義に対する優越性の権威ある根拠とすることの困難さを指摘するにとどめる。

集合的な主体における理論的な障害は他にもありそうだが、いったん議論を立て直そう。[12] これまでの叙述は、デモスを定義し民主主義を提供した過去も政治的に無垢ではありえないという事実を否定できず、この曖昧さをプリコミットメント論の出発点とせざるをえない状態を導いてきた（Waldron 1999b）。それでもこの理論が民主主義の擁護に効果的に機能するためには、上述の批判的な検討から、少なくとも以下の点に取り組まなければならない。

第一に、過去と現在の政治主体の同一性の問題である。過去に政治的な決定を下した主体が、現在の政治主体とは異なることは経験的に明らかである。だが、その上で両者が何らかの意味で架橋されなければ、政治の過去と現在がクロノスを共有できず、この理論が民主主義のあり方を説明できない。さらにその架橋も、栄光なる過去という前提を断念し、過去の主体の多角的な不安定さを受け入れるという厳しい条件の下でなされる。

第二に、民主主義が自己拘束に従って成立するためには、過去と現在の空間的な同一性を保障する構成的な外部が必要となる。別の言い方をすれば、過去と現在を包含する空間が何かによって区画されていなければ、ある決定が強制的な自己拘束か否かを判断できない。このプリコミットメントに付随する外部性は、それがたんなるコミットメントと区別され、時間的な性質を維持していく上で不可欠である。たしかにオデュッセウスをプリコミットメントの主体とする、ロープや(意のままに動かせる)乗員のような船内環境を、近代以降の主権国家体制に比定することは可能かもしれないが、この国際環境は特定の政治空間の確定に対して能動的ではないし、プリコミットメントの履行を直接には要求しない——このような道具を準備できない点も個人と集団を区別する特徴に数えられよう。そのため、プリコミットメントを実現する手段と意志を区別し、手段の具体化は断念して、むしろ意志の適用範囲(動機の持続)を明確化することで外部に応答する方法が考えられる。ただしこの空間もまた、厳密な経験的な同一性を確保することはあきらかに困難であり、理論的な形式で定義されなければならない。

これら主体と空間をめぐる障害に対して、スティーブン・ホームズはプリコミットメント論の刷新によって応答している。彼の主張する「積極的立憲主義」には、自由や権利を擁護して私的領域を守る立憲主義の原理が、国家権力と対立する側面だけでなく、民主的な熟議を実現可能にしてその権力の発動を促す側面がある(Holmes 1995: 232; 谷澤 2002: 305-08; 佐々木 2007b: 70-77)。そしてプリコミットメントは、民主主義が立憲主義を必要とするという文脈で議論される(阪口 2001: 236)。つまり、あるルールが政治的な可能性に制約を課すことで、合理的で自由な公的議論に基づいた民主主義の実質を高める構成的な機能を果たす(Holmes 1995: 171)。たとえば、政教分離や言論の自由にみられるように、多数派が少数派の権利を侵害しないようにルールを事前に設定することは、民主主義を円滑かつ高水準に機能させる。ホームズの表現によれば、「プリコミットメントは、将来の世代を奴隷化するのではなく、政治的に解放するために正当化される」(Holmes 1995: 153)。彼による再構成は、立憲主義を民主主義の起源とする従来の理解を修正し、民主主義が持続している事実を立憲主義の効果と帰結主義的に同調させる。

比較的厳格な改正手続きを求める憲法典は、その起源ではなく、その帰結のために、民主主義的に受け入れることが現に可能であるし、実際に受け入れられてきた。民主主義的な人びとは、自らの方向性に対する強制可能な制限に、進んで服従するだろう〔…〕(Holmes 1995: 272、強調は原著者)。

阪口正二郎によれば、ホームズにおけるプリコミットメントの意味は、時間的な先行というよりも論理的な先行である(阪口 2001: 240)。

またホームズは、こうした時制の融合がもたらす帰結として、ひとつの政治空間を確定する点に言及する。「制限された政府は、統治を行う「自己」(あるいは国民的な統一性)の作成に助力することで、自己統治に寄与しうる」。自己拘束する政治主体の条件を定めることは、その主体が統治する空間を画定することと連動している。彼の率直な意見によれば、立憲主義が国民形成に貢献しうるという点は、立憲主義が積極的であることの「強力な証拠」を提供する(Holmes 1995: 164)。

以上をまとめると、ホームズは現在と過去の時制の区別をいったん据え置き、民主主義の構成と効果という観点からプリコミットメントを擁護する。それによって、主体と空間というふたつの課題について、他律ではない意志形成を可能にする、自己拘束的な空間を設定する。ただし、念のため確認しておくと、彼は時間的な先行というプリコミットメントの側面を放棄しているわけではない。人民を政治主体とした民主主義の実践は、その構成をあらかじめ設定する規範がなければ実現しない。「選挙民のまとまった意志の表明を可能とする、ある種の法的枠組みがなければ、人民による統治は無意味である」(Holmes 1995: 167)。立憲主義的な権利が少数者を擁護すると同時に多数者を矯正することで、民意を事後的に生み出す民主主義が成立する(Holmes 1995: 172)。そのため、根源的な規範の存在そのものは、民主主義にとって過去であり続ける。このように彼の理論は、立憲主義の民主主義に対する時制的な先行という主張を従来の理論から引き継いだ上で、時制の区別とは別の、よりプラグマティックな論拠を民主主義の説明に加える。

それでは、ホームズに対する代表的な批判に学びながら、彼の理論と民主主義との時間的な関係を再考したい。阪口はホームズの限界を指摘する。第一に、たとえば多数決の導入など、立憲主義が定めるルールのみに民主主義のあり方を限定してしまう。そして第二に、アメリカ南北戦争前夜における奴隷制の是非に関する法的議論のように、個人の価値観に密接に関係する枢要なテーマを民主主義から切り離すことは、逆に民主主義の安定性を損なう場合がある(阪口 2001: 250-55; Sunstein 1988: 339-41)。つまり、ホームズは民主主義の実践的および理論的なポテンシャルを不当に低く見積もっている可能性がある——かなり限定的な民主主義しか導けない点で立憲主義をも軽視しているかもしれない。

プリコミットメントがもたらす民主主義の狭さという欠点は、リチャード・ベラミーも指摘する。民主主義の安定性のために、対立が深刻な争点を事前にアジェンダから外すことは、不当な状態でもありうる現状への強権的な固執であり、ときには過激で非政治的な手段の行使を惹起するかもしれない。また、プリコミットメントがあくまで民主主義の構成的ルールに限定されるという主張に対しても、手続きの構想自体がすでに高度に政治的だと強調する

（Bellamy and Castiglione 1997: 601, 615; Bellamy 2006: xxxix）。「公平さ」という名の下に、中立性を装った特定の価値が構成を規定することで、「民主的なシティズンシップを定義し、政治参加を呼び込むような、意志決定の自立性と責任を掘り崩してしまう」（Bellamy and Castiglione 1997: 602）[13]。このように、民主主義の手続きと実質を区別する方法でも、民主主義の可能性を不当に制限するおそれは否定できない。

こうした欠点を念頭に置いて、時間の観点からプリコミットメント論が切り開いた地平を振り返ろう。民主主義の過去と現在を意識的に接続するホームズの試みは、時制の変更をもたらした。民主主義の権威は過去ではなく、それとクロノスを共有した現在の観点から評価される。つまり、評価のベクトルが従来とは正反対となる。これを端的に表現すれば、「死者は生者を統治すべきでない。しかし、死者は生者が自ら統治しやすいようにすることができる」（Holmes 1995: 177）。このような視点の転換を特徴とした時制の変更は、民主主義のあり方にも理論的な影響を及ぼす。そこで明らかな点は、民主主義が時間の蓄積をその特徴とするような、持続的な政体として理解されるということである――だからこそ憲法（憲政）と憲法典とのちがいが重要となり、ベラミーは憲法による民主主義の制約に、実践的かつ理論的な批判を繰り返す。その効果として、政治主体および空間の同一性を所与とする点は強調されなければならない。つまり、（前節で検討した八月革命説を含む）従来のプリコミットメント論が民主主義の「起源」に固執したため主体および空間の時間的な同一性の成立が不安定だったのに対して、視点を現在に移して「帰結」を評価対象としたため、これまでの時間の経過を時間の蓄積として理解することが可能となった。プリコミットメント論における、民主的な正統性としての純粋な過去の事実上の断念と現在の理論的な導入は、主体と空間の成立から、それらの通時的な同一性の成立に問題の所在を変化させた。後者は、時間の経過という経験的な状況証拠によって自動的に正当化が積み重なるような、より巧妙な民主主義の説明である。プリコミットメントであったか否かは現在になってようやく判明し、その時点で主体および空間が過去と一貫していることが確認される[14]。一連のオデュッセウスの措置がプリコミットメントとして意味をもつのはセイレンの出現によってであり、その出現がなければ、ただの酔狂なコミットメントだ。

前節と本節で読解してきた民主主義の過去がしめすのは、現在とのクロノスの共有自体がひとつの権力作用だということである。積極的立憲主義では、民主主義をもたらした立憲主義的な起源としての過去と、民主主義としての評価を受けるために、現在に向かって着々と蓄積された過去とが並存している。また八月革命説では、憲法をもたらした過去の革命と、憲法によって生じ、その内実を変更可能とする主体および空間とが、ひとつの法的な論理を共有している。個別の出来事が同一のクロノスに位置付けられることで、過去はかつて現在として経験されたものとされ、過去と現在が空間的に同一化する。ジル・ドゥルーズの表現を用いれば、クロノスは「入れ子状の現在だけで合成される」(ドゥルーズ 2007: 120)。共有されたクロノスでは、民主主義の実践は、主体と空間の一体性を担保する手続き的な正当性と互換的な、時間の経過を意味する。現在の民主主義は、かつては現在であったはずの、固有の整合的な過去の現前化によって支えられ、そして制約されているのである。

## 四　過去から現在へ

それでは現前化する過去に対抗して、民主主義の現在の自律性を擁護できるだろうか。一切の非民主的な権力関係を回避した、自分で自分を支配する自己統治を実現するような、純粋な民主主義は存在しないのか。あるいは、デモスによる自己統治は、あらかじめ枠組みを与えてその実質を奪いかねないクロノスに依拠せずに、それ自体で十全なものとして提起できないのか。

愛敬浩二は、世代を超えた「我ら人民」という観念が立ち上がることへの危惧と、制憲者の神格化への違和感から、プリコミットメントの使用に懐疑的である。だが同時に、憲法を人為的な技術・装置とみて、硬性憲法や立憲主義の効用を合理的に議論する点に意義を見出す（愛敬 2005: 8）。これを時間論で受け止めるならば、民主主義を事前に規制する過去の効果は批判されるべきだが、現在の民主主義を構成する効果ならば評価に値する、といえそうである。だが、プリコミットメント論を積極的に擁護する立場は、前節でみたように、これらを区別しない。どちらであっても、現在の民主主義はすでに過去によって先回りされており、その実践は過去の再現として後付けられてしまう。

さらに、現在の民主主義にとってより不都合な事実を確認したい。現在は、はたして存在するだろうか。時間はつねに経過しており、今なされた行為はすぐに過去となる。もちろん政治も例外ではない。現在を幅として理解し、瞬間としての今から区別できたとしても、遠からずクロノスに飲み込まれる。とりわけ集合的な行為である民主主義の実践が、過去化しない現在を共有し続けることは困難だろう。ホームズがいみじくも指摘するように、「未来を念頭に置いた現在の決定はすぐに過去に属する」（Holmes 1995: 158）ので、生者の支配を絶対化して過去を拒絶する立場は窮地に陥る。たしかに、あらゆる政治的決定は、次の瞬間には過去として環境に溶け込んでいく。

クロノスに現在の居場所がないのであれば、切断に表象されるカイロスにそれを見出すのはどうだろうか。こちらの時間に依拠し、新たなはじまりとしての政治を求めたのがハンナ・アーレントである（Hutchings 2008: 60-61; Markell 2014: 122-26）。[15] 以下では彼女の議論を参照し、政治理論としての現在に固有な特異性を分析したい。

『過去と未来の間』での叙述にしたがえば、自由こそ政治の存在理由であり、それは「はじめるという純然たる能力」である（BPF 169=229）。自由において意志と能力が一致しており、その性質から「同じ状態にいる他者」と、その他者と出会うための、誰もが言葉と行いの活動によって現われうる政治的に組織された世界を必要とする（BPF 148=200）。人びとの活動が織りなすアーレントの政治は、クロノスとカイロスを区別し、過去になかったものを現在に創出する。「過去――もちろん事実の真理はすべて過去に関わる――ではなく、また過去の結果としての現在でもなく、未来こそが活動のために開かれている」(BPF: 258=352)。彼女の表現によれば、活動に固有な自由とは、「以前には存在しなかったもの、認識や想像の対象ですらなかったもの、したがって厳密にいえば、知りえなかったものを存在させる自由」(BPF: 151=204)である。

だが、過去と断絶したはじまりとしての活動は、恣意的で無秩序なふるまいと同じではないだろうか。アーレントも『革命について』で、やや芝居じみた口調でこの点に触れている。「ある種の完全な恣意性は、はじまりの本質そのものに付随している。〔…〕はじまりは、時間においても、空間においても、まるで出発点を持たないかのようだ」(OR: 207=329)。こうした疑念に応えるかたちで、旧い秩序と新しい秩序の間にある、「時間の裂け目」で行われる創設行為に彼女は注目する。もはや近代では、かつて創設の神聖さを支えていた「宗教・権威・伝統のローマ的三位一体」や時間を超越した創造神の存在は、新しい秩序の成立に正統性を付与できない。そこで、はじめる行為それ自体に原理が含まれていると主張し、恣意性を克服する(Cane 2015; Muldoon 2016b)。

〔…〕はじまりとともに世界にその姿を現わす原理が、それに内在する恣意性から救ってくれる絶対者である。はじめる者が、彼が行おうとすることを開始したそのやり方が、その企てに参加し、それを完成させるために彼と合流した人びとのための、活動の法を定める。そのようなものとして、原理は、その後に続く行為を鼓舞し、そして、活動が続く限り、明白に姿を現わし続けるのである(OR: 214=339; cf. BPF: 152-53=205-06)。

人間の現われに結集する自由と活動と政治はそれぞれ互換的であり、はじまりをもたらす。アンドレアス・カリヴァスの表現を用いれば、新たなはじまりが伴う原理は、「行為の究極の運命」を事前に定めるものではなく、行為を導き、自由を恣意性から守り、「諸条件を実現する」(Kalyvas 2008: 253)。つまり、はじまりは根拠づけるものであると同時に、根拠づけられるものでもある(梅木 2002: 148)。カイロスでは、予見不可能な未来に向けられた活動が、過去と断絶した現在にあり続ける。森川輝一が指摘するように、絶えず新たにはじまる無数の出来事が、持続的な世界の時間を構成している(森川 2010: 283)。そして、人間の能力としての思考が、クロノスの観点からは「非時間の空間」(BPF: 13=14)や「動かない現在」(LM 1: 207=238)と表現される、カイロスに自らを置くことを可能にする。

人間は思考するかぎり〔…〕自分の具体的な存在の完全な現実性において、過去と未来の間にあるこの裂け目、この時間なき現在に、生きるのである(LM 1: 210=241; cf. BPF: 13=14)[16]。

思考とともに「時間の裂け目」にとどまる政治は、アーレントの活動論における民主主義のあり方の根幹に関係する(Bowen-Moore 1989: 71; Marchart 2006)。たとえば、『革命について』の叙述に戻ると、アーレントはアメリカ独立宣言の冒頭でしめされる「われわれはみなす」という文言に活動による創設をみる。ボニー・ホニッグによれば、アーレントはこれを純粋に政治的かつ行為遂行的な活動と理解し、この宣言が「われわれ」およびその共同体の権威を同時に構成すると考える(Honig 1991)[17]。絶対的な権威が失われた時代において、カイロスに属する創設が、近代国民国家を典型とするような、制度的にも歴史的にもクロノスの産物である組織とは区別された永続的な制度を樹立する。

たとえ最初は孤立のうちにはじまり、全く様々な動機を持つ個人によって決意されたものであるにせよ、活動はある共同の努力によってのみ完成される。この共同の努力の中では〔…〕各人の動機づけはもはや問題とならず、したがって、国民国家の決定的な原理である、過去と起源の同質性は必要とされない(OR: 173=268)[18]。

しかし、この創設を約束する主体はどのように準備されたのだろうか。アーレントのように約束を人間の世界建設能力として受け入れたとしても(OR: 175=270)、その主体の範囲、創設の実効性、あるいは次に約束をするという約束などが事前に確認されていなければ、約束はもたらされないのではないか。約束のカイロス的な契機は、支配の装置がクロノスにおいて再生産される過程における徒花《あだばな》にすぎないのではないか。そもそもクロノスから切断された、純粋なカイロスは存在するのだろうか。

　こうした時間への執拗なまでの拘泥は、アーレントの用語における、相互的な政治を可能にする権力と、一方的な支配を可能にする暴力との区別に関する再考察を導く。彼女にとってアメリカ独立革命は権威の樹立であり、過去の植民地時代に約束と契約によってもたらされた権力が現実化した、再興的な出来事である(OR: 164-68=255-61)。アメリカでは創設の行為が独立宣言に先行したため、すでに存在している政治体を追認し合法化するだけでよく、また「社会問題も実際的目的としては存在しなかった」ため、政治と暴力の区別を維持できた(OR: 66=109; cf. BPF: 140=191)。だが、革命を伴うか否かは別にして、約束による制度化は、はじめる能力としての活動とすぐに緊張関係に陥ると予想される。そこで彼女は、エリート支配の道具である政党とは異なり、活動と秩序を同時に可能にする自発的機関として評議会制に期待を寄せる(OR: 266-79=417-34; Muldoon 2011, 2016b)。もちろん彼女も、社会領域における公共の利益に関わる物事の管理や経営という機能の必要性は認めるが、評議会はあくまで政治参加のみを受け入れる。川崎修によれば、評議会制の提案が政治と経済社会との彼女の強固な二元論に規定されており、政治および活動は約束がもたらす政治体の維持のみを唯一の目的とする(川崎 2010: 187-89; Muldoon 2011: 415)。活動や評議会制は、その主体や職務などの内実を明らかにできないというよりも、従事自体が目的である。そしてジェイムズ・マルドゥーンの興味深い指摘によれば、民衆の自発的な組織にもとづくアーレントの評議会は、その境界線を上から授けられる存在ではなく、現実的には、境界線や公的な手続きが問題になるほど長続きはしない(Muldoon 2011: 413-14)[19]。暴力が他のものによる正当化を必要とするのに対し、権力はそれ自体が目的であり、その正統性は「人びとが集まること」に由来する（CR: 151=140-41）。政治がカイロスに居続けることで、クロノスが宿る制度や条件が拒絶されるのである。

もちろん、この時間の二元論が権力と暴力の対比に変奏されても、時間についての不明瞭さは残る。たとえば、一連の二元論が「過去の重さ」に対していつまで耐えられるかは議論の余地があり、カイロス的な活動が「実体化した共同性」に近づく危うさはある（川崎 2010: 270）。他方で、本章がより注目するのは、クロノスとはじまりの不可分の関係である。アーレント自身も、どんな政治組織であれ、はじまりと暴力が密接に結びついている事実を認める（OR: 10-11=24）。この結合は、クロノス的な起源およびその非政治性に関する自覚というよりも、既存の暴力による持続的な支配を切断するために言及される（OR: 27-28=47; 寺島 2006: 237）。だが、社会的文脈を不問とするはじまり自体が、クロノスを背景とした暴力的な構造を温存し、暴力を隠蔽する操作に開かれている点は無視しえない（梅木 2002: 165-66; 千葉 1996: 148-49）。正統性の定立と関連する、何らかの設定自体に時間的な要素とそれにともなう暴力が付随するために、民主主義はクロノスから自由になれないのである——そもそも人びとはなぜ集まるのだろうか。実際、アーレント自身もクロノスの支配力を認めている。

私たちの政治的生活もまた、それが行為の領域であるにもかかわらず、私たちが歴史的と呼ぶ過程のただなかで営まれ、この歴史の過程にしても、人びとによって開始されながら、自然や宇宙の過程と同じように自動的になる傾向をもつ。実際、その起源がいかなるものであれ、すべての過程には自動性が内在する。このことが、単一の行為、単一の出来事によって人間や国民や人類が解放されたり、救われたためしがかつてないことを説明する理由である。人間は、たしかにこうした自動的な過程に服しながらも、行為によって、この過程の内部でそれに抗することができる（BPF: 168=228-29）。

逆にいえば、クロノスが政治的生活を覆っている現実があるからこそ、切断をともなうカイロス的な活動が奇跡的となる。

さらに、『人間の条件』で述べられるように、人間の複数性を可能にする、自由と人間存在が密接に結びついたカイロス的な政治は、クロノス的な障害のために必要とされる。人間が等しくかつ異なるという両義的な性質が活動の不可分の要素であり、それらはそれぞれクロノスと関係している。

もし人間が互いに等しいものでなければ、お互い同士を理解できず、自分達よりも以前にこの世界に生まれた人たちを理解できない。そのうえ未来のために計画したり、自分達よりも後にやってくるはずの人たちの欲求を予言したりすることもできないだろう。しかし他方、もし各人が現在、過去、未来の人たちと互いに異なっていなければ、自分たちを理解させようとして言論を用いたり、活動したりする必要はないだろう（HC: 175-76=286）。

クロノスとの峻別を強固に主張するカイロス的な政治は、その存在理由がすでにクロノスによって規定されている。また、後期アーレントの中心的課題であり、はじまりとしての自由の恣意性に応える判断力の議論でも、クロノスの導入が積極的に是認される（LM 2: 217=258）。活動者と区別された注視者は、共通感覚に支えられた普遍的な立場から活動を判断する役割を期待されるが、その際に参照されるのは、歴史上の特殊な出来事に由来する範例である（KPP: 128-30）。川崎によれば、活動者と現在を共有する注視者は、過去に目を向けることで絶対的なはじまりを相対的なものにする（川崎 2010: 208）。伝統が権威とならない時代では、過去を忘却から救出しつつ、現在が依拠する過去を遡及的に、選択的に修正する作業が重要である（d'Entrèves 1994: 31-32）[20]。このように、カイロス的な政治はクロノス的な条件を組み込んでいるといえよう(Markell 2014)。

本節では、アーレントの政治理論を参照しながら、現在の政治における時間のあり方を考察してきた。ナンシー・フレイザーの的確な表現によれば、「「過去と未来の間」の場に居ることをもとめ、歴史化と現在中心化をともに果たす思考の方法を、彼女は自覚的に洗練した」(Fraser 2004: 254)。あるいは、ジュリア・クリステヴァのいっそう無遠慮な表現では、アーレントが提示する解決策は「実はすべて時間性の手直し」であり、「時間との関係の変化だけ」である(クリステヴァ 2006: 220)。他方で、民主的な政治に伏在するクロノスの契機は、アーレントのはじめる能力としての活動の不徹底や、より一般的にはカイロスに依拠する政治理論の限界と解釈できるかもしれない。

過ぎ去ったがゆえに、われわれの手の届かない次元となった事実のリアリティがもつ確固とした安定性に代わるものを、権力はその本性上けっして生み出すことができない(BPF: 258=353)。

現在の政治は、主体と空間において、過去に画定された範囲とそれに付随した記憶の内側でしか活動できない。はじまりは、すでに過去となった元はじまりと共生関係にあり、すべてを過去化するクロノス的な時間軸から逃れられない。[21] アーレントのはじまりが一切の過去を完全には拒絶していない点を的確に指摘する、カリヴァスの表現によれば、「新たなはじまりは、日常の中と対抗から発生する」(Kalyvas 2008: 224、強調は引用者)。[22] さらにいえば、はじまりがはじまりだとわかるのは、それが現在と区別可能な過去のものになったからである。「私たちが生きている世界は、いかなる瞬間においても過去の世界である」(アレント 2016: 485)。

だが、クロノスとカイロスの交錯を、民主主義の時間の両義的な特質と理解することも可能だろう。この場合、はじまりの効果は、過去を切り離すことで既存の主体と空間のあり方を絶えず不安に陥れながら、世界と他者への応答において、所与の民主主義のかたちを脱構築する点にある。その活動では、何を正しい時間や過去として受け入れるのか自体が、高度に政治的であるという事実が明るみになる――思考が「時間なき道」で拾うのは「断片化された過去」である(LMI: 212=244-45; Williams 2015)[23]。この意味で、民主主義がクロノスにもカイロスにも一元的に支配されておらず、過去との対決を含みながら現在に正統性があることは、民主主義それ自体が現状の制度を超えて持続する条件である。別の言い方をすれば、自己統治の実現を目指し、現在に持続する民主主義では、法などの形式で現前化する過去への抵抗可能性はつねに開かれている(Honig 1993: 109)。そのため、民主主義の起源もまた完全な過去とはならない(Tekin 2016: 179)。現在と過去がときとして接続したり、乖離したりする、不調和で多元的な時間の中に民主主義は存在するのである。

## 五　一時的な結論と死者による支配について

時間が多面的に対象化される時代でも、自己言及的な論拠のほかに正統性を見つけられない民主主義は、過去に自らを設定したクロノスから解放されない。それは政治主体としてのデモスにとって外在的な、伝統や慣習などとは異なり、自らを条件化する時間の内在的な先行性である。だが、正統性をもたらすその設定に、現在のデモス自らは参加できなかった。

八月革命説やプリコミットメント論であきらかなように、民主主義の過去と現在を節合するクロノスの強靭さは、一方で、時間の「民主化」がもたらしたひとつの成果として誇られる。だが他方で、それは特定の権力関係が継承され、追認された産物でもある。民主主義は、自らの設定に関して非民主的な、空間的な条件に先回りされている。しかし、正統性と他者が欠如した、過去の暴力的な支配に対抗するような活動が、カイロスにおいて可能である。私たちが現在の自身への再帰的な問いかけとして過去と対峙することは、はじまりとしての活動に付随し、持続する民主主義の一部である。そしてこの一部は、民主主義を物象化した暴力として、未来において新たな民主主義の挑戦を受けることになるかもしれない。それでは、過去と現在が混在した時間と、それに汚染された民主主義の堅牢な事実性を前にして、未来はどのような意味をもつだろうか。その考察は次章にもち越すこととして、私たちの議論を現在に再び戻ってきたこの時点で一時停止しておこう。

以下では、過去に対する民主主義的な抵抗という目的で本章と共通する、トマス・ジェファーソンの議論とのちがいに留意して、民主主義における過去と現在の関係性を整理したい。繰り返すが、本書では、デモスによる自己統治の成立可能性という観点からのみ過去と現在という時制を分析しており、「死者による支配」も同様の観点から考察する。(24)

ジェファーソンはジェイムズ・マディソンに宛てた有名な書簡(一七八九年九月六日)の中で、「大地が死者ではなく生者に属するという原理」(Jefferson 1999: 597; 森村 2006: 724)に関して、以下のように述べている。

〔…〕いかなる社会も永続する憲法を作れない、永続する法律さえ作れない、ということが証明できよう。大地は生きている世代に常に属する。〔…〕彼らはまた自分自身の人身の主人であり、それゆえ好きなように支配してよい。しかし人身と財産が統治の対象の総計をなす。すると彼らの先行者の憲法と法律は、それらを成立させた意志の持ち主と共に消滅するのが自然な成り行きである。その意志が、憲法の存在を保持したのだが、それがなくなればそれで終わりである。するとあらゆる憲法、そしてあらゆる法律は一九年が過ぎると自然に消滅する。もしそれがそれ以上強制されるならば、それは実力の行為であって正義の行為ではない(Jefferson 1999: 596; 森村 2006: 723)。

ジェファーソンが述べているのは、憲法や法律の改廃が一九年後（彼によれば当時の平均寿命と成人年齢から算出した、ひとつの世代が過半数を失うまでの年数）に可能になるということではない。これらはいわば時限立法として、決まった年数ののちに消滅する。ジェファーソンは、「次の世代は廃止する権限を持っているのだから、彼らは憲法なり法律なりが明示的に一九年に限られていたかのように行動できる」（Ibid.）という予期しうる批判に対して、現実の政治過程の実行上の制約や障害があるため、廃止の権限が簡単には発動されないだろうと先回りして反論する。まとめると、ジェファーソンの議論は死者（過去に属する他者）の支配と、現在のデモスの支配との明確な区別と正統性の断絶を特徴とし、法的ルールの世代的な限定性を主張する。これが「まさに立憲主義的なプリコミットメントという考えに対する容赦のない攻撃」（Holmes 1995: 140）だということは、あきらかである。

本書の立場は法的ルールの自然消滅の論陣に加わるほどラディカルではないものの、ジェファーソンが現在の自己統治を原理として強固に維持し、過去と現在のデモスの不一致および、たとえそれがいかに素晴しかろうと、過去による現在の不当な支配を問題化した点には大いに敬意を表する。[25] ジュディス・シュクラーの表現を用いれば、ジェファーソンにとって、被治者の同意は「根も葉もない語句ではない」（Shklar 1998: 138）。

それでは、この手紙の名宛人であったマディソンはどのように応じただろうか。マディソンの書簡（一七九〇年二月四日）はジェファーソンの議論を手際よく要約したのち、時限的な政府の不便や無用な対立や混乱が生じる危険性をきわめて冷静に指摘する（Madison 1999: 606; 森村 2006: 726）。[26] そして本書にとってより興味深いことに、原理的な問題について以下のようにまとめる。

市民社会の基盤を覆すことなく、暗黙の同意という観念を全く排斥するのは可能であろうか、と問うことはできないだろうか。いかなる原理に基づいて多数派の声は少数派を拘束するだろうか。私の思うに、それは自然法から来るのではなくて、便宜に基づく契約から来ている。ある社会に基本的な憲法が必要だと判断されたならば、その憲法はそれよりも大きな多数派を要請するかもしれない。するとこの原理の確立以前には、全員一致が必要である。〔…〕もしこの同意を暗黙のうちに与えることができないならば、〔…〕社会の中に生まれてきた人びとは成年に達したら多数派の立法に拘束されることにならないだろう。また新しいメンバーが加わるたびに、すべての法律の全員一致の再制定が必要になるか、あるいは多数派の声が全体の声になるという規則に彼らが明示的に同意することが必要になるだろう(Madison 1999: 608; 森村 2006: 728)。

ジェファーソンに対する建設的で想定可能な批判は、以上の指摘にほとんど出尽くしているかもしれない。マディソンは、暗黙の同意が社会の平穏の確保という実用的な理由だけで擁護されるのではなく、ジェファーソンが便宜的に想定する「あらゆる社会において多数派の意志は全体を拘束する」(Madison 1999: 606; 森村 2006: 726)という原理の実行にも働いていると指摘する(Matthews 1984: 23)。すなわち、ジェファーソンは過去から現在への継承における暗黙の同意は退けるにもかかわらず、現在の政治過程において、同様の議論を密輸入して使用している。[27]もちろん、こうした矛盾的な使用はある意味で納得できる。なぜなら、暗黙の同意に訴えなければ、マディソンが指摘するように、その確立が絶望的である、全員一致をその都度もちださなければデモスの自己統治が実現しないからである。その意味で、ジェファーソンの世代間に限定された暗黙の同意に対する批判は不徹底で、また恣意的だといわれかねない。この矛盾を、文中でマディソンはかなり穏便にほのめかしている。

さらに注目すべきは、マディソンが全員一致の必要性に関して、新メンバーの加入の時点に触れている点である。ジェファーソンは世代という概念を用いることで人口の出入に関する煩雑な議論を回避しているが、新たな成人人口の継続的な出現が現実的に想定されるかぎり、マディソンの疑問は適切だと思われる。つまり、新たな人口がデモスのメンバーに加わり、その自己統治も実現しなければならないとき、ひとつの空間内における、年齢別の法的ルールの並存が非現実的であるならば（もっともこの場合でも同年齢の全員一致が必要だろうが）、その都度全員一致が必要であり、一九年ルールは実質的な意味を失う。おそらく世代をかなり広めにとらなければ自己統治の論理を徹底できないが、それはその分だけ、人生の一定期間を他者の制定した法的ルールの下で生活することを意味する（Muñiz-Fraticelli 2009: 382）——そして新たな法的ルールに関してその導入時点で全員一致できるかは不明である。これは、世代間にあった過去と現在の継承についての暗黙の同意を、世代内だけに移管する措置といえよう。マディソンが指摘したのは、全員一致の不可能性とそれに依存する弊害、およびデモスとその自己統治がけっきょく成立しない点である。たとえ過去の他者による法的支配を拒絶できたとしても、自己の意志に反する何らかの他者の意志が民主政治には混入せざるをえないし、それを暗黙の同意によって処理せざるをえない。

　この意味で、完全な自己統治の実現は不可能である。本章はこの不可能性を、現在の脆弱さと過去の支配の強固さに見出してきた。すなわちデモスは過去のものになることでその存在が確認され、あらかじめその条件を与えられている。過去の先回りを防ぐために、ジェファーソンの統治体制では世代が導入され、いわば現在が引き伸ばしになる。彼によれば、「［…］一世代と他の世代との関係は独立国間の関係と同じ」（Jefferson 1999: 596; 森村 2006: 722）であり、過去と現在との間に境界線が引かれる。[28] この措置は、（自己統治を実現できなかった）国民という単位をふたつに分割して、耐久性のある現在の時制において世代という単位を空間化する。それが意味するのは、民主主義の一元的な起源の否定と、国民および国家の定期的な再生である。[29]

　だが、時間を観念的に止めて、デモスが死者に置き換わるのを防ぐとしても、同世代のデモス内部において個人と集合体を意図的に同一視し（「社会の個々のメンバーの誰についても真であることは、集団としての彼ら全員についても真である」(Jefferson 1999: 593; 森村 2006: 720))、集合体の単位の所与性を無視し、暗黙の同意を拡大解釈しなければ、自己統治は実現しない。つまり、死者も世代もデモスを空間的に画定するという効果では共通し、現在のすべての「社会の個々のメンバー」に妥当するその単位の民主主義的な基礎づけ(全員一致のはじまり)を欠いたまま、不十分な自己統治の形態を強制的に付与する。(30) そしてその間も、クロノスは現実的には新たな過去(と死者)を生み出しつづけて、世代を論じる意義と自己統治の論拠を蝕む。ジェファーソンの考察は、それ自体が民主主義の有望な選択肢であるというよりも、私たちの足下にあって、現在の民主主義の成立を困難にするような、過去化する時間の支配力の強さをあらためて浮き彫りにする。それにどのように立ち向かうかが、本書の中心的な課題である。

第二章

# 未来

## ——将来の民主主義と民主主義の将来

## 一　再開する時間について

民主主義は未来にどうなっているだろうか。

この問いに対する応答の困難さは重層的である。まず、もっとも根本的だが、未来は誰にもわからない。そのため、未来の民主主義は予想の域を越えられない。何らかの不意の出来事やイノベーションによって、制度的な条件やアクターの行動様式が変わることはありうるだろう。たとえば、予期しえなかったウイルスの流行で、民主主義に関する意味や評価が、気づかれないまま変化しているかもしれない。こうした積み重ねの結果、現在に概念化されている民主主義とはかなり異なった統治形態を、意識的であれ無意識的であれ、民主主義と将来よぶことになるかもしれない。そのため未来を語るには、対象となる民主主義についての何らかの共通理解が、事前にしめされていなければならない。

また未来についても、それがいつの時点なのかを明確にしておかなければ、応答しようがない。それは二時間後なのか、二日後なのか、それとも二万年後なのか。このように、民主主義の未来予測にはかなり詳細な条件設定が必要となる。つまり、現在における主要な構成要素が都合よく変化せず、あるいは予測の範囲内で都合よく変化するといった環境においてのみ、未来は語られる——もはやそれを未来とよべるのだろうか。本章は、こうした未来の幅と制約の意味について、民主主義理論に関する範囲の内側で考えることになるだろう(1)。もう一歩踏み込むなら、予期しえる範囲で民主主義を語る作業とは一線を画して、予期しえない未来と直面する際に、民主主義にどのような特性を見出すことができるかを自覚的に問うてみたい。

本章は、前章「過去──死者による支配からの解放」から問題意識を継承している。本章の分析課題を明らかにするためにも、前章で展開された議論についてここであらためて確認したい。私たちは、民主主義と時制（時間的様相）の理論的な特徴を、その成立可能性と対峙しながら明確化するという課題の途上にいる。いいかえれば、デモスによる自己統治としての民主主義の成立はいつ、どのような形で擁護できるのかという理論的な考察を試みている。民主主義における過去と現在の意味を議論した前章では、量的に計測可能な継続的な時間であるクロノスと、時間の質的な変容を伴う行為の契機としてのカイロスというふたつの時間意識が導入された。たしかに、すべての事柄がいずれ過去となるクロノスに生きる私たちにとって、民主主義の現在はその過去を無化するほどの固有の権威を発見できていない。しかし、カイロスにおける、過去による非民主主義的な支配に対して、部分的に抵抗可能な現在の理解をしめし、民主主義の時間論的な両義性をもとめた。(2) このような過去と現在が交錯する民主主義という前章が帰着した一時的な結論に対して、未来がどのような介入を果たすのかを見極めるのが、私たちの次なる課題である。現在の民主主義に、未来はどのような意味や可能性を与えるのか。

前章では、現在の特異性をあきらかにする過程でハンナ・アーレントを参照した。その際にはあえて触れなかったが、そこでは未来が姿を隠しきれていない。彼女の政治理論では、人間は過去と未来の間にある「時間の裂け目」においで、活動を通じて過去になかったものを現在に創出する。「過去──もちろん事実の真理はすべて過去に関わる──ではなく、また過去の結果としての現在でもなく、未来こそが活動のために開かれている」（BPF: 258=352）。そして未来と対峙する人間の発話行為が、世界建設能力としての約束である（OR: 175=270）。スザンヌ・ゲルラクの表現によれば、アーレントの「約束は現在を未来に縛りつけ、新たに活動することを可能ならしめる」（ゲルラク 2012: 257）。

だが、『革命について』や『過去と未来の間』で展開された過去に対する綿密な議論と比べて、未来の理論化はそれほど明瞭ではない。上述の引用部に限れば、未来（の現在に対する拘束）に関するふたつの理解を導くことが可能だろう。第一に、クロノス的な時間軸における未来であり、それは本質的には未確定ではあるものの、直近の未来の方がより確実に予測できるような性質をもつ。二時間後に関する政治的知識の方が、二万年後のそれよりも正確である。こうした未来は活動をもたらす条件や目的を、たとえそれらが理論的に不要だとしても、一方的に提供する。アーレントの術語を用いれば、クロノス的な未来の理解は、人間の協同として発生する正統な権力だけでなく、ときとしてそれを破壊する道具的な暴力の正当化とも結びついている。

正統性は、異議が申し立てられたときには、その過去に訴えることを根拠とするが、これにたいして正当化は未来にある目的に関連している。〔…〕暴力の正当化は、それが意図する目的が未来へ遠ざかるほど真実味を失う(CR: 151=141)。

第二に、約束を約束たらしめるような、他者や同意事項に対する次なる応答の到来にしめされる、カイロス的な時間における未来である。この場合、未来は人間が織りなすコミュニケーション過程の一部であり、活動の持続を基礎づける。その不確かさにおいて、カイロス的な未来はクロノス的な時間軸とは区別され、現在が「時間の裂け目」でありつづけるための条件となる。相互の約束にもとづいた権力は、アイリス・ヤングの表現によると、「未来の行為を導く正義や正しさの原理に暗黙に参加している」(Young 2002: 274)。

いずれの未来であれ、着々と活動が導かれるという機能を形式的には共有しており、両者を外面的に明確に区別することは難しい。(3)「権力と暴力は、はっきり異なった現象ではあるが、たいていいっしょに現われる」(CR: 151=141)。別の言い方をすれば、クロノスとカイロスは並存可能な時間軸である。本章では、これらふたつの時間を意識しながら、民主主義理論における未来の言説的な効果およびその権力性を分析する。次節では、現在の民主主義に与える未来による制限について、権力、責務、そして代表というお馴染みのテーマの再考察によって解析し、未来の政治理論的な特徴を論じる。第三節は、民主主義の主体であるデモスの原理に関する現代政治理論分野における論争を検討した上で、ジャック・デリダの「来るべき民主主義」を参照軸として未来と民主主義の関係性に分け入る。その上で、最終節では、民主主義とのこれからの付き合い方について、その時制の分析から得られた知見にもとづき、ささやかな提案がなされるだろう。

## 二　未来の制限――未来に関する政治理論

民主主義の未来を考える上で、近年私たちは示唆的な事例を目にした。EUからの離脱の是非を問うたイギリスの国民投票(二〇一六年六月)で離脱派が勝利し、残留派の首相が辞任するという一連の政治変動である。だが本章の関心は、次の首相に誰がどうやって選出されたのか、イギリスやEUが今後どうなるのか、あるいは政治手法として国民投票は将来どのように使用されるべきかなど、それぞれクロノス的な未来に関する政治的知識には直結しない。注目されるべきは、女性二氏による新たな与党党首の選出過程で、出産経験のある候補が「母親であることは国の未来に本当の利益があるということだ」と発言した事件である(4)。この発言によって引き起こされた社会的な反発がひとつの理由となり、同発言者は候補を辞退することとなった。本節では、デリカシーのなさというあからさまな欠陥によって見えづらくされてしまった、この発言が想定する未来――本当の利益がある未来――について、自覚的な分析を試みる。

本節は、未来が民主主義の形式をどのように規定するのかを考える。この意味で、いまだ存在しないという究極的な性質のために権力作用と無縁にも思われる未来の想定が、いかなる権力性を孕んでいるのかを問題化する。以下では、その理論的な射程を未来にまで拡張した現代政治学の典型的なテーマである、権力論、責務論、そして代表論を民主主義の時制という観点から再考察する。これら事例分析によって未来の政治理論的な特徴を抽出し、民主主義における時制の検討をさらに進めたい。

### (1) 権力の未来

権力論において、スティーヴン・ルークスが定式化した一次元、二次元、三次元的権力観に段階的に触れた上で、ミシェル・フーコーらの構造的な権力論を展開するという叙述はいまや広く受け入れられている。前者と後者では、二者間関係の想定、権力の発生源、主体化としての権力作用、権力の場としての社会認識など、さまざまな点で啓発的なちがいがある。以下では、あくまで前者の議論に踏みとどまり、その未来の固有性に注目したい。この場合、三つの権力観は、「Bの利益に反するやり方で、AがBに影響を及ぼす場合、AはBに権力を行使した」という権力の基礎概念をめぐる、別々の解釈である(Lukes 2021: 35)[5]。

権力を価値評価的であり「本質的に論争的」だと認めた上で、経験分析に利用可能な操作的なものとしてルークスがそれを提示した点は、あらためて強調されなければならない(Lukes 2021: 19)。つまり彼の権力の概念分析には、政治科学の分析枠組みに収まるように、あらかじめかなりの制限が加えられている。具体的には、権力の行使という局面のみに注目し、二者間における非対称的な関係のみを前提とし、支配への服従を確保するという形式のみを帰結とする点である(Lukes 2021: 69)。この条件下で、彼が主導する三次元的権力観(潜在的争点を排除する権力)の、一次元的権力観(顕在的争点で決定する権力)と二次元的権力観(潜在的争点の顕在化を防ぐ権力)とに対する分析上の優位が主張される。三次元的権力観は、既存の権力論における個人主義と争点中心主義を回避し、人びとの「真の利益」と主観的利益の差に経験的に立証可能な権力作用を観察して、より綿密な社会分析をもたらす(Lukes 2021: 33)。

本章が注目するのは、各次元の権力作用の形態の相違ではなく、むしろこれらが共有する権力論の特質である。権力が「一定の倫理的かつ政治的立場」から発生し、その中で作用するという想定は、各権力観で等しく受け入れられている(Lukes 2021: 34)。別の言い方をすれば、権力は、それが作用する空間における価値、あるいは意味によって規定されている。現代政治の状況では、民主主義(あるいは民主主義的な言説と節合した統治形態)は権力に対するこの枠組みの主要な形式であろう。権力行使の手段や目的についての価値や意味がある程度共有されなくては、それは権力として成立しない。ルークスの表現によれば、

〔…〕権力の定義そのものばかりか、その定められた使用法までもが、ひとたび定義されてしまうと、その経験的適用領域も前もって決定している(おそらくは気づかれていない)所与の一連の価値=諸前提に抜きがたく拘束されてしまう、ということに等しい(Lukes 2021: 34-35、強調は引用者)。

つまり、AとBが価値を共有した同一空間にあり、クロノス的な時間の推移において権力は観察される。時間に注目して、ルークスの権力分析を再検討したい。権力行使には「Aの働きかけ」と「Bの行為」というふたつの属性が含まれている。これらの節合が、Aの働きかけに反してBが他の行為をなしえる可能性を担保し、権力を権力として理解させることを可能にする(Lukes 2021: 48)。たしかに杉田敦が指摘するように、BがAの意図を正確に理解できるか不明であるし、そもそもAの意図は明確化できるのかという疑義も残り、両者の接続はかなり危うい(杉田 2015a: 21-23)。だが本章にとって興味深いのは、権力を生じさせるこれらの属性のつながりは、同一空間における時間的な推移によって、整合的なAの意図を実現するという形態で果たされる点である。(6) 権力が(未来において)作用するためには、いずれやってくる未来との空間的な同一性がもとめられる。この意味で、権力作用における未来は

すでに所与であり、その効果をまったく形式化できないのであれば、それは権力ではなくなってしまう。クロノス的な時間軸にもとづく二者間関係論は、その設定自体が「一定の倫理的かつ政治的立場」による権力的なものであり、それに応じた特定の責任の形態を必然的に付与するものとなる。そのため、ウィリアム・コノリーの表現を参照するならば、権力が形成されるのは、その受け手(B)の「未来の行動を予言する」という観点というよりも、権力が出現する「諸条件に制限を課すための責任」を送り手(A)や観察者に与える観点からである(Connolly 1993: 101)[(7)]。責任が発生する場が民主主義であるならば、権力が観察可能であるためには、民主主義の空間的な条件が未来を先取っていなければならない。権力現象において、未来はいずれ必ずやってくる。

ルークスはこうした権力理解にもとづき、社会的因果作用や構造的決定が権力行使といかに区別できるかという独特の視角で、ニコス・プーランザスとラルフ・ミリバンドのマルクス主義的政治学における国家と社会編成をめぐる論争を分析する。論争自体の推移は措くとして、権力論の立場から注目すべき点は、仮に絶対的な構造的決定が社会を支配しているのであれば、もはや権力は存在しないというルークスの主張である。この意味で、いまや古典的ともいえるこの論争は、相対的な自律性に対する理論的な理解を主要な争点としつつも、権力とは何かという概念的な問題も包摂していた。逆にいえば、行為者に一定の相対的な自律性があり、そのため別の行為が可能であるときに権力が存在する。このとき、ルークスの言葉を借りれば、

未来は完全に開かれてもいなければ、閉じられてもいない(しかし実際には、未来の開放の程度それ自体は構造的に決定されている)(Lukes 2021: 62)。

このように、権力にとって未来は両義的である。Bに対して一定の選択肢のある未来がなければ、権力が成立しな

い。しかし、権力が存在可能な空間を確定するためには、未来はあらかじめ規定されていなければならないのである。未来のカイロス的な次元は事前に制限されている。そして、「未来の開放の程度」が「構造的に決定されている」のであれば、その契機に別の権力作用を見ることができる(8)。現象する権力にとって、未来は自己を成立させる（時間的というよりも）空間的な条件であるものの、確実な結果がもたらされる予言可能な時制であってはならない。

### （2）責務の未来

つづいて、民主主義体制に出現する未来の形態について、政治的責務（Political Obligation）に関する議論での描かれ方を検討したい。なぜ、公的決定に従わなければならないのだろうか。それが公的決定だから、では答えになっていない。ここで求められているのは公的決定に従う（あるいは背く）論拠であり、それが政治的責務論の対象である。

このような問題設定は、政治的権威の構成とそれに対する抵抗とに深く関係しており、かつては政治思想史の中心的なテーマであり、二一世紀の知的世界でも一定の議論の蓄積がある（瀧川 2017; 福島 2022）。実態はともかく、言説的には民主主義以外の政治体制を基本的には想定できず、そのため権威を政治に外在的に想定できない現代政治学にとって、政治的責務の弁証は過剰でありながらも、つねに喫緊となりうる理論的課題といえるかもしれない（Tuckness and Wolf 2017: 147）。だが以下では、民主主義の成立可能性に関連し、さらに時間論にも関連するという、浩瀚《こうかん》な責務論におけるごく一部を検討する。個人の自由と平等を追求し、デモスによる自己統治の手続きを部分的に組み込んだ現行の自由民主主義体制は、私たちに服従する責務を十全に課すことができるのか。いいかえるなら、それは私たちの未来をどのような意味で拘束するのか(9)。

政治的責務の発生理由には、支配に対する（暗黙を含む）同意、公正さ、自然な義務、あるいは恩義などを想定することができ、たしかにそれぞれに議論の余地がある（Simmons 1979; Tuckness and Wolf 2017）(10)。これらに共通する課題は、私たちのどのような政治的行為が責務のやり取りを表現できるのか、であろう。

一般的には、選挙と代表関係を基軸とした自由民主主義は、責務の主意主義的な諸理論に適合的であるため、私たちの未来を定める正当な論拠があるとされる。すなわち、自分で意識的に選んだのでその結果に従わなければならないという、自己統治の論理を原理化したと、それは解釈されうる。しかし、キャロル・ペイトマンは、「個人の自由と平等」をあらかじめ特定の形態や制度に押し込め、政治的なるものの可能性を制限しているために、自由民主主義は私たちの自己統治的な責務の履行に決定的に不足すると指摘する(Pateman 1985: 174-76)。また、自由民主主義の中心的な過程である代議制は、市民に代表者への服従をもとめることで、自由と平等にもとづいた自己統治の成立を阻害している(Pateman 1985: 151)。そのため、自由民主主義の公的な政治過程である選挙だけでなく、政治参加を評価に加えるような民主主義的な基準を、責務の根幹にもとめる(Pateman 1985: 178)。つまり責務を、市民の自己統治における、より実質的かつ経験的なものに位置付けようとしている。このように参加民主主義とは、議論やレファレンダムを通じて市民が直接的に政治参加して、公共政策の決定を自ら行うような統治形態である。この場合、参加によって生じる政治的責務は、同格の市民たちの間において水平的に形成される(Pateman 1985: 18)。そして、参加の経験が「未来でのさらなる参加」を心理的に準備すると、彼女は確信している(Pateman 1970: 45=88、強調は引用者)。参加を通じて自己統治を実質的に高めることが、未来で私たちが公的決定に従うことを約束させ、責務の有効性を向上させる。それは同時に、市民の政治的平等の実現とさらなる参加の喚起に効果を発揮する。

しかし、ペイトマンによる責務と参加の結合に対しては批判も多い。なぜなら、参加を条件に加えることで、責務の発生状況をかなり制約してしまうからである。例えば、参加民主主義論では、市民全体の満足に足る、正確な情報とそれにもとづいた適切な判断が導かれていなければ、参加自体が空洞化してしまうおそれがある(DeLue 1989: 95)。参加の質やその時点での不平等に対してより敏感にならざるをえないし、また不参加を減らす論理と制度をより厳密に構想しなくてはならないだろう。また、市民から分離した専門的な機関の方が、複雑な政治課題に対する判断の効率性や公平性という点で、市民の承認を得られるかもしれない(Beran 1987: 132; DeLue 1989: 96)。あるいはペイトマンが主張する、個人の自由と平等という自由主義の理念と、政治過程としての代議制との矛盾が明確ではないという指摘もある。この批判は、自由民主主義における代表者の意志決定という契機を参加民主主義論者が過大評価しすぎているとする、別の批判を惹起する(Beran 1987: 130-31)。これらの批判は、彼女が導出する政治的責務の射程の狭さに起因するといえよう。そして、仮にこの狭さを共有して代議制に対する参加の優位性を認めたとしても、その参加民主主義の実行可能性という、別の厳しい経験的な障害がその行く手を阻むことになる(Beran 1987: 134)。

本章の目的は、自由民主主義か参加民主主義か、責務の説明に関するいずれかの優位を認めることではない[11]。どちらであれ、未来をクロノス的に実体化して責務の発生を説明する論理を共有している。そしてどちらも、相手の政治に対する関わり方が責務の発生する状況、より一般的にいえば自己統治の形式を限定しすぎていて、デモスに責務を十分に課すことができないと考えている。ともあれ、私たちが公的な決定に(未来で)従う理由は、それがすでに選挙や参加などによって刻印され、民主主義的に正当なものとして認められているからである。未来はこうした一連の政治的行為にもたらされる場であり、それはまた別の未来を規定する時点となる。ペイトマンが問題提起したようにその内容には議論の余地が大いにあるものの、政治的行為が元は未来であった時点と新たな未来を結びつけている。たしかに、この時制の接続は政治的行為の記憶と評価に依存するためにかなり不安定であり、自由民主主義も参加民主主義もともにこれに苦しんでいる。責務の発生因の論争性を据え置いたとしても、現在と未来のそれぞれの言説的な構成と、その等価的な接続が孕む暴力性、つまり政治的行為自体の解釈が問題となる。本質的な論争性が、クロノス的な政治的責務の存在全般に転移して、責務を論じる実質的な意義が失われてしまう。

そのため、現代の政治的責務論は多元主義的な展開に活路を見出している。文化、道徳、功利、同意、共同性などの多元的な要素による重層化によって、責務は成立可能となる(Klosko 2005; Knowles 2010)。これらは単独では十全に責務を説明できないかもしれないが、相互補完することで、政治秩序の時間的な再生産を原理的に支えている。いいかえれば、責務はひとつの領域に排他的な政治的行為との応答の形式ではなく、脱領域的で、多元的な時間に分有された政治的論理として理解される。責務とともに多元的に召喚される未来という認識は、未来の非決定的な性質と通底しており、政治主体およびその責務の形式の可変性を導く(Mueller 2016)。

この未来および責務の可変性は、両者の成立不可能性とは区別されなければならない。ジャスティン・ミュラーの議論で興味深いのは、政治的責務の成立が、多元的な概念作用に依拠した政治空間の安定的な成立と不可分であり、それを時間的な過程の単位に見いだす点にある。彼の用語である「時間結合」とは、人びとの特定の行動、展望、あるいは成果をもたらすために調節された、空間化、投影、規律のメカニズムである。「時間結合を通じて、過去と現在と未来が投影され、区切られ、永遠とされ、あるいは完全に覆われる〔…〕」(Mueller 2016: 87)。それは、私たちの時間感覚や自己意識を形成する(地理的な領域とは区別された)時間の構造であり、責務が発生する条件を規定する。時間結合は社会を構造化すると同時に、ある政治的責務の確立をかつて保証していたような、別の硬直化した時間結合を弛緩し、置き換えていく。政治的責務はこうした複数の時間結合にもとづく、応答をめぐる関係性である(12)。脱領域化する政治社会において、時間結合の可能性に依拠する責務の形態は、政治に対する認識そのものを鮮やかに反映する。

責務への応答的な未来が想定できるかは、政治的行為の空間的で手続き的な一貫性だけでなく、現在の政治秩序の全般的な有効性に依存している。そして政治的責務の多元化は、民主主義の形態に関する多元的理解の深まりと共鳴しており、民主主義の未来は細分化されつつある。こうした未来は、各々の責務を従えて五月雨式にやってくる。

### (3) 代表の未来

権力論や責務論における未来の想定がしめすように、民主主義の未来は、私たちデモスの自己同一性が妥当なものとして成立するかどうかに依存している。現代の政治的代表論は、この主体形成の問題を中心的な課題に据えており、時間を考える本章にも示唆的である(Seitz 1995; 山崎・山本 2015)。以下では、まだ存在していない――未来でも実際に存在していないかもしれない――将来世代の代表可能性を考察し、未来の政治理論的な特質を整理したい(13)。なお本書では、代表は第四章以降の主題となり、代表が民主主義に不可避的である理由を、時間的な厚みのある現在での政治主体の構築にもとめるだろう。ここでは代表論の対象をあくまで未来の時制に限定するものの、この分析は民主主義一般に関する代表形態についての予備的な考察となる。

現代の政治的代表論の標準的なテクストにしたがって、未来の代表形態を確認しよう。モニカ・ブリトー・ヴィエイラとデヴィッド・ランシマンによれば、未来の代表についてはふたつの考え方がある。ひとつは、未来で代表されるものとなる将来世代は現在では代表不可能なので、せめて未来に負債や政策選択に関する制約要因を先送りしないという方策である。いいかえれば、選択の余地を確保するという意味で、将来世代の代表を消極的に実現するという考え方である。これに対して、積極的な未来の代表は、具体的な代表者を立ててそれに代弁させるという手法である(Brito Vieira and Runciman 2008: 184-86)。

しかし、彼らも認めるようにこれらの考え方には現在における視野の限界があり、さらにいささか滑稽ですらある。なぜなら、これらの代表形態は、未来が現在の空間的条件やイマジナリーを投影したものにすぎない事実を結果的により際立たせ、(たとえ消極的な未来代表であっても)予言者の座をめぐる余計な(いっそう危険な)政争の具を与えることになりかねないためである。未来の独自性を擁護しようとする実直な姿勢が、未来が現在に係留されている事実を逆説的に明示してしまう。たとえば、積極的な未来の代表論のひとつとして、グレゴリー・カフカとヴァージニア・ウォレンは特別な議員や特別な部局の新設を、将来世代を直接代表する実効的な手段として提案する。ただし、対象となる将来世代は無限に存在するという負い目のために、この代表形式の導入の程度は、かなり限定されざるをえない(Kavka and Warren 1983: 34)[14]。マイケル・フリーデンの的確な指摘にしたがえば、未来の利益を確定するためには、どの将来世代かをまず決めなければならない(Freeden 2015: 5)。状況設定によっては、消極的代表と積極的代表を区別する認識論的な境界線はかなり曖昧となり、何をどのように残すのか、という問題自体が政治化することになるだろう。もちろん、現在に何もしないことが、未来の選択肢を結果的に奪ってしまう事態がありうることも、考慮されなければならない[15]。

代表されるべき未来を明確化する作業が、未来の論争可能性を惹起し、その作業の完遂を不可能にする。結局、未来の民主主義に関して、デニス・トンプソンの端的な言明によれば、「未来の市民は自らに影響を及ぼす現在の決定に発言できないために、未来の人民主権の要求が〔…〕体系的に過小評価されている」(Thompson 2005: 246)。現代の政治的知識から逃れられる純粋な未来は私たちには与えられず、そのため現在に想定された将来世代と実際に登場する将来世代とは絶対的に合致しないのである。ここに、クロノス的な未来にもとづく政治理論の限界をみることができよう。将来世代について、すでに参照したフリーデンも辛辣に描写する。

将来世代は現在に「引きずり戻される」。そして現在の苦悩と展望が将来世代に帰せられる。この帰属のいくつかは正当化できるかもしれないが、その多くは強引で、誰が実際に話しているのかを忘れている(Freeden 2015: 4-5)。

将来世代の代表不可能性を明示的に論じるのは、ルドヴィグ・ベックマンである(Beckman 2009: 167-87)。彼が繰り返すのは、将来世代は現在の法的な主体ではないので代表できないというシンプルな主張である。その代わり、各世代はそれぞれ憲政の支配者であって、そのかぎりで過去に制定された法も、あくまで便宜的に継承される。もちろん、倫理的な観点や将来世代の利益の政策的な反映を彼は否定しているわけではなく、成員資格という観点から、将来世代を政治的代表の対象とすることのみを退けている。(16) すなわち、ベックマンにしたがえば、将来世代を固有の政治制度によって代表すること（それは少なからず現役世代の民主主義の可能性を制約する）の実現は困難だが、未来に対する影響を現在の民主主義が真摯に受け止める必要はある。

それでは、将来世代を代表することの不可能性、およびそのイデオロギー性を前にして、未来の尊重を条件とした政治的代表をどのようなものとして期待できるだろうか。ひとつには、すでに責務論で学んできたように、将来世代という大きな主体の立ち上げを抑制しつつ、多元的でコミュニケーション的な断片化された未来代表の形態を模索するという方向性が考えられる。本章はこの方策の制度設計を主眼とはしていないが、それを可能とする民主主義に関する原理的考察について、次節以降で議論する予定である。

もうひとつの未来代表の可能性は、未来の範囲を縮減して、現在から手の届く程度で代表形態をより安定的なものとして確定することである。(17) たとえば、ジェーン・マンスブリッジが精緻化する新たな代表形態のうち、「予測にもとづいた代表」はこうした傾向を示している（Mansbridge 2003）。彼女によれば、委任か信託かという年来の論争が前提としてきた、代表するものとされるものの二者間関係を反映した「約束にもとづいた代表」のみに、もはや代表形態は収まりきらない。そこで注目される別の新たな代表形態のうち、「予測にもとづいた代表」では、代表するものは有権者が次の選挙で賛意をしめすと思われる事柄を先取りする。このような近未来の代表は、主体の実存に依拠した既存の代表関係では説明できず、先の選挙での約束の効力に制限された、従来の民主的なアカウンタビリティの基準を満たさない。(18) それでもこれを民主主義に合致した正統な代表形態であるとするならば、その民主主義の充実や実現に対する貢献を説明しなければならない。実際、マンスブリッジは「予測にもとづいた代表」が未来をめぐって二者間で熟議を充実させ、民主主義の質的向上を可能にする効果を指摘する（Mansbridge 2003: 525）[19]。以上のように、「予測にもとづいた代表」において将来世代はたしかに不在ではあるが、事実上、現役世代がそれとして整合的に再生産されることを見越した代表形態である。いずれの未来代表にせよ、現在の私たちの民主主義のあり方こそが、未来を代表する際のポイントとなる（Brito Vieira and Runciman 2008: 192）。

ふたたびベックマンを参照するなら、将来世代に関して、その取り分や政策的な措置を実態的に定義するのは困難である（Beckman 2008b）。将来世代を代表するという現代人の動機は問わないとしても、これらについての解釈の一致は生まれそうになく、さらにいえば、いつの未来かという根本的な難問はその代表行為の土台をいつでも破壊することが可能だ。またベックマンは、将来世代の代表という論理が、現代の民主主義に制約を与えるような反民主主義的な傾向にも言及している。将来世代の代表が跋扈することで、現役世代の公的責任が実質的に掘り崩されるかもしれない（Beckman 2015）。将来世代を代表する思考や措置は、たしかに必ずしも民主主義的というわけではない（Jensen 2015）。より無遠慮な指摘をするなら、被代表者による権威づけの何らかの手続きが必要だと、代表のあり方をいっそう厳密に制約した場合、将来世代の代表はあきらかに成立しておらず、せいぜいそれはアドヴォカシーとよばれるべきかもしれない（Schweber 2016: 394）。

未来の代表が肯定的な政治的論理として一般的に受容される状況下において、それに冷や水をかけるこうした反省的な思考は、さらに重要になるだろう。それは将来世代のイデオロギー性を暴露するだけでなく、未来に対する政治的な慎慮をあらためて要求するような機会となるはずだからだ。そのため以下でみるように、もとめられるのは、将来世代の存在を現在の民主主義を考えるための端緒にすることである。すなわち、民主主義を変更可能な手続きと理解させる保障として、将来世代の代表を現在に組み込むという発想である。このとき未来の代表は、代表されるべき何かを発見するというよりも、その終わりのなさを自覚した上で、こうした探究作業を許すだけの制度的な編成を現在において実現するような論理である。その内容については、次節であらためて考えてみたい。

本節における未来に関する政治理論的な特徴を整理したい。未来は現在を投影したものとしてすでに条件づけられている一方で、現在ではいまだ表面化していない特定の政治的行為の効果が発生する、あるいは現在では完全には予期しえない政治的行為がなされる時制である。そのため、なんらかの偶然の出来事の介入に晒されており、その未来のあり方の想定が改変される可能性は否定されない。こうした未来の両義的な性質は、時間のクロノス的な次元とカイロス的な次元の、対抗的な併存として理解することができよう。現在からの延長上に現前すると理解された未来と、現在と区別された予期しえない未来は、ともに、未来にあるはずの民主主義の形態に組み込まれている。

未来は現在からのみ語られる時制であり、時間に注目するスペインの政治哲学者ダニエル・インネラリティの表現によれば「現在の専制」(Innerarity 2012: 8)の下にあり、そのために論争的な性質を逃れることができない。未来と現在は、政治的なもののあり方を固定化して整合的なつながりを確保する。

〔…〕予期不可能でほとんど非決定的な未来の性質だけでなく、その未来が現在の行為によって構成されている点が注目される。この不確かさと責任の結合は大いに政治的である。別言すれば、それは集合的な熟議と正統性の過程の対象である(Innerarity 2012: 21)。

未来と現在をつなげる作業自体が、ありうる未来の可能性を意識的に縮減するような、政治的行為の一形態である──本節冒頭で言及した「本当の利益がある未来」は本当に政治的である。さらにいえば、クロノス上の未来がその時点を無限に設定されるという点で、たとえクロノス的な次元に未来を一元化できたとしても、未来を確定することはできない。そして、未来に生じる事柄を完全には再現できないのであれば、責務や代表などの未来に向けた政治的行為は空手形になるおそれがある。

こうした脆弱さには、未来の私物化をともなった、恣意的な政策目標設定というそれ自体が権力闘争の帰結をあらわにする傾向が、政治的決定の場で支配的となった事態が反映されているだけではない（Stockdale 2016）。未来を実現していく政治過程において、あらゆる政治的行為が可塑性を含んだ時間的な性質を帯びることを意味している。そこでインネラリティがもとめるのは、未来を「再帰性のカテゴリー」に組み入れることである。彼は、将来世代を組み込む政治において、既存の社会契約とは別の、世代間の相互依存の論理を見つける。社会契約は相互性にもとづく現役世代の原理であるため、未来代表が困難となる傾向があるのに対して、彼がもとめるのは、伝達にもとづく公共的な倫理である。それは人道主義や正統性のあり方をより拡張し、現役世代には慎慮と熟議を要請する倫理である（Innerarity 2012: 15）。未来が不確かさと偶然性を併せ持っているため、それは民主主義的に対応されなければならない。もちろん、この未来にもたらされる民主主義であっても、未来を規定するクロノスとカイロスの両義性から解放されるわけではない。

ここに至って気づかされる点がある。未来は過去と似たはたらきを現在の民主主義に対してもっているのではないだろうか。純粋な時制の再現が不可能であり、現在との相互規定を通じて民主主義の条件化に関わり、時間の両義的な性質において権力関係に複雑に包摂されている点で、たしかに未来と過去は共通している。民主主義的統治における現在中心的なスピーチ・モデルを批判し、過去との歴史的なつながりに法の支配を位置づけるジェド・ルーベンフェルドもまた、統治が未来を先取り、この意味で未来が現在を規定すると主張する。「過去に統治されること、および未来を統治することによってのみ、人民は自らを統治できる」（Rubenfeld 2001: 86）。あるいは、マイケル・オークショットの表現によれば、「未来と過去はどちらも現在の読解として現出する。そして、ある特定の過去や未来は、特定の現在から呼び出すことが適格と判定されたもののことである〔…〕」(Oakeshott 1983: 8=26)。現在から眺められた未来は、その形態によって現在を規定する。このとき、未来はその作用においてすでに過去のものである。

未来が過去の異形であるならば、過去と現在の結びつきの中に、未来に関係する言説のすべてを解消してしまえばよいのではないか。あるいは、民主主義の未来は「本当の利益がある未来」だけであって、その基礎づけの不在を問題化する必要はないのではないか。次節では、こうした誘惑に耳を貸さず、民主主義の理論的な特質を拡張するために未来を考察するが、それは実存する未来の存在証明をともなった実現ではなく、未来が未来であることの特異性の追求、という方向においてである。

## 三　未来の希望——デモスと「来るべき民主主義」

本節では、未来のクロノス的な契機と真面目に対峙することが、民主主義全体の理解にどのような影響を及ぼすかを考える。たしかに、現前化する時系列的な未来の存在は、それ自体が政治闘争を惹起しつつも、将来的な民主主義の成立を一定程度保証するような言説であった。すなわち、いまだ到来していないはずの未来の想定が、現在の民主主義のあり方を、あるいは現在と未来のつながり方を、一定の形式に固定化する。政治理論において未来を語る際に、その言説の権力性はおそらく避けることができない。ただ、こうした割り切りは、未来における(未来人による)自己統治の成立を、現在の時点ですでに阻害している。

これに対して、不在であるという未来の特性を真摯に受け止めて、その現前化する傾向を拒絶しつづけた場合に、民主主義はどのような形態として描かれるのか。もしくは、未来に関する言説の中に、現在(事実上の過去)の密輸入を許さないとすれば、民主主義はそもそも成立するのか。

## （1） デモスの未来

未確定の未来が民主主義にもたらす理論的な影響としてもっとも顕著なのは、政治主体の不安定化であろう。民主主義の政治主体をデモスとよぶならば、未来を投影する政治的行為が遮断されてしまうと、それとの架橋を前提としたデモスが成立しない。たしかに、「将来世代の成員は私たちの現在の世界の政治的行為者ではない」（Lagerspetz 2015: 8）ので、デモスから未来の想定を排除するという議論もありうるだろう。だが、将来世代の排除は、明日も生きるはずのデモス自らの便益や資格をあらかじめ切り詰めることになりかねない。その結果、デモスの名における政治の現在が、何の求心力ももたない無意味な言辞となるおそれがある。未来のデモスのあり方に悩まない民主主義は、はたして政治的判断を下す実務に耐え、民主主義的でありつづける意志を保持し、そしてデモスを与える原理に苦闘する必要があるだろうか。未来のデモスとの同一性を失うことは、現在の民主主義そのものの論拠と意義を根底から覆すことになるかもしれない。さらにいえば、「将来世代」も「私たちの現在の世界」も、いずれひとしく過去となるクロノス的な状況にあって、未来の排除によってのみデモスの同一性が確保されるというのはいささか早計であろう。本書では、すでに過去と現在のデモスの成立に関する頼りなさを論じてきた。それでは、民主主義の本質的な危機を惹起しかねず、その意味で安易な想定を許さない未来を前にして、いかにデモスの存在を擁護するのか。

デモスを議論することの意義と困難は、それを確定するのもデモスであるという事実に由来する（Abizadeh 2012: 879; Whitt 2014: 560）。たしかに、民主主義は正統なデモスをめぐるディレンマを孕んでおり、あきらかに論争的である。デモスによる自己統治という民主主義を具現化するための、デモスを確定する基準として、政治理論分野では主にふたつの原理が検討されてきた。ひとつは「被支配原理」（all-subjected principle）である。この原理では、デモスは当該の政治共同体の公的規範によってあらかじめ定義される。そしてその内容や範囲は、正当な手続きに従って、一定の範囲内で変更可能である場合が多い。デモスは事後的に(少なくとも形式的には)修正可能であり、そのかぎりにおいて、よりよいデモスが瞬時に過去となるデモスによって定義し直される。いわばデモスは過去の支配において与えられており、そして未来に生じるいかなる変更も、事実上の過去である現在に規定される[20]。すなわち、被支配原理は立憲主義に適合的であり、政治秩序を安定化させるという点で無視できない貢献がある。

これに対して、「被影響原理」(all-affected principle)では、政治的決定の影響範囲がデモスを境界づける。ソフィア・ナストロムによれば、この原理において、「ある政治的決定によって影響を受けるすべての人びとが、直接的あるいは間接的に、その作成に発言できる」(Näsström 2011a: 117)。そのため、場合によっては、デモスが法的に属する当該の政治共同体以外の共同体や、別の単位の組織に対してもデモスが成立する。この原理は、影響の波及を想定する点で政治の時間的な性質を考慮しており、現状の政治的境界線の外部だけでなく、将来世代にもデモス化する可能性が開かれている。将来世代の政治理論に関して精力的に議論を蓄積するクリスティアン・アケリを参照すれば、「後世の人たちの生活に大幅に影響を及ぼす民主的な決定は、少なくとも意志決定過程で未来の人たちに発言権が与えられていないなら正統とみなされないことを、〔…〕被影響原理は含意するように思われる」(Ekeli 2009: 445)[21]。またエリザベス・コーエンは、トマス・ジェファーソンのように、過去のルールによって未来の政治を制約するのに反対する立場を、現代の被影響原理の主張に読み込んでいる。未来の自律性にもとづく被影響原理からすれば、将来世代は現在の決定の影響を受けるので、決定において考慮され、そして過去から遺贈された決定を将来世代が再考察できなければならない(Cohen 2018: 77)。こうして、この被影響原理はデモスの成立に関して、治者と被治者を同一化する自己統治の形態を厳密に遵守しようとする。たしかに国民国家体制を超えて、グローバリゼーションが進展する世界の民主化という目標において、被影響原理は期待を集めている(松尾 2016; Benhabib 2018)[22]。

ふたつの原理は、デモスの範囲かそれとも政治的決定の影響の範囲か、いずれを先に(過去に)するかのちがいとして整理できよう。これらは適切な政治空間の考察という文脈で議論されてきた原理であるものの、本章ではそれを時制の観点から再構成し、民主主義の未来に関する知見を導き出す。本節が事例分析の対象とするのは、ナンシー・フレイザーの「転向」である。『正義の秤』(二〇〇八年)でしめされた彼女の問題意識は、政治的次元における正義の深化にある。そして、境界設定としての成員資格および政治的決定の適切な手続きという代表形態が、正義の制度として論じられる。逆にいえば、政治的な不正義は誤った代表であり、それは参加の排除という形式で出現する。グローバル化が進展する世界では、「誤ったフレーム化」とよびうる、政治空間の境界線が正義をめぐる公的な論争から一部の人びとを排除するような不正義の形式が顕在化してきた(Fraser 2008: 17-21=26-30)。もちろんフレイザーは、自ら「通常政治の誤った代表」とよぶ、政治的フレームの内部で、たとえば選挙制度の非民主主義的な制度設計などの、政治的な決定ルールが成員の完全に参加する機会を奪う状況を見逃していない。そのため彼女にとって、代表は政治的なものを二重に画定する争点であり、民主的な発言権と象徴的なフレーム化との交差に関係している(Fraser 2008: 147=200)。

では、誤ったフレーム化の不正義に対抗して、いかなるフレーム設定が有効だろうか。その規範原則として、フレイザーは被影響原理を当初は支持していた(Fraser 2008: 24-25=34-36)。被影響原理では、「所与の社会構造や制度によって影響される人びとだけが、それに関する正義の主体としての道徳的地位をもつ」。この原理は、国家の領域性と社会的影響性とのずれが顕著となった現代世界において、地政学的な条件を超えた、「誰」と「いかに」に対応したデモスのあり方を提起する。だが、彼女自身の説明によれば、二〇〇六年前後に被支配原理の支持に切り替える。被支配原理では、所与の統治構造に従属する人びとだけが、それに関係する正義の主体としての道徳的地位をもつ。ただしこの原理は、市民資格や国籍などを基準とした、政治的成員資格にもとづくフレーム化の擁護と混同されてはならない。被支配原理におけるデモスは、何らかの法規範や文化的アイデンティティに依拠するのではなく、あくまで共通の従属という事実を範囲とする(Fraser 2008: 65=89-90)。それは国家だけに限らず、従属があるところ、あらゆる統治機構に適用される原理である[23]。「いかなる所与の問題にとっても、関連する公衆は当該の社会的相互行為の幅を規制する統治構造の範囲に合致していなければならず」、それに対応する公共圏が正統性を維持するために、国家を超えることは想定されうる(Fraser 2008: 96=131)。それでは、被影響原理の短所と被支配原理の長所に注目しながら、この立場の転換が有する理論的な含意について検討したい。

まずはフレイザー自身の言葉に耳を傾けよう。

このアプローチ〔被影響原理〕は成員資格の自己利益中心的な観念の批判的な歯止めとなり、また社会的な関係も視野に入れられるという長所がある。しかし、それは「誰」を客観主義的に、因果性の観点から理解することで、その選択を主流の社会科学に事実上委ねている。しかも、被影響原理は、誰もがあらゆることに影響されると主張するバタフライ効果の背理にもとらわれている。それは道徳的に関連する社会関係を見分けられず、自らが避けようとした万人仕様のフレームに抵抗できない(Fraser 2008: 64=89、強調は原著者)。

簡単にいえば、被影響原理では、暴力的な科学万能主義の介入にさらされ、被影響者の無制限の肥大化を許し、結果として単体の粗雑な「万人仕様のフレーム」にすべてを落とし込む危険性がある[24]。当然ながらこの欠点は、正義に適った代表の制度化という実効的な目的の障害にもなると予想される。彼女が再提案する被支配原理の被影響原理に対する優越性は、複数の異なる統治構造への従属という現代世界の状況に即して、デモスの拡散を防止しつつ、実効的な複数のデモスを準備する点にある。さらに、彼女によれば、この被支配原理がフレームをめぐる再帰的な問いかけを事前に組み込んでいる点が重要である。民主主義に関する諸条件や制度的手続きが事前にしめされている被支配原理では、あるフレームのあり方を正義の観点から自ら判断し、他のフレームのあり方との優劣をつけることが可能となる(Fraser 2008: 66=91-92)。

以下では、フレイザーの転向において見失われる点を時間論の視角から論及するが、その導入として、彼女に対する批判を瞥見《べっけん》しておこう。彼女とは正反対に、被影響原理の長所と被支配原理の短所に注目するのがデヴィッド・オーウェンである。彼によれば、バタフライ効果を惹起する影響の性質が、むしろ範囲設定への批判的な考察の持続をもたらし、また影響の濃淡で包摂の程度は変化しうる。そして、「万人仕様のフレーム」に陥るという懸念については、問題ごとのデモスの成立をもたらす可能性を重視する。また被支配原理の短所としては、服従がしめす実効的な包摂の程度は論争的であり、ときとして排除が存在する現状を無視していると指摘される(Owen 2014: 117-22)。そのため、世界から見捨てられているような、実効的な統治が弱い地域を事例とするとき、「包摂／排除の基準か、内的な支配の基準なのか、彼女がどちらに言及しているのか不明である」。さらに、時間にいっそう関係するが、オーウェンは「統治の新しい構造をつくるかどうかの決定に参加する、「誰」の資格という問題」に対する、被支配原理の不足を指摘する(Owen 2012b: 136-37)。課題に対する枠組みがこれからつくられようとする際、フレイザーは批判的な応答と制度化の可能性を、あらかじめ制限しているのではないだろうか。オーウェンによれば、被影響原理が(今後も)統治構造を構成していく人びとを継続的に決めるのに対して、被支配原理は(所与の)統治構造を構成する人びとを明示する(Owen 2014: 123-24)。まとめるならば、フレイザーの転向は、かつて彼女も評価していたはずの、批判的な政治を構成していく被影響原理の可能性を置き去りにしている。これに対してフレイザーは、グローバルな統治機構を含め、誰もが何らかの政治共同体に属しているので被影響原理を持ち出す必要がないとし、被支配原理の汎用性の高さを再度強調する(Fraser 2014: 150-54)。

この一連の論争の評価は措くとして、フレイザーの返答で明らかなように、彼女はデモスの設定を一貫して空間的に理解している。つまり、未成立で潜在的なデモスという理解は、彼女の民主主義理論には登場しない。この点が明確になるのは、キンバリー・ハッチングスとの応酬においてである。ハッチングスはフレイザーが「いつ」という時間の次元を無視しており、時間の固定化という暴力的な作用を背景として、デモスをもっぱら固有の空間的な存在としている点を批判する。ポスト・ウェストファリア時代における、グローバル化する「現在」の共有という前提自体が、近代主義的な公共圏の排他性の再生であり、近代国民国家とフレイザーのデモスとは空間的な規模の相違しかない。フレイザーにとって、「過去、現在、そして未来の間の関係についての特別な理解に埋め込まれた、共有された社会的想像性が、いかなる公共圏にも、その資格を与える条件に必須である」(Hutchings 2014: 107)。成員が固有の時間および空間を共有することが、「世論の正統性」の成立とそれへの包摂の条件であり、その時間性と合致しない場合は公共圏が想定されない。

この批判に対して、被支配原理には、過去と現在と未来をつないだ歴史的なナラティヴに規定された、現在の課題と望ましい未来の解釈が含まれるとフレイザーは応じる(Fraser 2014: 146-47)。国家横断的な公共圏は、低開発あるいは従属地域の時間との同調によって成立する。そのかぎりで、フレイザーはかつての被影響原理の方が、ポスト・コロニアルな主体に対する意識が薄く、ハッチングスの批判がより妥当すると認める。フレイザーの新たな被支配原理では、デモスは時間的な性質を批判的かつ再帰的に内包しており、デモスは「歴史的な共鳴の一式」をもつように要求されている(Fraser 2014: 148)。

フレイザーとハッチングスのちがいのひとつは、未来がデモスの存在に回収されているか否かにある。そして、フレイザーがクロノスとしての未来を想定しているのに対し、ハッチングスはカイロスとしての未来を考えている。デモスを被影響原理で与えるとその作業がいつまでも終わらず、デモスの一端は未確定の未来にまで伸張してしまうだろう。フレイザーの転向は、このデモスの時間的な不成立を回避し、未来を所与の公共圏の内側に押し込める。その結果生じる、ハッチングスが排除の契機とみなしたクロノスの共有こそ、「世論の正統性」と包摂が成立する前提となる。フレイザーが指摘するバタフライ効果や科学による支配という被影響原理の欠陥は、ともに典型的なクロノス的な未来の生産者であり、特定の権力関係を反映する。だが、この権力作用を回避する目的で、デモスの未来的な性質を拒絶したために、(彼女にとっては無意識的に)デモスのカイロス的な次元が犠牲となった。つまり、転向によって、未来の意味がデモスにとって外在的なものから内在的なものに書き換えられたのである。

デモスの外周をめぐる被影響原理と被支配原理の一連の論争が明らかにする知見は、いずれがその論拠において絶対的な優位性を誇れるかではない。むしろ問題となるのは、どちらの原理であれ、カイロス的な未来と共存し、デモスの根源的で非決定的な性質を受け入れるか否かにあるということである。

この点は、デモスによる自己統治についての理解に反映されている。自己統治を、自己に関する一切の事柄の支配とするなら、ある特定の政治的決定が影響を与える将来世代は、その不在の事実においてデモスの成立を阻害する。そのため、デモスを境界づけるためには、未確定の未来を切り捨てて、影響が出現する空間を措定せざるをえない。これは同時に、自己統治の範囲をかなり限定的に解釈するということである[25]。現在において空間確定が可能であるならば、デモスの確定は、有効な支配があるかないかという基準に関する事実確認的な問題だけになる(もっともそれも論争性からの解放が保証されているわけではない[26])。そのため、仮にフレイザーがそもそも未確定の未来を考慮していなかったのであれば、彼女の転向はとりたてて奇異というほどではない[27]。

もはや常識的とよばれるべき政治的知識だろうが、民主主義を可能にするような空間的な条件は、民主主義的とはいえないかもしれない前政治的なはたらきが、閉鎖的なデモスをもたらすことで充足されている。実効的な支配に依存するデモスの形式には民主的な正統性が薄い点を批判する被影響原理であったとしても、デモスが閉鎖的に定義される非民主主義的な傾向とは無縁ではない。マット・ウィットが例示するのは、被影響原理の典型的な信奉者である、デヴィッド・ヘルドの政治理論である(Whitt 2014: 567-69)。ヘルドの被影響原理では、影響を受ける人びとがデモスになるという「道徳的な画定」を主張することで、国境線に限定されない民主主義の構想を可能にする。だが他方で、それはデモスが自らを民主主義的に構成する契機を奪ってしまう。結果として、ヘルドは政治主体を受動的なものに還元し、別の排除の論理を生み出している。たしかに、このようなウィットによる批判は妥当であろう。また、「政治的決定の効果がよりいっそう広大な範囲」に及ぶ点、たとえば「まだ生まれていない世代」の存在に、ヘルド型のコスモポリタニズムは留意していないのは確実である(Beckman 2009: 42)。未来を拒絶して影響を現在に確定可能なものと解釈した場合、被支配原理と同様に、デモス自体を脱論争的な存在にしてしまう――たとえ出現するデモスがいかに素晴らしくとも。

このデモスを前政治的に(空間的に)確定しようとする意志を、フレイザーは一貫して維持している。ひとつの結論としていえるのは、デモスの内容が事後的に修正されうるという変更可能性の承認は、デモス自体がそもそも現実的に(現在的に)不成立であるという認識と区別されるべきだ、ということである。両者では未来に対する理解、およびそれが反映されたデモスの形態が食い違っている。さらにいえば、正義の時点についての認識が異なっている。デモスが担う民主主義の権威に注目すれば、その起源として、あくまで自己統治の形象に固執するか、あるいはそれを過去にもたらした規範にもとめるか、という相違がある。

ナストロムは、たしかにカイロス的な契機を受容した被影響原理ではデモスの範囲策定が終わらないが、むしろこの欠点が、「民主主義的な生の未来の境界線」をめぐって対抗的に模索する民主主義の実践を不可欠なものとすると主張する(Näsström 2011a: 130)[28]。自己統治が決定の影響によって測られ、それが波及する未来が不明であることが、私たちの民主主義をつねに構成的なものとする。たしかに被影響原理において、影響の測り方によっては、民主主義は保守的にも進歩的にも変化する(Arrhenius 2019)[29]。すでにみたように、フレイザーも、従来型の被影響原理ではポスト・コロニアルな主体を包摂できない可能性を指摘し、フレームを所与とする被支配原理の優位を主張した。だが、それ自体が民主主義的であるというよりも、デモスの画定が終わらないという時間性および未来の導入に、被影響原理の民主主義への貢献を指摘できるのではないだろうか。この点は次項であらためて考える。

最後に、被支配原理と被影響理論の折衝という方向性で現代政治理論の至った地点と、そこでのデモスの境遇を確認しておこう。アラシュ・アビザデは、自己統治するデモスを境界化できない存在と認めて、その正統性をもたらす前政治的な場の設定を民主主義の観点から放棄する(Abizadeh 2012)。それに代わって、民主的な正統性やデモスの出現を、終わることのない手続き的な政治過程にもとめる。アビザデの主張によれば、このような非領域的なデモスを可能にするのが、被支配原理である。利益が権利の根拠にならないので被影響理論が権利を与えられないのに対して、被支配原理では権利を裏付ける政治権力の実態が伴っている。そのため、被支配原理においてこそ、デモスの構成が政治的で、領域化されないことがしめされる。本章も、(前政治的なものの支配に対抗して)政治的な契機を評価するアビザデの議論に異論はない。だが、デモスの非領域性を認めるなら、被支配原理が依拠する過去が未来に向けて相対化されているために、その被影響原理との区別はかなり曖昧になる。アビザデはデモスの所与性をできるだけ切り詰めて、(クロノス的な)被支配を当座の原理としつつ、デモスの領域化をあくまで否定する。そのため、アビザデの表現によれば、「デモスはどこにでもいるが、どこにもいない。原則として境界化されないという点で、それはどこにでもいる。いかなる現実的な、政治的に節合された集合体も十分に例示できない〔…〕という点で、それはどこにもいない」(Abizadeh 2012: 881)(30)。

被影響原理と非支配原理の妥協的な協働によって、いまやデモスは過去と未来の狭間にある存在不可能な時制、あるいは「時間の裂け目」に追い立てられている(31)。

## （2）過去にならない未来

こうした境遇からデモスを救い出すためにその論争性を回避しようとすれば、被支配原理であれ被影響原理であれ、未来に対する過去の優位が確立してしまう。そのためこの救出劇は、未来にはみ出す私たちによる、自己統治としての民主主義を自ら毀損しているといえるかもしれない。そこで発想を逆にして、未確定の未来の混入によってデモスが確定しないことが、クロノス的な政治空間の成立を阻むだけでなく、さらに民主主義の持続を要請すると考えたらどうだろうか。

こうした疑念と期待に応えるべく、未確定の未来がもたらす民主主義の構成的な効果について、ジャック・デリダの「来るべき民主主義」を検討したい。デリダが『マルクスの亡霊たち』や『友愛の政治』などの後期作品で散発的に論じてきた「来るべき民主主義」を、現実の政治情勢に対する言説的な介入という時代的な課題に促されて、集中的に展開した著作が『ならず者たち』（二〇〇三年）である。以下では、主にこの著作で論じられる民主主義の未来のあり方を注視する。(32)

デリダが語る民主主義の未来は、将来に到来するであろう、もしくは現在に到来しつつある時制ではない。または、いつの日にか現前的となるような、未来（における現在）の民主主義でもない。本章の表現でいいかえるならば、クロノスとしての未来がここで想定されているわけではない。すなわち「来るべき民主主義」とは、いつまでも現在とならない到達不可能な未来における、民主主義的な自己をめぐる約束の形態である（デリダ 2007: 149）。「来るべき民主主義」は、到来するかもしれないという約束の消去不可能性が承認されるような、民主主義に関する参加を意味する（デリダ 2002: 159）。あいにく、それは不可能な約束である。もし結果が完全に予測可能であるなら、約束は必要とされない。だが未来が完全に未確定なら、約束は無意味になる（Haddad 2013: 48）。つまり、約束の時間は未来と過去によって引き裂かれている（Hägglund 2008: 137）。未来に関していえば、到来するかもしれない（そして裏切られるかもしれない）約束のために、それは開かれている。[33] 未来が未確定だからこそ、完全な見通しがたたない状態で決定しなければならないのである（Hägglund 2008: 40; Czajka 2017: 25）。もちろんその結果は、私たちに好ましくなく、あるいは民主主義自体に対する脅威となるかもしれない。

このような約束をめぐるアポリアにおいて、民主主義は「苦悩のうちで未決に留まり」、存在論への従属を拒絶している（Derrida 2005: 90=181）。デリダはあるインタヴューで、この不可能な約束の「不可能さ」の根本的な理由として、デモスのアポリア的な特徴を指摘している。一方で、デモスは主体化以前の誰でもよい者という計算不可能な特異性のために、あらゆる社会的な紐帯を解体してしまう。しかし同時に、デモスは計算可能性をともなった、法を前にした市民による平等の普遍性や、社会的な紐帯でもある（デリダ 2004: 185; 守中 2016: 219-20）。デモスのアポリアに直面しているために、その民主主義は不可能な体制としての性質を帯びる。リチャード・ビアーズワースによれば、デリダの民主主義は現前化しない「絶対的未来」にある。そこでは、唯一可能な「私たち」の共同体は「私たち」の不可能性とともにあり、この不可能性が共同体を可能にしている（Beardsworth 1996: 146）。ただし、あらゆる政治体制の範疇のうち、自己統治の体制である民主主義のみが、自己に異議を申し立てる可能性を歓迎する唯一の概念である。民主主義は、「自らの体制が決定される土台であるアポリアないし決定不可能性——土台なき土台——に、可能なかぎり責任ある仕方で応答する唯一の「体制」の名である」（デリダ 2004: 186）。[34] 来るべき民主主義は、未来で生じる公共的な出来事を予見したり判断したりできず、あるいはそれが発生した時の評価もできないかもしれないが、少なくとも、自己の再帰的な脱構築をともないながら、それを自己統治の実現の観点から応接することを許す。

「来るべき民主主義」において、未来と現在の区別は永続的であり、これらはひとつの時間軸を共有しない。予測可能な、現在と一体化した未来と対置されるのは、目的論から解放され、不測の出来事で満ちたカイロス的な未来である。そして、ここで問題となるのは、「他者の予見不可能な到来であり、他律であり、他者から到来する法であり、他者の責任＝応答可能性にして他者の決断である」(Derrida 2005: 84=168)。クロノスが成立せず、未来を予知できないとき、あるいは「時間の継ぎ目が外れている（Time is out of joint）」とき、応答を約束した他者が到来する[35]。他者の到来が表す、予知しえない未来に開かれるという点で、デリダの政治は「行為遂行的で変形的な批判」である(McQuillan 2007: 3)。

「来るべき民主主義」は、未来に関する要請に対して二重の関係性がある。第一の関係性では、一方で、来るべき民主主義は事実確認的であり、民主主義の所与の内実の現前化を図り、他方で同時に、それは到来しつつ民主主義を構成し、行為遂行的であろうとする。たしかに、このふたつの可能性において、民主主義は安定しない。さらにデリダは言葉を続ける。

〈来たるべき〉の〈べき〉は、強制的厳命（行為遂行的なものの呼びかけ）と、メシア性の忍耐強い〈おそらく〉（到来することへの、到来しないこと、あるいはすでに到来していることがつねにありうることへの、行為遂行的ならざる露呈）の間でためらっている(Derrida 2005: 91=182)。

上述の引用文に、行為遂行性をめぐる、もうひとつの関係性が表現されている(Haddad 2013: 94)。それは行為遂行的なものと、それを不可能にする「到来しないこと」や「行為遂行的ならざる露呈」との関係である。つまり、来るべきことの出来事性は、行為遂行的なものの基盤となる「私」の権能を超過する(Derrida 2005: 84=168; Dallmayr 2010: 132; Haddad 2013: 98)。自己統治であるかどうかが不明で、私たちが民主主義的な実践を行う資格があるのかも不明にする働きが、未来にはある。行為遂行的であるかもわからずに、行為遂行的でいなければならないという後ろめたさに、私たちの民主主義は耐えつづけなければならない。

事実確認性と行為遂行性という交互に交替するふたつの様態において、民主主義は「いつまでも揺れ動き」、何が公共的なものであるかを決定できない(Derrida 2005: 91-92=182-83)。そして、その交換の場すら、不測の他者への応答に露呈している。「来るべき」とは、民主主義が完全に現前しないものの、絶対的な緊急性として厳命される「今ここ」でもある(Derrida 2005: 29=68)。「〔…〕民主主義とは、不可能なものの政治的な経験、不可能性の可能性としての他者への開放の政治的な経験である」(Derrida 2002a: 194)。いまや時間は、現前性を不可能にする他者によって持ち込まれる(チャーとゲルラク 2012: 22)。

「来るべき民主主義」で重要なのは「民主主義」ではなく、「来るべき」である。〔…〕それは出来事となること、来るべきこと、それゆえまさに他者の到来に、開放された空間である。それがなければ、異質的な到来が含意されなければ、他者の到来がなければ、到来や出来事はない。「来るべき」は、現前化し、明日には現前化しうる現在的な未来ではなく、「未来」を意味する。それは他者に開放された空間と来るべき他のものを意味する。非民主主義的なシステムはなにより、「閉鎖」およびこの他者の到来から「自己閉塞」するシステムである。それは同質性と統合的な計算可能性のシステムである(Derrida 2002a: 182)。

厳命をともなう他者の到来は、自己言及的な自己統治としての民主主義の完成を阻む。そこで、空間的には、民主主義は十全な市民でないものを排除することで、自らを保護する。これは、民主主義の来るべき性質を放棄し、自己言及的な自己統治への倒錯的な現前化とよぶべき作用である。「民主主義が自らを維持するのは、自らを制限すること、そして自身を脅かすことによってである」(Derrida 2005: 36=80)。

これに対して、本章にはより重要な点だが、時間的には、他者は民主主義の到来を延期するように命じる。つまり、民主主義は自己批判に開かれているため、他者の到来可能性にさらされるのであれば、自己同一性がいつまでも成立しない。民主主義は固有なものと自同的なものの欠如によって定義され、「それゆえ、民主主義はさまざまな転回、転義や屈性によってのみ定義される」(Derrida 2005: 37=81)[36]。すでに確認したように、民主主義は民主主義であるために、デモスが計算不可能な点を自己免疫的に受け入れるほかなく、それはつねに時間的な変容とともにある。ジュディス・バトラーによれば、「来るべき」はある民主主義の理想が実現していないことのたんなる肯定や、その実現の無期限の単純な延期ではない。それは「構成的外部」として、民主政治をそのものとして可能にしている[37]。この意味で、「来るべき」はクロノス的な時間軸のある時点に存在するのではなく、未来にありながら、つねに、すでに、現在に襲来している。「来るべき民主主義」は「あらゆる現存の民主主義の前提であり、過去と現在からともかく切り離された未来にのみ、それが属していると考えるのは、誤りである」(Butler 2009: 300)[38]。「来るべき民主主義」は次々と転送されて未完成のままであり、「民主主義の現在の終わりなき日延べ」として差延に属している。

民主主義がそれがそうであるところのものであるのは差延においてのみであり、その差延によってそれはおのれを遅らせおのれと差異化する。それがそうであるところのものであるのは、存在の彼方で、存在論的差異すらもの彼方で、おのれを間隔化することによってのみである(Derrida 2005: 38=84、強調は原著者)[39]。

カイロス的な未来は、いずれは現在になるという保証がないまま、民主主義に来るべき性質を付与する。クロノスの間隙にある民主主義は現前化せず、そのため過去にならない。来るべき民主主義は現在に対する命令でありつづける(Czajka 2017: 28)。この意味で、「来るべき民主主義」の未来は、「永続的に開放的」(Patton 2003: 25)であり、「つねに過程であり、制限、目的あるいは規制原理をもたない」(McQuillan 2007: 3)。デリダ自身の印象的な言辞で以上を要約するなら、

民主主義には、つねに、まさに、時間が欠乏しているはずであり、正しく欠乏していなくてはならない。なぜなら民主主義は待たないからであり、それにもかかわらず待たせるからである。それは何も待たない、しかし、待つためにすべてを失うのである(Derrida 2005: 108=207)。

民主主義が自己言及的な自己統治であるかぎり、自己となることが除外されないと同時に、自己免疫的な契機にもなる、他者の不測の到来を避けることができない。そして、未来は語の正しい意味で未来でありつづける。差延としての未来はいつまでも過去にならずに、私たちの民主主義をいまに構成する。こうして、未来が構成的な契機で、政治の可能性であるという意味で、「この未来は何より政治的である」(McQuillan 2007: 3)。あるいは、デリダ自らの表現を用いれば、「怪物的でない未来は、未来ではない」(Derrida 1995: 387)(40)。

## 四　おわりに――未来という怪物とともに

民主主義の未来のカイロス的な性質に固執するあまり、その怪物としての側面を呼び起こしてしまったかもしれない。未来は、その全容をいつまでもあきらかにせず、不気味なままであり続ける。現在や過去に対して、未来はつねに挑戦的で、破壊的ですらある。そして未来は、その到来する形式を私たちに完全には予測させない(Grosz 2004)。自己統治の形態としての民主主義は、完遂にともなうデモスの画定を未来に委ねているため、怪物的な性質を同時に

招かざるをえない。だがこの怪物は、民主主義への脅威であるだけでなく、それを構成し、持続させ、政治的な権力関係の場でありつづけさせる。本章がしめしてきたのは、こうした未来の両義的な性格であり、デモスや民主主義体制にとっての未来（に関する言説と理論的な組み込み）の不可避さである。その意味で、自己統治はそもそも未来志向的である。

未来は現在の民主主義の非成立と成立の双方に両義的に関わる。一方で、未来は民主主義の成立する時点の確定を拒絶し、民主主義の諸条件や諸原理が拠って立つ時間的な土台を壊してしまう。自己統治において決定の影響が事後的に生じるのであれば、デモスが未決のまま民主主義を暫定的に運用しなければならず、その根拠はそれほど確固としていない。別の言い方をすれば、未来に対して、民主主義の現在はかなり脆弱である。そして、未来が根本的に未確定であり、その暫定的な措定がときどきの政治的な産物にすぎないのであれば、現在の民主主義の成立をいっそう困難なものにするだろう。あるいは、未来（および過去）の設定をめぐる対立や、特定の時間意識に根差した政治史に、現在の民主主義を落とし込むことになるかもしれない。こうした状況では、過去に根ざした被支配原理はたしかに魅力的に映る。

他方で、民主主義の実現を目指した、それ自体が民主主義的な実践の持続を導く時制として、未来は現在の民主主義を存在可能なものとしている。目指すべき未来があることで、現在の民主主義は、暫定的であれ、民主主義と名乗って持続する。いわば、未来は現在の民主主義の構成的外部である。民主主義の現在は、それと差異化された、まだ成立していない民主主義の未来を同時にもたらす。現在の民主主義がデモスによる自己統治であるか否かは未来においてしか判然とせず、民主主義の成立は決定的に遅れる。だが、未来が民主主義に内部化されないことで、民主主義の現在は開放的に持続する。(41) そのため、（到来する他者を拒絶して）未来を閉ざしてしまい、未来の現前化を許し、未来を予測可能なクロノス的な時点に置換すると、まだ見ぬ自己統治の確立という方途を断念し、民主主義が構成される再生産過程を阻害してしまう。たしかにクロノス的な未来は、その避けがたい権力性を脇に置いても、短期的には民主主義の実践を導く効果は期待できるかもしれない。だが、その時点はいずれ過去となり、持続する推進力を喪失せざるをえない。これに対して、現在と未来を峻別し、来るべきものとして民主主義を遇することが、民主主義の存在を原理的に支えることになる。

こうした民主主義の理解は、将来世代(という言説)およびその利益や権利が可変的で、政治的であるという条件を、政治の作法に組み込んでいる。そして、未来が偶然性に満ちており誰にもわからないからこそ、私たちは民主主義を自らの手で実践していかなければならないのである(Innerarity 2012)[42]。もし、未来が予想可能であるなら、もっとも望ましい帰結をもたらすように、民主政治を再編成し、あるいはときとしてそれを無視してまで政策決定すればよいからである。そこでは、いつかの将来世代の自己統治が決定的に侵害されている。本章前半では権力、責務、そして代表を事例として再考察してきたが、これらに共通するのは未来の根本的な不確定性であり、それを前提とした上で、未来の設定が現在の民主主義の実践に依拠しているという点である。そして本章後半では、未確定な未来が民主主義をどのように導くかを論じ、終わりのない実践としての民主化、あるいは自己統治の車輪のあくなき回転という、民主主義の特異な運命に論及した。

未来は未在という最大の特徴によって、現在の民主主義を、民主主義として存在可能にしている。民主主義にとって、未来は到達しえない時点、あるいは自己統治が完成する時点である。しかしそれは同時に、自己統治の実現をつねに要求し、自己の編成を導くような、すでに到来している時間的な性質でもある。この意味において、現在の政治主体は、未来に応答的で反映的である。将来世代を組み込んだ自己統治の形式に固執する、デモスの被影響原理は、民主政治の未完成を一貫して主張するとともに、民主主義が維持されることを要求する。その意味で、この原理は民主主義の成立というよりも民主化を推進する働きとなる。

未来の実現と過去の忘却とがバーターとなるようなクロノス的な時間軸にのみ、民主主義の未来が独占されているわけではない。未来の現前化のもつ権力性をあきらかにしつつ、部分的にはそれを受け入れながら、来るべき民主主義を維持していくことが、私たちデモスの当面の、そしておそらく永遠の課題となるだろう。それはまた、土台とはいえないような土台に立脚している自覚と展望において、自らの存在を賭けて、未来に応答することを意味する。

第三章

# テンポ——民主主義の遅さと遅れ

# 一　政治の速度

平日の八時と一八時に国王賛歌が街頭で流され、その最中には、人びとは直立不動でいなければならない国があるという。この集団行動の意味、来歴、範囲、そして強制の度合いや抵抗を考察することは、権力の性質を明らかにする政治理論の課題として興味深いものの、本章のテーマではないのでこれ以上は追求しない。

以下のような状況を想定してみよう。舞台は、この集団行動が当然出現するような人びとが忙しく行き交う場であり、具体的には駅、市場、あるいは公園などである。そこに一人、異様な姿勢の男がいる。彼は直立姿勢のまま うつ伏せとなり、微動だにしない。そのため、顔面が地面と直に触れている。彼の振る舞いは、喧騒につつまれた空間にあってもちろん異常であり、過ぎ行く人びとは一様に怪訝な眼差しを送っている。だが、その姿勢はあきらかに意識的であるため、誰も声を掛けられずにいる。ところが、周囲の眼差しから解放される瞬間がやってくる。国王賛歌が流れるやいなや、人びとは動きを止める。このとき、行き交っていた人びとと、すでに寝転がっていた彼とのテンポが同調する。この瞬間、すべての人間がひとしく動きを止める。そして曲が終わると、人びとはおもむろに喧騒に復帰し、あいかわらず不動の彼はふたたび怪訝な眼差しを受けることとなる。

以上の叙述は、タイ出身のアーティストChulayarnnon Siripholの映像作品「Planking」(2012)を元にしている(1)。プランキングとは英語で厚板という意味で、直立姿勢で腹這いとなったポーズのことである。二〇一〇年前後に主に英語圏で流行した振る舞いではあるが、もちろん流行したのはこのポーズ自体ではなく、これを撮影した写真や映像をネット上にアップする行為である。多くの場合、このポーズが醸し出す情景が、好奇を駆り立てる理由となっていた。

上述の映像作品が、このポーズの流行に連なるのは間違いない。しかし、この作品の秀逸さは、活気溢れる日常生活をシュールさによって切り出した点にのみ帰せられるわけではない。政治理論研究の立場から興味深いのは、ここに時間に関する権力が可視化されている点である。公共の場で寝転ぶ人間は、たしかに異常である。何かしらの動作を伴う正常な人間からすれば、それは奇異であり、場合によっては恐怖ですらある。だが国王賛歌によって皆が動きを止めた瞬間、これまで正常と異常を区分していた境界線は宙吊りとなる。いまや国王賛歌がもたらす静止は、正常なのか異常なのかもわからない。あらかじめ異常を設定した上で、それを図らずも正常化してしまう国王賛歌の効果を表面化させることで、時間を支配する権力が炙り出される。人びとの時間意識を構成する権力は、同時に、正常と異常を区分する作用をはたしている。そして、人びとの動きを止められる偉大な権力は、排除されるべき異常な時間性と同化してしまう点で、実は陳腐さと地続きである。

本章は、「Planking」がその倒錯を描出した時間を支配する権力に対抗して、自己統治原理を実現する手続きとしての民主主義が、時間とどのような関係をもちうるのかを検証する。民主主義に固有のテンポは存在するのか。仮に存在するのであれば、その時間をどのように記述できるのか。私たちは時間を支配しているのか、それとも何かに私たちの時間が支配されているのか。第一章と第二章では民主主義の時制についての考察を通じて、過去と未来のクロノス的な支配に抵抗しながら、その現在が持続する形態を論じてきた。ピエール・ロザンヴァロンによれば、「制度の持続性や民主主義のリズムは、実際、決定的な問題として理解されてこなかった。政治的なるものの時間性は、たんに技術的な制約として通常は理解されている」(Rosanvallon 2006: 204)。本章の課題は、ロザンヴァロンと問題意識を共有しつつ、持続する民主主義の時間性(temporarily)を理論的に明らかにして、その理解を深めることにある。(2)

いうまでもなく、政治は時間性、あるいはそれに依拠したスピードの感覚に深く規定されている。ハンナ・アーレントによれば、地球の存在が知られた初期近代には「スピードによる空間の征服」が早くも完了し、ジャック・デリ

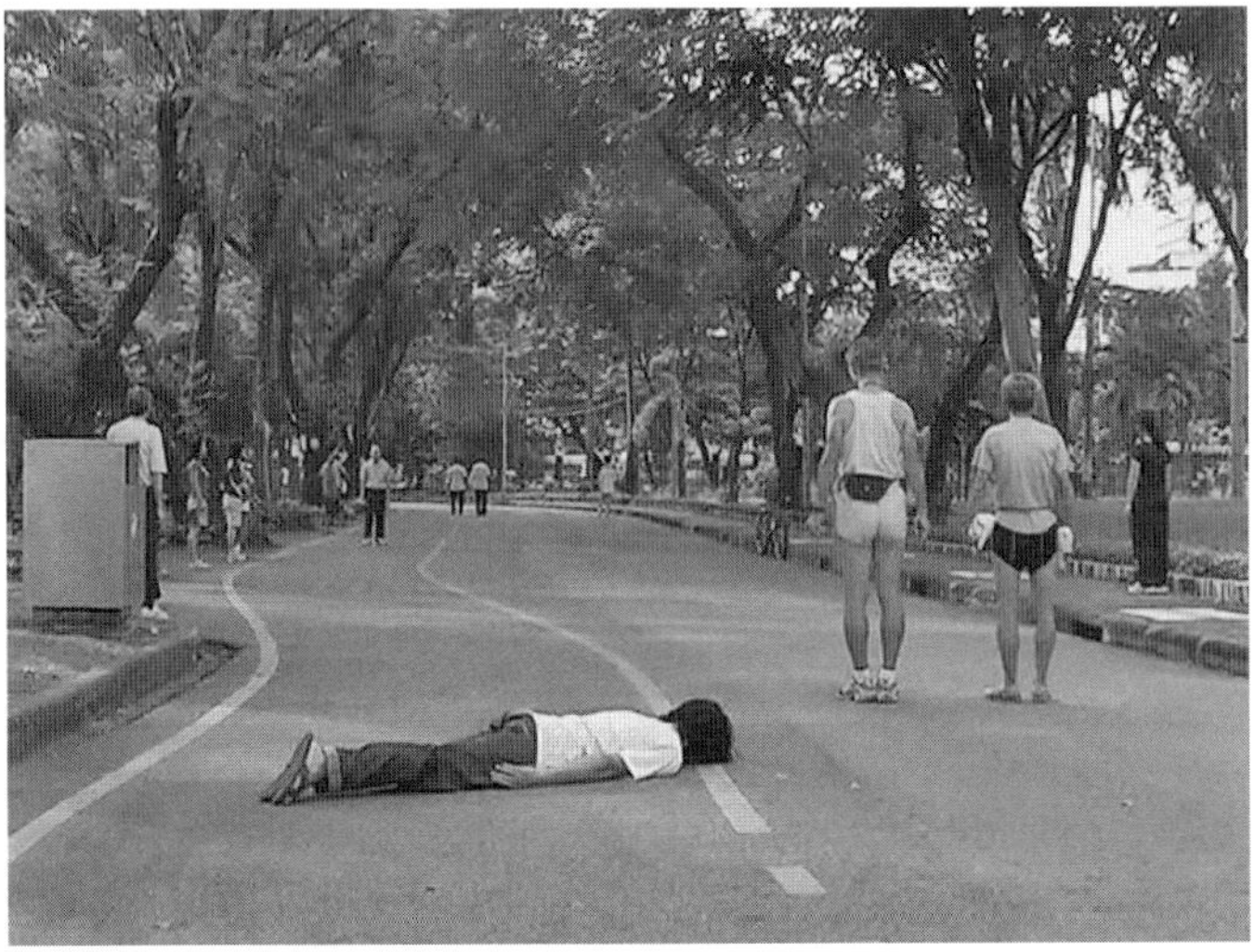

Chulayarnon Siriphol, *Planking*, 2012.

ダによれば、一九八〇年代初頭の段階では私たちの生活のいかなる部分も瞬間も「スピード・レース」として、直接であれ間接であれ、表現されるようになった（HC: 250=406; Derrida et al. 1984: 20）。そしていまや、情報技術の発達と低価格化、市場経済の全面的な拡大、使用言語の収斂、政治的知識の拡散と専門知識の深化、拒否点となる制度や組織の機能低下、軍事力の円滑な運用へのあくなき意志、あるいは物流の自己破壊的な進化を前にして、政治は時間をいっそう失っている（Scheuerman 2004, 2008; Rosa 2005; Hassan 2009; McIvor 2011）。これらグローバル化と情報化という現象で説明される一連の変化は、意図的か否かを問わず、政治権力の瞬時の発動を余儀なくする。[3] 時間に注目するスペインの政治哲学者、ダニエル・インネラリティによれば、多方面で加速化する社会情勢は政治の時間的な性質に三つの変化を与える。第一に、情報を獲得し解釈する政治システムの能力が減退し、第二に、国家機構から統治機能が奪われ、そして第三に、能動的な公共的行為が受動的な公共的反応に変容する。こうして、政治はますます近視眼的にならざるをえず、すべてが（私たちの受忍を暗に要求する）緊急の政治課題と呼称されてしまう（Innerarity 2012: 29-30）。

本考察のひとつの意義は、加速化する政治情勢に対して自己統治を制度化する民主主義がもはや時代遅れではないか、という疑念に応答する点にある。たしかに近代史における社会の加速化は、生活水準の向上、政治的意志の形成、余暇の獲得、情報や知識への接近、公共的な関心の育成などの助力となり、民主主義の実現に大いに寄与してきた。しかし現在、加速化が行き過ぎてしまった社会とそれに支配された政治は、とりわけ民主主義に対して、致命傷を負わせることになるかもしれない。(4) 自由民主主義体制に対する加速化の影響を多角的に論じたウィリアム・ショイアマンの分析によれば、時間の短縮によって、これまでこの体制が維持してきた法の支配、権力分立、あるいは熟議による立法過程などの主要な公的制度が深刻な被害を受ける。さらに加速化は政治的アパシーを醸成して、こうした制度を内側から蝕む (Scheuerman 2008: 296-97)。彼の諦念によれば、社会の加速化に対して、民主主義が積極的に打ち出す術はなく、その圧倒的な事実を受け入れざるをえない。ただし、速度の時代に調和するために自由民主主義の制度的な改革は可能であり、具体的には高速度のコミュニケーション・ツールや情報技術の利用による熟議や、民衆の直接参加を包含した立法過程などが提唱される (Scheuerman 2004: 202-24)。目指すべきは、公権力を最大限駆使して政治的時間の流れを少しでも遅くすることではなく、加速化する時間とうまく付き合いそれを多元化することである (Scheuerman 2004: 194-95; 2008: 302-05)。

おそらく、加速化に対するショイアマンの「あきらめがちの心配」(McIvor 2011: 66) は当然であり、むしろ、民主主義の制度的な自己修正能力に対する彼の信頼は大胆とさえいえるかもしれない。さらに本章とて、リズムの多元化という微温的な提案に終始することになるだろう。しかし、当初から防御戦を強いられるような制度的な考察ではなく、本章では民主主義の時間についての原理的な考察を通じて、対応策を練りたいと考えている。加速化の民主主義への影響に関するショイアマンの考察は、原理的な考察の立場からすれば、民主主義の存在論に対する甘さと厳しさという、相反するふたつの弱点があるといえるかもしれない。(5) これらの点はおもに本章を通じて明らかにされるが、次に若干触れておくことで本論の道筋をしめしたい。

およそ世界で共通する現在の加速化する社会情勢は、民主主義における入力と出力の双方の局面で、十分な時間を与えない。入力において、もはや私たちの政治意識や優先課題はかなり分散的で、中間団体の凝集力が弱まり、統合的な展望を見出す困難に直面している。また出力では、社会の加速化を凌駕するような、より迅速な対応が熱望されながらも、多様な入力に対応できず、さらには氾濫する情報に飲まれて政治全般に対する信頼が低下している。つまり加速化する社会は、政治に利害関心を集約する時間を与えないばかりか、制度的にも意識的にも、その分散にいっそう拍車をかけているのである。その結果、もはや社会問題の解決手段として、政治はますます周辺化してしまう（杉田 2015b）。そして、民主主義にとってさらに深刻なことに、政治の加速化により、民衆の名による入力と出力との自己同一的な接続を待つ余裕が失われるかもしれない。そうであるならば、自己統治は意味を失っている。つまり加速化は、ショイアマンが描き出したように民主主義の制度的な危機であると同時に、民主主義そのものの危機である。すでに、迅速な対応やトップダウンという名の下に、（制度的な改革の成果を自称しながら）民主主義の実質を逸脱するような権力行使が常態化しているかもしれない。そこで本章は、時間の欠乏が引き起こす民主主義の原理的な危機に対して、民主主義のテンポの固有性に立ち返って、その応答を理論的に組み立ててみたい。

まず次節では、民主主義が持続する形態について、ルフォールとウォリンの批判的な検討をつうじて明らかにし、本章の分析対象を確定する。第三節は、民主主義の時間性に関する先行研究に学びながら、その特徴として、速さと区別された「遅れ」を指摘する。そして第四節は、民主主義およびその時間の多元化という方策を分析し、社会の加速化に対応、もしくは対抗する自己統治のあり方を構想する。最終節では、民主主義の時間という問題をいったん整理して、次の問題系との接続を図る。

## 二　持続する民主主義——全体主義とその逆立ち

第一章と第二章では、民主主義の時制に注目して自己統治の確定に努めたものの、この思索は民主主義の開放的な持続という特質に行き当たった[6]。それはクロノスかカイロスかのいずれかを選択するのではなく、それらが未分化の状態で、さしあたり未来に向けた民主主義的な実践の維持をもとめる。これは民主主義の成立を可能性として想定すると同時に、裏側にその不可能性を含まざるをえないような、両義的な実践である。民主主義の固有な時間性をもとめる本章がまず分析しなければならない対象は、その持続の形態である。それは民主主義を構成する条件であり、その意味で、時間が流れる空間的な構成を設定する。本節では、民主主義の特質をその持続する性質にもとめた政治理論との対話を通じて、民主主義と時間の関係を批判的に精査したい。以下では、クロード・ルフォールとシェルドン・ウォリンの政治理論を時間の観点から再読し、民主主義が持続する論理と形式を分析する。

### (1)　クロード・ルフォールと時間

ルフォールの民主主義論は、政治的なものをめぐる歴史的な展開を背景とした、「空虚な場」を中軸とする理論構築の鮮やかさとその独創性において、すでに広く知られている[7]。一般的に彼の政治理論は民主主義の空間論として理解されるものの、本章ではその時間的な側面に注目したい。人民の存在と人民が行使するはずの政治権力とが合致していない点は、民主主義の正統性を揺るがす齟齬として、それを批判するにせよ弁護するにせよ、近代政治思想の焦点のひとつであった。ルフォールによる転換は、この齟齬にこそ、近代民主主義の特徴を見出す点にある。その際に民主主義として語られるのは、ある制度や規範ではなく、象徴的な秩序の制度化としての形態である（Weymans 2005:

265)。つまり、民主主義社会の言説的な構造である。政治権力はその社会の形象を反映し、社会を再帰的に構成している(宇野 2004: 68)。

民主主義社会では、もはや政治権力についての象徴的な一貫性は実現不可能である。かつて権力は、超越的であるとともに可死的な、君主の身体に表象されていた。しかし、君主が政治の中枢から退場した民主主義社会では、その権力のありかを十全に埋める特定の身体がなく、それは空虚となる。「権力のありかは空虚な場である。それは――個人や集団によって同体化されないという意味で――占有されず、また代表されない」(Lefort 1988: 17)。君主に取って代わった人民は、それが純粋に表象的であるために、政治権力を十全に実体化できない。たしかに民主主義でも、権力行使のメカニズムや政治的権威をもった人間は可視的に存在している。しかし、その存在は人民と完全には同一化しない。別の観点からすれば、身体を表象する、権力のありかに関する制度的装置の外観について、権力が拘泥する必要がなくなったともいえよう。ルフォールによれば、「この場を完全に実体化する政治的なアイデンティティはなく、それは根源的な不在と非決定性によってしめされている」。そして近代の民主主義社会では、「権力、法、そして知が根源的な非決定にさらされており」、それはあたかも「制御不能なアドヴェンチャーの演劇」のようである(Lefort 1986: 305)[8]。いまや民主主義において、「ふたつの明らかに矛盾した原理」が結合している。一方で、権力が人民から発生し、この認識が権力の正統性を提供している。他方で、誰もがその権力を占有することができない(Lefort 1986: 279)。ルフォールの表現を用いれば、近代の民主主義は、「象徴的なものと現実的なものとの齟齬にしめされる唯一のレジーム」である(Lefort 1988: 228)。人民は自らに権力の正統性をもとめると同時に、「一なる人民」に対抗して争いを招き入れる。

それでは、権力の空虚な場とともにある民主主義は、どのように制度化され、機能するのか。ルフォールによれば、民主主義は「確実性の指標の解体によって制度化され、維持されている」(Lefort 1988: 19、強調は原著者)[9]。たしかに、民主主義には根拠となるような、自然的もしくは超自然的な本質はないかもしれない。だが、私たちが注目するのは、むしろ彼自身は強調を施さなかった、民主主義が「維持されている」という点である。民主主義では、「権力行使は、定期的な分配の手続きに服する。権力行使は、永続的な規範への制御された同意の結果をしめしている」(Lefort 1988: 17、強調は引用者)。この現象がしめすのは、ルフォールの表現を用いれば「制度化された争い」であり、これが近代の民主主義社会の形態を特徴づけている(Marchart 2007: 91)。ソール・ニューマンによれば、ルフォールの争いは、権力と主体性がある特定の本質に還元されたり、支配的な社会編成の確定とともに収束したりするような、還元主義的で本質主義的な観念ではない。争いは、固定的な拠点から発生するのではなく、むしろその拠点を構築する。権力の空虚な場を埋めようとする争いが、偶発的で非本質的な、政治的な同一化の終わりのない変容をもたらすのである(Newman 2004: 150)。ロザンヴァロンとの晩年の対話の中でルフォールは、人民は争いにおいて異質的で多様であり、他方で特定の誰にも還元できない権力をもつ、と表現する(Rosanvallon 2012: 10)。

「制度化された争い」のうち、人民の権力の不在という「民主主義のパラドクス」がもっとも明瞭となるのは、やはり普通選挙権にもとづく選挙過程である。このとき人民主権は明白となり、人民は自らの意志を現実化すると想定される。民主主義社会では、主権の表出は「法の定める手順」に厳格に従い、「投票という規制された働きの外側に、現実態の人民などは存在しない」(ルフォール 2017: 90-91)。同時に、選挙過程ではすべての社会的な関係性から民衆が抽象化され、たんなる統計の対象となる。「数が実質に置き換わる」(Lefort 1988: 19)。この置換について、オリヴァー・マーヒャートの整理を参照しよう。

> 選挙の瞬間において実際に表象的に代表されているものは、無媒介に表出した人民の意志ではない。それは、まったく正反対に、表面化した社会の分散、分割、そして対立可能性なのである。〔…〕そのため、「人民」は実在

しない（Marchart 2007: 106）。

ただし、この人民の分解は、民主主義社会の統合と同義的である。つまり、権力の場は確かに象徴的で空虚だが、それに関して争いが現実的に収斂することで、人民アイデンティティを構築しつつ、民主主義の時間化および空間化が同時に進行する。「権力の行使は定期的で繰り返しの争いをもとめる。権力を与えられた者の権威は、人民の意志の表明（the manifestation of the will of the people）の結果として創造され、再創造される」（Lefort 1988: 225、強調は引用者）。ニューマンの表現によれば、社会的なアイデンティティが発生する際の、「言説的な制限」をルフォールの争いが提供している。そのため、ルフォールの民主主義は、「部分的には非決定的であり、部分的には確定的である」（Newman 2004: 150）[10]。ふたたびロザンヴァロンとの対話での発言を参照すれば、人民は「定期的に普通選挙権に呼びかけられ」ており、「人民がひとつであることを知るために幾度も」人民に立ち戻る必要がある。この意味で、「普通選挙権は〔…〕社会の動員としての機能をもつ」（Rosanvallon 2012: 9、強調は引用者）。ルフォールの民主主義はあきらかに代議制を想定しており、それは「観衆すべてのために演じられる争い」および、「必要で、縮減できず、正統なものとして代表された争い」の「舞台」とともにある（Lefort 1988: 227）[11]。

もはや民主主義は、何らかの特定の制度や組織に還元されず、政治参加の持続そのものを意味する。そして、「民主主義のアドヴェンチャーが続くかぎり」、「到来するものの意味」は保留されたままである。確実性が失われている民主主義は、つねに未知との遭遇を繰り返す。ルフォールはこの終わりなき争いという意味での持続という観点から、民主主義を「歴史的社会」とよぶ（Lefort 1988: 16）。彼自身の言葉の中からより洗練された表現を参照するならば、民主主義は、争いや社会的・政治的議論を歓迎し、可能性や新しいことにあらゆるレヴェルで余地を与え、未知なものに自らを晒す体制である。要するに、本質的に歴史的社会である（Lefort 2000: 262、強調は原著者）。

そして、歴史的社会としての民主主義と対比されるのが、全体主義である。民主主義を前提条件とする全体主義は、空虚な権力の場を、「一なる人民」を表象する党や個人やイデオロギーなどで実体化し、民主主義から不確実性を奪い取る。このように持続的な争いが終結するため、全体主義は「歴史なき社会」と表現できる（Lefort 1988: 16、強調は原著者）。だが、もはや近代以降では空虚な場を実体的に埋めるのは不可能なので、その同質的な一体性に対する逸脱を排除し抑圧することでしか、全体主義は維持されない。

以上の議論を小括したい。民主主義社会においては何か特定の身体によってではなく、典型的には選挙が表すように、争いがあることで社会統合が果たされる。そして、国家、人民、あるいは国民は何らかの実体を代表するのではない。「これらの代表は、政治的な言説および社会学的で歴史的な精緻化に依拠するため、つねにイデオロギー的な議論と結びついている」（Lefort 1988: 18）。これらは象徴的な権力の場を埋めることができず、人民の実体化に失敗している。だが同時に、権力の場をめぐる争いは制度化されており、それによって民主主義は持続する。つまり、民主主義の持続は人民が不変であるという意味ではなく、むしろその非決定的な性質に依拠している。民主主義の過程は創造的かつ可謬的な経験であり、人民に関しては、つねに「自己批判」を志向しているといえよう（Accetti 2010: 269）。ルフォール自身も、元来は民主主義社会の出現以前からあった、「人民の恒常性・無時間性」という観念の変容、より正確には「政治的な実在」との民主主義における結合に注目している。かつて「人民の恒常性・無時間性」は「世代交代とは無関係に人民の同一性が保存されていること」を意味したが、民主主義の出現によって、「人民の同一性を絶えず表現するという個別の時間性の概念が結びつくこと」となった（ルフォール 2017: 92）。以上の議論について、ルフォールの簡潔な整理を引用すれば、権力の形態が物質性と実質性を喪失するのと同様に、権力行使はその再生産の時間性と結びついており、集合的な意志の争いのもとにある（Lefort 1988: 18、強調は引用者）。

民主主義の持続する性質は、権力の場の空虚性と、人民をめぐる民主主義のパラドクスのためにもたらされる[12]。「争いの舞台」はつづき、そして「制御不能なアドヴェンチャーの演劇」はいつまでも閉幕しない——民主主義があるかぎりは。

ルフォールの民主主義では、権力の場をめぐる争いが終焉しないと想定されている。ただ、この持続する民主主義には固有の制限も内在している。つまり、民主主義の空間、あるいはそれに参与する人民の範囲は所与であり、再生産されつづけるという想定である。宇野重規によれば、ルフォールの民主主義理論において、「ある社会が統合され、人々の共存が可能になっているのは、人々が同一の権力の表象に属しているからである」（宇野 2004: 68）。すでに言及したように、人民やその主権の表出は、法によって定められており、憲政の外側には存在しない（ルフォール 2017: 90-91）。すなわち、民主主義の条件設定はすでに過去に先回りされている。「国家、人民、国民、あるいは人間性の新たな観念の形成を開始する、いかなる新たなアドヴェンチャーも、過去にその根がある」（Lefort 1988: 255）。いいかえれば、民主主義にとって未来は偶然だが、過去は偶然ではない。

アンドリュー・アラートは、ルフォールの議論では、「所与の体制にどの種類の正統性が可能であるかを決めるのは、深層ではまったく象徴的なものであるため、民主的な正統性の問題が無視される」と指摘する。そして、争いを組み込んだ民主主義の制度化に、「正統性に関する少なくとも何らかの暗黙の合意」（Arato 2013: 154-55）の密輸入を疑う。すなわち、アラートが問題にしているのは、民主的な政治過程を人民主権で形容するルフォール（やハーバーマス)の規範的な戦略についてではなく、それを開始する正統性に関する沈黙についてである。権力をめぐる争いは立憲主義的な枠組みによって規定されており、この意味で「制度化された争い」である点は、あらためて注目されなければならない。ウィム・ウェイマンスらの表現では、ルフォールの民主主義社会は、分裂していて争いがある点で特殊的であり、分裂を超える原理を喚起する点で普遍的であり、両者は結びついている(Weymans and Hetzel 2012: 32-33)。これに対して、その脅威となる全体主義は、国家と社会を結びつけて権力の場を何かで具現化し、社会内部の分割を否定するというふたつの契機において、持続する民主主義の条件を奪取する(ルフォール 2017: 63-65)。だが、民主主義と全体主義が憲政の枠組みに関して、直接的に衝突しているわけではない。

### (2) シェルドン・ウォリンと時間

憲政や政治主体の枠組みに関する同質性、およびその設定を問題としないルフォールに対して、これらの異質性を提示して、民主主義の持続する性質を論じることも可能ではないだろうか。あるいは、憲政の外側にも、民主主義の持続する論拠が存在するのではないだろうか。この議論の方向性は、社会がますます同質性を維持できない時勢において、そして民主主義のはじまりを偶然に委ねる余裕のない時勢において、民主主義の正統性をより強力に提起するかもしれない。こちらの方向性でその持続を展開した政治理論家として、ウォリンの名を挙げることができる。

ルフォールが象徴であるはずの人民を実体化する(した)全体主義に対抗したのに対して、ウォリンの段階では「逆立ちした全体主義」が現実的な脅威となる。ポスト冷戦期のアメリカは、国外では「スーパーパワー」として国境を無視してグローバルな覇権主義を強める。そして国内では、公共セクターと企業体が緊密に結合した「経済政体」が、テクノロジーを武器にして社会を支配する(Wolin 1989: 29=36)。すなわち、法的に正当な権力としての民主主義から、経済、テクノロジー、あるいは文化による事実上の権力が支配的となり、後述するように、民主主義から実質的な権限のみならず時間が奪われる。ウォリンが「逆立ちした全体主義」とよぶのは、国家の権威と資源を搾取しつつ、他の権力形態を結合し、従来の政府と私的なガバナンスの領域の象徴的な統合によってその動力を得ているような、一連の政治権力の形態である。

かつての全体主義は、国家権力の奪取を目的とした革命的な運動に由来し、他の権力形態に対してその支配と無力化を図り、求心化した国家権力によって社会の動員と再構築を下から達成した。これに対して、国家権力が多元化し、さまざまな権力との結合によって支配が構成され、動員が解除されて実質をともなわない選挙中心の「管理された民主主義」に依拠した政治体制こそ、いま直面する課題である(Wolin 2008: 46-47, 238-40)。たしかに「逆立ちした全体主義」では、立憲主義的な規範は一般的に効力を失っていない(Wolin 2008: 56)。しかし、無力感とともにある市民は、政治的無関心の状況に置かれており、基本的に市民性を発揮する機会に恵まれない。ただ同時に、ときとして何らかの刺激、たとえば「テロリズムの脅威」が喧伝されると、急激に当局への支持と服従を能動的にしめす(Wolin 2008: 64-65)。まとめると、「逆立ちした全体主義」は「無制限の権力への欲求と攻撃的な膨張主義」をかつての全体主義と共有しつつも、政府と街頭の対立図式、企業権力の位置、そして動員と政治参加の有無にみられるように、「手段や行動は逆転している」(ウォーリン 2003: 75-76)[13]。新たな全体主義では、もはや人民の実体化というよりも、人民と権力の隔絶を前提とした、権力による人民に対する非民主的な支配と同質化作用が問題となる。以下では、こうした現状に対して民主主義の可能性をしめした、「刹那的な民主主義」(Fugitive Democracy)について分析する[14]。

ウォリンといえば、政治と社会の対抗という観点から政治思想史をまとめあげた大著『政治とヴィジョン』(初版は一九六〇年出版)で知られている。七〇年代後半ごろから、ウォリンは政治的なるものの復興に積極的に関与することで、その没落を論じた自らの思想史的な展開に挑戦しはじめた(千葉 1995: 53)[15]。こうした民主主義の理論化による民主主義の現状に対抗する試みの着地点が、一九九六年に発表された「刹那的な民主主義」である。同論文は小著にもかかわらず、雄大な政治理論の史的分析の成果を反映した、民主主義理論のひとつの極致をしめしている。

それでは刹那的な民主主義の特徴、とりわけその時間的な性質について注目しよう。すでに周知だが、ウォリンが定式化した政治的なるもの、政治、そして民主主義をまず確認しておきたい（Wolin 2016a: 100）。政治的なるものとは、公的な熟議を通じて、集合的な権力がその集合体の福祉のために用いられる際に、さまざまな多様性によって構成される自由な社会が、それにもかかわらず共同性の契機を享受しうるという考えの表明である。近年の著作における、より洗練された表現をもちいれば、政治的なるものは、「差異を正統化し和解させながら、共同性を維持すること」（Wolin 2008: 61）である。政治的なるものはエピソード的で稀である。これに対して、政治とは、集団の公的権威に有用な資源へのアクセスをめぐる、主に組織化された不平等な社会的権力による、正統化された公的な競争を意味する。政治は連続的で、絶え間なく、そして終わりがない。

このように、その存在において、政治的なるものと政治は時間に対する顕著な対立をみせている。この対立は、クロノスとカイロスという時間意識の区別に置換できよう。クロノスに依拠する連続的な政治では、過去と未来は無限に拡張され、未来のある時点はいつか過去に属する。これに対して、カイロスに依拠する政治的なるものでは、時間は過去と未来から断絶し、一時的なものとして歴史から切り出される。

そして、ウォリンにとって民主主義は、政治的なるもののひとつの型であり、統治の形態や政治の一種ではない。すなわち民主主義とは、一般市民の政治的な潜勢力に関するプロジェクトである。この潜勢力は、彼の表現をもちいれば、「共通関心およびそれを実現する行動様式の自己発見を通じて、政治的存在となる可能性」（Wolin 2016a: 100）について である。いいかえれば、差異と共同性とを兼ね備えた、政治的存在に生成する企図が民主主義である。(16)

このような政治的なるもの、政治、そして民主主義の類型化において、時間の持続する性質は政治と親和的にみえる。ウォリンの政治は公的に制度化された競争であり、それ自体には終焉がない。こうした政治理解は、ルフォールの民主主義理論とあきらかに共鳴している。これに対して、政治的なるもの、およびそのひとつの型である民主主義は、時間的な耐久性が想定されていない。そのため、時間とは正反対の構想に思われる。だが本章では、儚い民主主義に、むしろ時間的な持続の特徴を見出すことも可能だと議論する。それでは刹那的な民主主義の内容を考察しよう。

ウォリンの問題意識が境界線に向けられている点は、刹那的な民主主義を理論化する上で大きな意義がある。近代の政治理論では、境界線は国民国家の領域と一般的に同一視されてきた。そしてこの国民こそ、「政治的なるものの運搬者」であった。境界線は一方で、アイデンティティを表明し、包摂を実現する。他方で、それは排除を意味し、「差異の取り消しを準備する」[17]。この境界線の内側にある憲政において、政治的行動の合法性が問われるのみならず、「政治の時間的なリズムや周期性」が調整される(Wolin 2016a: 100, 103)。境界線で囲われた立憲主義的な政治は、自らの時間的な規定を調整しながら、クロノス的に永続する[18]。

しかし、いまや、境界線に対する疑念は高まっている。ウォリンの挙げる例をもちいれば、コミュニケーションや市場は境界線を越え、芸術家や学者の活動も多国籍化している。さらに、第一級の境界線の守り手であるはずの国家でさえ、その権力行使の対象を海外に求め、境界線の壊し手と化した。だが、民主主義を制度と同一視しないウォリンにとって、こうした境界線の機能低下は、民主主義の機能低下を直接的に意味するわけではない。実際、歴史的にも境界線はしばしば乗り越えられてきた。それは革命においてである。

革命はデモスを活性化し、政治的経験を制約する境界線を破壊する。排除されていた社会階層の諸個人は、責任をとり、目的と選択に関して熟議し、そして広範な結果をもたらし見知らぬ縁遠い他者に影響を与える決定を共有する。つまり、革命による超越は、デモスがそれ自身を政治的とするための手段である(Wolin 2016a: 107)。

このように、排除をともなって、希少な資源を守るために張り巡らされた境界線およびその内部の時間は、平等としての超越により、ときとして壊された。「革命が意味するのは、権威の確立したモードを拒絶することと〔…〕過去と未来の継続を切断することである」(Wolin 2016a: 381)。しかし、革命がもたらした民主主義は、革命が収束し、政治の制度化が確定すると、「民主主義の余剰」となる。「〔…〕民主主義は形態というよりも、契機として運命づけられているようだ」(Wolin 2016a: 108)。マーク・ウェンマンによれば、ウォリンの民主主義は「政府の特定の形態や過程というよりも、構成的な契機」であり、「構成的権力の出現」と結びついている。だが同時に、この特質が構成的権力と構成された権威との関係性、あるいは、刷新の根源的な契機と結びついた構成的権力の絶対的な優越性と、所与の憲政内部でのその権力の出現や拡張という相対的な優越性との関係性という困難な問題を惹起する(Wenman 2013: 59)。以上の議論を、ウォリン自身の簡潔で優美な表現をもちいて整理すれば、「憲政は革命の抑圧を意味し、革命は憲政の破壊を意味する。このふたつの観念は対立するが、民主主義によって結ばれている」(Wolin 2016a: 77)。

ウォリンの民主主義は、政治的なるものが思い起こされ、再構築される、固有の政治的な契機である。この意味で、たしかに民主主義は刹那的で、境界線の確立にともないすぐに邪険にされる。だが、民主主義は「近代の権力形態と合致しない異質性、多様性、複数の自己」(Wolin 2016a: 113)を、共同性のもとに包摂することができる[19]。つまり、他者への開きが、民主主義の経験と同義的となる。逆にいえば、民主主義が刹那的なのは、差異と共同性を同時に実現するというパラドクスに、憲政が耐えられないからである。ウォリンによれば、共同性が「刹那的で非永続的」であるのに対して、差異は「安定的」で簡単にはなくならない。だからこそ、個別の差異への固執を諦めて、共同性を優先できるかは、それ自体が規範的な、共通点を見つけ出す政治の実効性にかかっている(Wolin 2016a: 412-13)。そこで必要となるのは、「差異を尊重し、差異に関する不平や必要性に応答できる、その実践において民主主義的な、共同性のある種の文化」であり、「忠誠の独占なしにまとまれる成員の観念」である(Wolin 2016a: 420)。

こうした他者との不意の遭遇が、境界線の内側にある政治のあり方を揺さぶる。あるいは、これまで民主主義とみなされてきた憲政的な営みが、より根源的な民主主義の再来によって上書きされる。政治のクロノスが、定期的あるいは不定期的に切断されるという契機に直面しつづけている点で、民主主義は持続する。刹那的な民主主義は、たしかに政治のような時間的な耐久性をもたないが、それに対する革命的な破壊がいつでも可能だという意味で、それは持続しているのである。民主主義の現在はつねに到来しており、クロノスから区別されて、政治的なものでありつづける[20]。『アメリカ憲法の呪縛』からこれを端的にしめす箇所を引用すれば、

現在とは「いま」、すなわち、「いま」と名づけるやただちに消え去る瞬間的な時間的経験をしめす名称でもなければ、勝手な名称でもない。現在とは、存在の政治的組織化の別名にほかならない。現在は、ときに競いときに協力するもろもろの権力構造によって構成されている(Wolin 1989: 1=1)。

境界線の破壊可能性という民主主義の持続する性質は、「何時?」というウォリンの興味深い小著で表出している[21]。政治理論が現代社会分析に不十分な理由は、政治的時間が経済や文化におけるリズムやペースとは異なるからである。とりわけ民主主義には時間を必要とする熟議が組み込まれており、この意味で、民主主義の時間には「余暇」が必須となる。「政治的時間は、差異の現存およびそれを折衝する試みによって、条件づけられている」(Wolin 1997)。ウォリンにとって、民主主義は差異をともなう他者との出会いの経験であり、それとともに共同性を構築しようとする試みでもあるため、時間がかかる。しかし、このような差異と戯れる政治的時間の余暇こそ、クロノス的な次元を保障するような既存の境界線や制度を超越するのである。ウォリンの政治理論におけるテンポに関しては、次節でさらに

論及したい。

それでは本節の議論をまとめよう。民主主義の持続する特徴に注目してきた本節は、ルフォールとウォリンを参照しながら、主にふたつの論点を考えてきた。第一に、民主主義が基礎づけ不可能な実践とされることで、論争可能性と不可分となり、また「制度化された争い」に反映されるクロノス的な永続化が理論的に組み込まれた。第二に、カイロスの観点からすれば、民主主義は差異による上書きに開放されており、その領域性は不安定であり、クロノスはつねに否定されうる。(22) つまり、民主主義の持続は、クロノス的にもカイロス的にも、もとめられている。次節では、持続する民主主義に流れる時間を考察して、民主主義の固有性に関する議論をさらに進めたい。

## 三　加速化・時間性・化石化——政治のスピード

本節の主題は、持続する民主主義のテンポを分析し、政治的時間についての理解を深めることにある。この考察は、現代社会における民主主義の有効性を意識しながら、その適切なスピードを導く。以下では、加速化の意味をさらに展開し、そして速さと遅さの内実を明らかにしたい。

すでに本章の冒頭で、加速化する社会と、その情勢における民主主義の変容については瞥見した。政治理論の主な反応は、基本的に加速化を脅威としてとらえつつ、それに対応し、あるいは利用する民主主義の形態を模索することである(McGinnis 2013; Saward 2017)。こうした定型化した折衝において、政治理論が効果的な策を提示できていない点は真摯に認めた上で、以下では、まず持続する民主主義への加速化の影響を整理し、議論の軸のずらしを試みる。加速化が、その機能のみならず、民主主義の原理そのものに対する危機だという点は本章の冒頭で論及している。その際に参照したショイアマンらの代表的な先行研究が抱える、加速化がもたらす民主主義の存在論に対する甘さと厳しさという相反的な両面について、ここで話を発展的に蒸し返してみたい。甘さについては、加速化が何より民主主義の存在自体を脅かす点はすでに指摘したが、加えて、民主主義の時間と空間に対するラディカルな再検討を要請すると考えられる。本章は、クロノスとカイロスの境目において民主主義が存在しうる可能性を分析する。このように、時間の政治理論が共有する悲観的な厳しさに対抗するかたちで、この民主主義の可能性が加速化に柔軟に対応できるかもしれない。つまり、民主主義の潜勢力を引き出しつつ、既存の加速化に関する政治理論を抜本的に再構成する課題に、私たちは足を踏み入れようとしている。

では、現状の民主主義を困難にすると衆目が一致している加速化は、その持続する性質とどのように関係するだろうか。たしかに、合理性、熟議、慎慮、集約、あるいは余暇などの政治の要素は、経済のスピードに完全に置き去りにされており、近代社会の中軸に想定された近代人による政治と経済の自律的な両立はもはや破綻しているといえるかもしれない(Hassan 2009: 168)。前節ではルフォールとウォリンを参照し、持続にクロノス的性質とカイロス的性質を確認してきた。民主主義的な持続は、いわば制度化された争いと制度を超える争いとの二重性を帯びたものとして表現される。加速化がもたらす最も顕著な影響は、こうした一連の争いの存在を否定することにあるだろう。

民主主義内部における、あるいはその主要な構成要件である争いは、政治の時間が奪われることで、民主的な統治から切り離された、たんなる管理の対象に置き換わる。効率性、コスト計算、あるいは専門知の発達によって、素人たちによる民主主義的な争いの余地はますます縮小し、その結果、民主主義の持続は寸断される。仮に選挙が定期的に行われたとしても、争点が排除され、操作され、あるいは有効な選択肢がしめされていなければ、民主主義的な争いとしての意義は著しく低下する。さらに、民主主義が何らかの合意に至ることをすでに断念しているのであれば、それを管理に置き換えることへの抵抗感はより薄まるだろう。たしかに現実政治で顕著となってきたその反民主主義的な性格は厄介な課題であるものの、これに対抗して民主主義を真理の実現過程として称揚することも、専門家支配を招き、民主主義の事実上の放棄につながるかもしれない(Urbinati 2014)。いまや民主主義の争いに付き合うには、現代人は余裕も興味もなく、別のより効率的な代替措置に誘惑されて、自己統治の実質が奪われようとしている。ジャン・シェノーの問題提起によれば、

民主主義は現実性を受け入れる政治体制である。それは現実の人びとの限界と客観的な能力と同様に、現実の状況の対立する要素を認める。〔…〕この観点からすると、スピードの非現実化する能力は、民主主義的な価値と実践に対して間違いなく有害である(Chesneaux 2000: 413、強調は原著者)。

争いが持続する未来に対してスピードが先んじることで、争いを非現実化して、争いのある現実に立脚する民主主義それ自体を成立させない。ロバート・ハッサンの表現をもちいれば、「社会的加速化がつくり出す永遠に発生する瞬間は、現在を非歴史化し、非未来化する──これらすべては、スピードの作用と民主政治の時間的な枠組みに関する重要な関係をもつ」(Hassan 2009: 168-69)。他方で、スピードを手にしたものは、ますます権力資源を集中し、その格差を拡大させる。こうした不平等の発生は、一面では民主主義の機能不全に起因するが、より根本的には「民主主義的な価値と実践」に対してスピードが時間的に先行するために発生する。そのため、民主主義の手元に残された争いは、もはやそれほど価値のある(価値を産む)テーマではなく、さらにこうした消化試合への不本意な参加(不参加)が、自己統治の実質を決定的に失わせることになる。もちろん、政治における加速化が、民主主義の現実に先行して争いを発見し促進するという側面は想定されうる。だが問題は、自己統治の実態としての民主主義の存在そのものであり、その能動性やテンポに反するような外的な支援は、その自発的な持続と完全に調和するとはいえない。制度内的であれ脱制度的であれ、民主主義的な争いは、先回りしたスピードによって訓化されており、持続の活力を奪われた民主

主義は単発の見世物となる。それは私たちによる自己統治とはまったく異なる、政治に対するスピードによる支配を意味している。

社会的加速化による民主主義的な持続に対する影響は、争いの否定という顕著な特徴のみに限られない。それは、持続の条件である、民衆の統治能力や決定権をも同様に否定しているといえる。政治が他分野から遅れることで、私たち政治主体は実質的な意志決定の瞬間に立ち会えなくなる。こうして、自己統治の機会を喪失し、部分的に非民主的な統治が露出しながら、民主主義の持続が制約される。もちろん、加速化にともなうデモス内格差の拡大は、民主主義に対する大きな阻害要因であるものの、より根本的には自己統治の主体であることの意義自体が揺らいでいる。

そして究極的には、加速化はさらなる加速化を助長して、民主主義の持続を窮地に追いやる。なぜなら、いまやスピードが権力と同義なのは衆知であり、スピードが自己統治を時間的に凌駕し、それを管理できる段階に至っているので、加速化はいっそう熾烈な獲得競争の対象となるからだ。そこで、政治も遅れまいと加速化を受け入れ、民主主義のスピード・アップを図る。ある意味で、政治の加速化は民主主義的な争いの、争いとしての性質を維持し、自己統治の形態を守るための必然的な選択である。自らを守るために、自らに自己破壊的な変容を施すような、デリダの術語をもちいれば自己免疫的な過程に、加速化は民主主義を誘っている。こうして私たちデモスは政治内外の加速化により、つねに喫緊と形容される諸課題と差し向かいとなる。それは、加速化が多角的に触発し合う情勢で、民主主義の持続が否定されうる危機が常態化していることを意味している。問題は、民主主義自体を危険に晒すような、加速化のチキンレース的な状況からいかに離脱するかである。

政治理論分野に議論を限定すれば、ひとつの選択肢として、民主主義を加速化と根本的に対立する統治形態として理解し、スピードの遅さにその意義と価値を求めて、それを再構成する道筋が考えられる。この場合、民主主義の時間的な固有性はその遅さにある(Chesneaux 2000)。この立場からすれば、社会の加速化に民主政治は張り合う必要などなく、むしろその遅さに周囲が合わせなければならない。民主主義の遅さに注目して理論的な考察を深めた代表的な政治学者が、前節で論じたウォリンである。

たしかにウォリンの時間論は、その晩年に散発的に登場し、必ずしも体系的ではない。以下では、それを批判したり、あるいは擁護したりすることが目的ではない。問題は、刹那的な民主主義とのつながりを考察した上で、民主主義の適切なスピードを発見する知を獲得することである。ウォリンの時間論について論及する前に確認すべきは、少なくない研究者たちがそれに二律背反を見出しているという事実である(Shapiro 2001; Feit 2012; Rahman 2015)。たとえばマイケル・シャピロは、政治的時間と他分野の時間との断絶という認識にウォリンの基盤を確認したのちに、ふたつの議論の方向性を指摘する。一方で、刹那的な政治的なるものと継続的な政治という構図において、民主主義は社会的な多様性からその活力をえて、公共的な熟議を導いていく。この意味で、社会的加速化は政治的なるもののあり方と同調し、民主主義を可能にするひとつの条件となる。しかし他方で、ウォリンは他の領域と区別された、政治的時間の遅さを擁護し、それにもとづく民主主義過程の充実を主張する(Shapiro 2001: 232)。つまり、ウォリンが速さと遅さに対して、民主主義の観点からどのように評価するかは、一見したところ明らかではない。他の研究者たちによる指摘は後述するとして、ともあれ、この二律背反をいかに解釈するかが、ウォリンの民主主義論、あるいは民主主義そのものの認識をめぐる課題である点を、ここで念頭に置いておくべきだろう。

すでに前節で言及したように、ウォリンの民主主義に余暇が必要なのは、その中心的な過程である熟議に時間がかかるためであり、熟議が「考察の正統化ではなく、競争や紛争の設定の上に生じる」ためである。政治的時間が「ゆっくりで長々とした過程」であるのに対して、経済や大衆文化の時間性は、刷新、変化、あるいは衰退にしめされており、これらの急速な興亡に支配されている。そして、いまや文化と経済が政治を支配しており、政治は散乱してしまい、「「政治的」であるとか、「政治」に従事する〔…〕とか宣言できない[23]」。さらに、二〇〇五年に上梓された論文

「撹拌された時間」では、「撹拌」(agitation)に、熱狂的なテンポをともなう「喚起」だけでなく、遅い動きや差異の擁護をともなう「議論」という意味が含まれる点が強調される。別の言い方をすれば、前者は「破壊的で、精力的な介入」であり、後者は「規定された過程、手続き、さらにはタイム・テーブルによって整序、形成、そして制限」されている(Wolin 2016a: 439, 443)。現状では、前者に連なる、資本とテクノロジーと科学が私たちの時間のテンポを与えている。これに対して、ウォリンは地方政治に民主主義の有望な可能性を見出している。なぜなら、そこでは「政治のテンポがより遅く、立ち止まって考える機会がより多く、そして意味のある参加の可能性がより大きい」からである。彼はさらに言葉をつづける。

> 参加は時間を遅くする一方で、それを無効にはしない。時間は公民的な記憶に保存されている——成功と失敗、災難と栄光、自尊と恥辱(Wolin 2016a: 447)。

刷新と継続が二重化している撹拌を通じて、ウォリンは地域レヴェルの民主主義を組み立てることで、中央政治の民主化を図ろうとする。同著の最後に示された象徴的なテーゼを引用すれば、「民主主義的な撹拌には時間がかかる」(Wolin 2016a: 448)。

このようなウォリンの民主主義的な時間論が、上述したように、速度への対応が不明瞭である点は否定できそうにない。たしかに彼は、民主主義の時間的な特質をその遅さに見出しており、それが他の社会領域との対比でいっそう不利になっている現状を強く憂いている。ただし、定型化された時間の民主主義に対する支配にも批判的であり、テンポの変調による刷新を認めている。つまり、「刹那的な民主主義」論文で示されたように、政治的なるもののひとつの型として民主主義を理解すれば、それは場や手続きではないので、遅さを必然的にもたらす制度的条件から区別されるはずである。「「刹那的な民主主義」は〔…〕余暇のない者たちの政治的表現の形態としてみることができる」（Wolin 2008: 277、強調は引用者）。だが、民主主義が差異と共同性とを兼ね備えた政治的存在を生成する企図であるなら、それは時間がかかる。このように、民主主義の時間にふたつの性質、あるいはふたつの対立的な余暇の評価が並存してしまう。

先行研究に学びながら、この苦境から脱出する理路を探究してみたい。スミタ・ラフマンの理解によれば、ウォリンの問題点は、「私たちの時間」の分裂を鋭く診断するにもかかわらず、その厳しい事実を前にして理論的な考察を進めないことにある（Rahman 2015: 16, 89）。ラフマンがとりわけ批判するのは、政治的時間の固有性を遅さに還元する理論である。

> 分裂した時間的な語りに対するウォリンの反応は、政治的時間を、その崩壊から隔て切り離すこととして現われる〔…〕。政治的時間を保持する、あるいはより厳しくいえば化石化する、このような欲求は、政治の特定の観念に依拠しても現われる。そこでは、政治的な領域がペースの点でゆっくり作動し、考察と静穏を可能にする進歩という点で一様に作動するものとして、設定されている。このように、ウォリンの反応はノスタルジックなものである。政治的活動の中心としての熟議の「余暇的なペース」を特権化するような、政治的時間の狭隘で防御的な理解によって、それは制限されている。こうした熟議の存在が、分化する時間的な語りの只中で、政治理論は特に「こんにち困難である」と彼に言わしめている（Rahman 2015: 16-17）。

このように、ラフマンによる批判はかなり辛辣である。「ウォリンは政治的時間の定義を与えない」と同時に、それを「遅い熟議のペースと同一視する」ため、「後期近代の政治における加速化されたペースを見逃している」

(Rahman 2015: 17)。ラフマンは政治的な差異による折衝が、必然的に「化石化」につながる点に疑問を呈している。つまり、ウォリンは加速化にともなう時間の分裂やその文化的な構築性を適切に指摘しながらも、政治的時間の固有性とその特異な遅さに固執して、有効な理論的な展望をしめしていない(Rahman 2015: 18)。[24]

また、マリオ・フェイトは、遅さを希求するウォリンの民主主義論が社会的加速化に対して対決的であるのに対し、民主主義を忍耐(時間の保持)と性急という別の時間的な評価に位置付ける(Feit 2012)。それは、遅さや忍耐とは異なる、撹拌と利那的という民主主義概念の特質に注目し、ウォリンの政治理論おいて内在的に、時間論を再構成するという方法である。ウォリンの「撹拌された時間」論文では、非組織化と結びつくスピードと、制度化と結びつく遅さという、ふたつの民主主義的な時間が述べられた。フェイトは、前者の側面に、遅さに一元化されてきたウォリンの民主主義論の変化、およびウォリンが追求しなかった理論的な可能性を指摘する。

たしかに、「化石化」によるノスタルジックな民主主義は、後期近代には魅力的とは言い難いし、利那的な民主主義や撹拌された時間論と十分に架橋されていない。そこで、マイケル・サワードのように、ウォリンが体系化しえなかった遅い民主主義について、「化石化」を慎重に回避しながら、理論的・制度的な肉付けを行うという方向性も重要だろう(Saward 2011a, 2017)。だが本章は、ウォリンの政治理論を擁護するという目的よりも、それが開拓した領野を生かすという目的において、これら先行研究とは異なる視点を提起したい。それは、民主主義をもっぱらクロノスにおいて理解し、同一の基準上で速さに正対する遅さに固執することではない。むしろ、時間的な複数性や構築性に民主主義のあり方をもとめつつ、それにカイロス的な時間の流れを見つけることである。そこで本章が主張するのは、ウォリンの政治理論に登場する(文化・経済領域における)速さと(政治領域における)遅さは、同一の時間軸の現象ではないという点である。彼が政治的時間として語るのは、クロノスではなく、カイロスである。そのため、利那的な民主主義の時間と、遅さを本質とする熟議や地方政治の時間とはパラドクスではない。時間のあり方が異なっているために、ふたつの民主主義の形態は同一化せず、ときとして交錯する。

前節で描いたように、差異による介入を受容し、領域が安定しない刹那的な民主主義はカイロス的な時間にあり、「存在の政治的組織化」としての現在のみが持続する（Wolin 1989: 1=1）。これに対して、ウォリンが遅さの要素として提示する熟議や地方政治は、民主主義の制度や場として具体的に想定される「政治」であり、「政治的なるもの」を完全に実体化するものではない。持続する「政治」が経験する時間はクロノスであり、量的に計算可能であり、仮にあるとしても現在は一瞬である。ウォリンの政治理論は、民主主義の時間をもっぱらクロノスにおいて語ろうとしたために、その遅さという速度表現に拘束された。そして、その理論的な帰結として、スピードの遅さを確保できるような条件をより厳密に模索することとなり、政治の固有性や地方政治に対する過剰な期待が表面化せざるをえなくなったのではないだろうか[25]。

増補版『政治とヴィジョン』で追加された章では、民主主義が制度化されたシステムではなく、儚い現象である点があらためて述べられた上で、それが複数の形態であることが主張される。そして、民主主義は「経験の瞬間」であり、その瞬間は「移ろいゆく時間のたんなる基準ではなく、実効性を守り、可能性を明らかにする行為」である（Wolin 2016b: 603）。こうして取り出された民主主義のカイロス的な契機は、地方政治と接続し、多様な形態で一時的に出現する。

> 地方政府や地方の管理下にある制度（学校、地域医療サービス、警察や消防活動、レクリエーション、文化的諸制度、財産税）に広がる、いくらかの場の多様性と、必要性に適うような一時的な形態を生み出す、ふつうの人びととの統合性とに、民主政治の力が存在する（Ibid.）[26]。

カイロス的な時間が意味するのは、民主主義の複数的な出現をともなう現在の持続である。それぞれの民主主義（の要素）に帰属する遅さに関する遂行的な要求と、非制度的な刹那的な民主主義の持続する性質とは、一義的には、区別されるべきだろう。

つまり、時間の問題は民主主義の「遅さ《スローネス》」だけではない。差異と戯れる政治的時間の余暇、あるいはそれによって他者と共同性を構築しようとする試みにおいて、十全な決定は「遅れ《ディレイ》」てやってくる。自己統治の完成を延期するこの避けがたい遅れは、政治を不安定化させると同時に、クロノスの一元的な支配を拒絶する。カイロス的な時間としての持続する現在にある民主主義は、スピードが遅いのではなく、自己統治の要請から決定的に遅れている。それでも遅れを挽回するために、クロノス的には一時的で刹那的である、自己言及的な民主主義を持続しなければならない。そこでしめされるカイロス的な持続は、特定のクロノス的な持続に一元化されないという意味での「余暇のない者」、あるいは単一の速度の基準による評価を拒絶した主体による、余暇の実践を通じた民主主義の多元的な構成といえよう。

ジュディス・バトラーは、人民の構成における、瞬間と持続の時間的な相違に自覚的である。彼女は人民（デモス）、あるいはその主権が行為遂行的な発話行為によって（たんに選挙や制度によってではなく）自己構成されると確認した上で、「われわれ人民」という語を、「一致して同時に発音することはおそらく不可能である」と主張する（バトラー 2015: 59）。ただし、この率直な認識は人民の行為遂行的な実践の限界ではなく、その時間的な特徴を表明している。

> 人民の主権（人民の自己統治権力）が宣言される時や場所がいかなるものであろうと、正確にはそれはひとつの瞬間なのではなく、一連の発話行為の、あるいはパフォーマティヴ［行為遂行的］な行為の連続なのである。参加者全員が声を合わせ同じ言葉を唱和する公的な集会の光景を想像することはできるが、この光景は抽象的で、また恐

ろしく、ファシストの行進や軍歌の斉唱のような強制的均一化を想起させる。「われわれ人民」という言葉は、なんらかの統一性を前提としたり、作り出したりするものではなく、人民の性質、その欲望の対象について一連の議論を基礎付け、確立するのである。〔…〕「われわれ人民」とは、人民主権の一形態の象徴と見なし得る表現であり、この人民主権とは人びとが自らを名指し、複数性を受け入れる政治形態として集合するために、共に行動することができるということを含意しているのだ（バトラー 2015: 60-61）。

バトラーが主張するのは、人民が自らを構成する発話は、それをもたらす意味的で、さらにいえば身体的な文脈があり、その行為遂行的な連続という点で「時間と共に常に部分的な仕方で構成される」（バトラー 2015: 62）ということである。すなわち、人民はクロノス的な瞬間には成立しておらず、時間において徐々に構成されつづけ、その完成が延期されつづけるような、行為遂行的な存在である。十全なデモスがありうるとすれば、それは統治者でありながら被治者でもある整合的な自己統治の主体である。それは領域的に確定され、時間的な変化を受け付けない。あるいは、このデモスは統治のベクトルをめぐって、車輪のような、それ自体が時間的な回転を必要としない。しかし、いったんデモスの変更可能性を認めたならば、自己統治の完成は決定的に遅れるものとなり、それに向けた持続として民主主義は引き延ばされる。

では、デモスとともにあるとされた時間の適切さ、あるいは民主主義に最適なテンポはどのように定義されるのか。カイロス的に持続する民主主義を意識するのであれば、スピードをできるだけ遅くするという応答だけでは足りない。むしろ、テンポの適切さは、自己統治の実現のために、その遅れにどのように応対したかという妥当性によって測られる——たとえ社会的加速化がいかに進展しようとも。次節では、この内容について考えてみたい。

## 四　多元化する時間――遅さから遅れへ

自己統治の実現にともなう遅れに、真摯に取り組む民主主義。こうした民主主義のあり方について、時間という観点からさらに分析を進めたい。遅れが不可避的に生じるのであれば、民主主義を多元化して、自己統治の形態をできるだけ多面的に再現する方向性が想定されうる。そして、それぞれの民主主義は、スピードの違いに柔軟に対応し、加速化に関するリスクを細分化することで、それを制御できるかもしれない。そこで私たちは、政治的時間の多元性に関する研究に学び、それを民主主義の遅れに対応する問題として再構成して、民主主義に適切なテンポのあり方を考える。この考察において、ウォリンが発見した民主主義の複数の形態が、時間の多元性といかに結びつくかが、ひとつの焦点となるだろう。以下では、政治的時間の多元的な性質について論じるウィリアム・コノリーにまずは導かれて、遅れに対する民主主義的な対処法を検討する。『ニューロ・ポリティクス』の第六章「民主主義と時間」の叙述を確認したい。

コノリーを参照しなければならない有力な理由のひとつは、彼の時間論がウォリンに対する批判に立脚して展開されているからである。ウォリンは民主主義を繁栄させるために世界を遅くし、「場の政治」を取り戻すことをもとめる。しかし、コノリーは慎重に言葉を選びながらも、遅さと場に対する固執がもはや「ノスタルジー」だと論じている。たしかにウォリンが問題視するように、現代社会ではペースが加速化し、各領域が不調和となっている。だが加速化は、政治に対する危険だけではなく、「同時に、民主主義者と多元主義者が尊ぶ成果についての、可能性の条件を設定する」。そのため問題は、「いかに世界を遅くするか」ではなく、「多元主義の積極的なエートスを涵養するために、〔…〕世界にどう対処し、対抗するか」である。スピードの違いは、自身に対する慎ましさと他者に対する寛大さをもたらすかもしれない。また、スピードの非対称的な領域にもとづく世界では、市民が様々な時間に接することで、加速化から逃れる領域を提供できるかもしれない（Connolly 2002b: 142-44）。

コノリーは「断絶」に時間の構成をみる。ツァラトゥストラの時間として説明されるこのカイロス的な断絶は、新たな流れが存在となる不確かな過程としての、生成を可能にする。生成としての時間、そしてそれに即した民主主義の形態および多元主義のエートスは、『プルーラリズム』で発展的に展開されている。「持続とは、知覚、会話、行為、判断、あるいは追憶が結晶化するにつれて、過去と未来予測との間のいくつかの層の間で行きつ戻りつする素早い流れである」（Connolly 2005: 101）。持続する時間ではクロノスは断絶し、それぞれの時間的な結晶は、不意の登場、接続、あるいは消滅を経験する。そのため、キンバリー・ハッチングスの表現をもちいれば、現在であることは、「多様で内在的な時間性に刻まれた、「諸現在」の多元性によって、つねに構成されている」（Hutchings 2011: 199）[27]。時制に着目すれば、持続では、過去と現在と未来が共存する。そして、身体的で情動的なさまざまな経験は、その多様性において人びとを分離し、それぞれの偶然性に投げ込む。それは同時に、この経験に根ざした政治の背景であり、その意味で「政治は情動で溢れる持続の経験に浸っている」（Connolly 2005: 102）。クロノス的な未来を拒絶し、真正に不測であった新しいものが出現する生成は、持続において可能である。「持続とは永続性の中の変容である」（Connolly 2005: 112）。生成としての時間は、未知、再現、多様性、あるいは出会いの可能性を引き連れている。

コノリーが提起する生成の政治では、これまで承認されていなかったものごとが、新しい信仰、道徳、権利、あるいはアイデンティティなどの形態として承認される（Connolly 2005: 121）。これらは暫定的な登録簿の下に潜んでいて、時間の不意の転調とともに表面化し、これまで確立してきた公的世界を歪める。それは予期されていないエネルギーや制度的に隠されている傷から、新たな文化的なアイデンティティが形成される、パラドクス的な政治である

(Connolly 1999: 57)[28]。生成の政治では、不測の出来事の発生によって、既存の決まりごとや規範が歪められ、時間の分岐が生じる[29]。

生成の政治がもとめられるとき、単独の道徳的源泉に由来しないような、公共的な倫理の存在を導く固有の政治的徳が必要となる。それは第一に、「アゴーン的な敬意」である。このよく知られた概念では、「存在の登録簿」にすでに場を確保している政治的行為者たちの間で、自らの論争性を相互に自覚することで、他者の倫理的源泉の尊重を導く[30]。だが、たしかにアゴーン的な敬意は深い多元主義に枢要ではあるものの、この徳が適用されるのは、生成が存在となり、政治的時間にクロノスが支配的となる段階、つまり「時間の分岐がすでに結晶化されてきた状況」(Connolly 2005: 125)である。これに対して、もうひとつの徳である「批判的な応答性」は、「生活の最も敏速な領域がかつてないほどの速いテンポで変動し、生成の政治が多くの活動領域へと進展し、そして国境線の中で作用している市民運動が周期的にそれを超えるほどまでに達するような時代」(Connolly 2005: 126)にふさわしい。批判的な応答性は、新たな物事が存在の登録簿に掲載される際に発揮され、自らの政治に関する基準の修正を導く。生成には多様な時間的で道徳的な断絶が含まれており、その「痛み」に対して自ら引き受ける姿勢を、生成の政治が称揚している(Hutchings 2011: 200)。

これに対して、存在の政治は、時間の点描的で前進的なイメージを有し、「政治、判断、そして行為への論究における不可欠な点を提供する」(Connolly 2005: 121)。存在の政治は、時計時間に規律化された後期近代における領域的秩序の形式であり、正義や正統性や義務を授けてきた。ただし、コノリーは「時間の点描的で前進的なイメージ」でしめされるクロノスを全面的に放棄せよとまで要求せず、それが責任の履行などの点で有益だとさえ語っている。現在必要なのは、政治的時間の経験に、これら二方向的な取り組みを採用することである(Connolly 2005: 129)。「世界がかつてないほど速く回転する今日」、日常的な知覚が組織化され、時計時間に秩序づけられた存在の政治と、不調和な偶然性に対応し、持続する不調和な時間の経験にもとづく生成の政治は、どちらも一連の政治の必要な一局面である（Connolly 2005: 128-29）。つまり彼は、スピードをともなった新規さに対応できるように、時間の経験を複層化しようとしている[31]。ボニー・ホニッグの表現によれば、「コノリーは、直線的な時間とその規範的な点描性を結局拒絶していない。彼はそれらに場を与え、時間の唯一の支配形態から降格させ、そして多元的な時間性と、多元化する時間性の動きに押しやる」（Honig 2009: 50）。このように、コノリーの多元主義は、登録済みの正統な多様性の存在のみならず、それに加わろうとする多様な生成過程を含む複層的な取り組みを意味している。それは、共時的な多元性を非本質的な共存として擁護するために、通時的な多元性を顕在化させるという二重化した試みである。こうした試みにおいて、現在表面化している数々のアイデンティティと差異の脆弱さが明確化され、その自覚がまさにわれら弱者の連帯と共存を可能にする。

それでは、時間への二方向的な取り組みに至るコノリーの政治理論が、ウォリンの時間論をどのように批判するのだろうか。いったん『ニューロ・ポリティクス』に立ち戻って、その叙述を確認しよう。ペースが多様化し不調和となった世界では、市民はさまざまな時間に属することが重要となる。「各領域の不均衡なペースは、つねに機能しているものとしての、時間の本質を構成し政治自体の構成の一部となる、過去と未来との断絶を、より痛烈に暴露する」（Connolly 2002b: 148）。さらに加速化は、危険はあるものの、既存の登録簿を打ち破りながら新しいものの不意の台頭をうながし、「民主主義的な多元主義の活気ある実践に関する、可能性の決定的な条件をもたらす」（Connolly 2002b: 162, e.g. 158, 164）。たしかにペースの多元化と加速化は、新たなリスクを政治に呼び込むが、それは同時に可能性も提供する（Honig 2009: 50; McIver 2011: 67-68）。

これに対して、「遅く、同質的な世界」は、「しばしば非民主主義的なヒエラルキーを支持する」（Connolly 2002b: 144）。その世界では、私たちの経験の差異は均《なら》されてしまう。さらに、遅さが同質的な本質とされるとき、スピードに対する憎悪が、それと親和的だとみなされる主体に対する排除を呼び起こす。このようにコノリーは、遅さに固着した非民主主義的な傾向を暴き出し、ウォリンを含む通説的な政治理論の時間認識とは自ら一線を画す。さらに大胆にいえば、「生活の現在の条件下で世界を遅らせる試みは、ほぼ確実に、離脱できない生活の速いペースの影響に責任がある、スケープゴートの探索に堕すことになる」(Connolly 2002b: 162)。まとめると、スピードは民主主義にとって危険性と可能性を提供するような両義的な条件であり、それに合致した多元的で持続的な政治を構成することが重要であり、固有の政治的徳がもとめられる。これに対して、遅さに一元化して政治の同質性を護持することは、変化に対するルサンチマンを生じさせ、それ自体が民主主義への脅威になりうるのである。さらに、コノリーの言葉を借りれば、民主主義とペースの関係に関してウォリンとは「より基本的な違い」がある。それはウォリンが「進歩的、目的論的、そして直線的な時間概念」を奉じている点である(Connolly 2002b: 144)。(32)

以下では、遅さに対するこれら批判の妥当性に触れた上で、民主主義的な遅れに注目する私たちの議論との接点を明示したい。まず、ウォリンが上述の典型的な近代主義的な時間感覚に依拠しているという根本的な批判に関して、その真正さについては本書では判断できないが、前節で論じた、刹那的な民主主義論にあらわれるカイロス的な時間意識の存在によって、それほど単純にこれを断定できないのはたしかだろう。仮に存在の政治が維持される点がその証拠だとしても、コノリー自身の存在の政治の部分的な擁護を含め、政治理論でこの傾向から自由になるものは少ない。その上で、すでに検討してきたように、私たちはウォリンの政治理論の分水嶺として、民主主義の可能性を遅さというクロノス的な次元にもとめてしまった点を指摘した。この対応策によって、政治的時間を遅らせるノスタルジーや、地方政治に対する一方的な憧憬といった、それほど生産的とは思われない「化石化」した選択肢しか提供できないアポリアに至ってしまったのだ。その意味で、たしかにウォリンにはカイロスとクロノスというふたつの時間を架橋する意図は明確ではなく、あるいはコノリーをはじめとする現代政治理論が強く意識するほどに、これらを意識していなかったかもしれない。ただ、だからといって、そこに近代主義的な時間意識が伏在しており、それが社会的加速化に対するノスタルジックな民主主義論として表面化したとするのは早計に思われる。(33) つまり、先行研究による批判が集中する遅さへの希求や、それを裏付けするとされた潜在的な近代主義に対する批判ではなく、本章ではカイロス的な時間論や多元主義的な政治論の不徹底、あるいはその意味におけるクロノス的な時間論の強靭さに、ウォリンへの批判点をもとめている。この立場は、コノリーによるいささか性急な批判を、ウォリンの政治理論に内在的な形式に組み替えて、時間論的な齟齬を問題化するということである。あるいは、コノリーの批判の刃をあえて鈍くして、潜在的な時間意識にまでは到達させず、存在の政治と生成の政治が葛藤する次元に留まるという選択をする。

このような批判の再設定は、(遅さではなく)遅れを民主主義に取り込む形態を考える際に、何かしらの示唆を与えるかもしれない。持続における多元的な政治の表出は、私たちの自己統治を部分的に、多様な形態で表現するものとして積極的に理解できるのではないだろうか。ロザンヴァロンによれば、民主主義における集合的な政治主体である人民は、時間による産物である。そのため、民主主義はたんに人民による集合的な統治システムではなくて、その共同的なアイデンティティが構成されるレジームでもある。その意味で、民主主義は「時間のひとつの作用」である(Rosanvallon 2006: 206)。人民の完成が終焉しない民主主義は時間がかかり、本章の表現をもちいれば、遅れが生じざるをえない。たとえ瞬時の統計的な処理や情報伝達が技術的に可能であったとしても、民主主義から持続する時間を奪うことはできず、あるいはそうしてしまったら民主主義ではなくなる。こうした民主主義の持続する固有な時間性を前提として、ロザンヴァロンが提起するのは、「民主主義の時間性を多元化することの必要性」である。民主主義はさまざまな時間的な要素によって構成されており、それは制度的な枠組みだけでなく、「いかなる時間性も他のそれを棄損しないと確信させるように、〔人民の〕意志の異なる面を結びつける」(Rosanvallon 2006: 207)。つまり、民主主義における時間性が多元的であることが、人民の意志をより立体的に表現し、民主主義が一元的な決定に独占されることを防ぐ。さらに、彼はそれが市民参加の拡大を促す点にも言及する(Rosanvallon 2006: 208)。クロノス的な意味における現在では、統治は点描的に分割され、遅れを十全に取り込めないために、たしかに自己統治は実現しない。これに対して、自己統治は持続において語られる統治形態である。ロザンヴァロンに導かれつつ、本節の議論を踏まえて、民主主義の時間性は次のようにまとめられる。第一に、自己が自己を統治するという円環的な構造は、時間の持続においてその全般的な流れが包括的に理解されなければ、自己統治の存在を語ることができない。第二に、人口、情動、文脈などのクロノス的な変化により、自己が自己に整合的に帰ってくる完璧な循環は不可能であるため、そしてこれら変化が持続する時間における分裂と多様性を導くため、自己統治は多元的に描出されざるをえない。そして第三に、自己統治の成立が遅れる間にも、異質な他者が自己統治の主体として遇される可能性があるため、それはいっそう先送りされる[34]。

それぞれの自己統治の部分的な形態は、全体としての自己統治の構成に寄与する。これらには、それぞれの民主主義の形態があり、その意味での時間がある。多元的な民主主義の構成において、非民主主義的な支配に対するリスク回避と、自己統治をできるだけ多面的に描出するという、ふたつの利点を見出すことができる。これらは一元的な支配、さらにいえば一元的な時間支配に対する、もっとも効果的で現実的な政治理論的な対応であろう。多元化した民主主義は、それぞれにスピードや時間意識が設定され、それ自体が民主主義として中心的な意義がある。あるいは状況に応じて、民主主義を分裂させ、誕生させて、時間と環境を包摂することが、全体としての自己統治の維持と実現を導いている。持続する自己統治において、社会的加速化は単純な敵ではなく、ましてや民主主義を一元化してスピードを競うのは自己破壊的な措置である。速さへの対抗は、むしろ速さに一元化しようとする自らの変容を止め、逆に複雑化しようとする、自己統治の形態において可能だろう。速さと対峙するのは、遅さではなく、遅れである。

民主主義に適切なスピードという論点について、私たちの考えは、それは部分的な民主主義にそれぞれ想定されうるという緊張感を欠いたものでしかない。もちろん、そのあくなき定義付けは重要であり、そのなかでは遅さの追求は意義のある民主主義的な試みのひとつである。だが、適切なスピードを論じる次元はもうひとつあり、それは政治的時間を持続において理解するという試みである。自己統治をつねに現在の課題としてひきうける時間意識自体が適切さであり、それは同時におのおのの多元的な民主主義を併存可能なものとする。こちらの次元が意味するのは、加速化に多元的に対抗する即応性と、それぞれの民主主義に見合った速度を適宜設定する対応力である。民主主義の持続と同義的な、適切な時間を設定しつづけることが、自己統治の実現に欠かすことのできない作用といえよう。そこにあるのは、自己統治の遅れに付き合うテンポである。

## 五　自己統治と時間――アディショナル・タイムにて

民主主義の時間性の特徴について、遅れをともなう持続と多元性はすでに論じた。そのため本章は当初の目的に達しているものの、最後に私たちの成果を政治理論への含意という角度から観察して、結論に冗漫な表現を加えてみたい。時間の観点から自己統治の成立可能性を考察する課題は、時間を主体的に管理することが、その重要な要素であることを同時に認めてきた。つまり、持続や多元性によって自己統治が生成しつづけること自体が、私たちがそれぞれの民主主義を主導し、政治の時間を決定することの連続によって成立している。このような自己統治のあり方は、民主主義の適切なスピードに先立つ条件である。別の言い方をすれば、スピードを問題化できることが自己統治の一部であり、民主主義はこのような時間への意志を組み込んでいる。

時間への意志に関する私たちの自覚は、政治的時間の権力性についての認識をもたらす。時間は政治的に構成されたものであり、いまや、私たちの自己実現という観点からたえず審問される対象となる。このような時間の政治的な概念化は、自己統治を支える基本的な認識のひとつではあるものの、政治の複雑さに拍車をかけるものでもある。それは抵抗の論拠を与えるかもしれないが、新たな支配構造に光を照射して、政治からの逃れがたさをいっそう強固にするかもしれない。自己統治を実現する観点からさしあたりいえることは、私たちが時間に支配されないことであろう。私たちは自ら時間を構成する権力を手にし、それによって自らを分節化するような、持続的な自己統治を必要とする。このような私たちの資格を、ハッサンにならい、「時間的な主権」とよぶことができるかもしれない。「時間的な諸権利と時間的な主権は、社会における時間的な生産の形態とペースに対する、民主主義的な制御を直接的に育成する」(Hassan 2009: 233)。私たちの「時間的な主権」は自己統治のあり方の根幹に関わり、持続が維持される状態をしめしている。民主主義的な権利としての時間的な主権は、民主主義がもたらす私たちの権能であるとともに、持続的な民主主義を維持する権能でもある。

「時間的な主権」に立脚する自己統治において、加速化への対抗ではなくて、その体制をいかに持続させるかが問題である。インネラリティの表現によれば、「現代民主主義のもっとも喫緊の課題は、社会的な過程を加速化させることではなく、未来を回復することである」(Innerarity 2012: 17)。もちろん、ここで語られる未来は、予測をともなうクロノス的なものだけではなく、持続と生成が織りなす未知の領野であるカイロス的なものを含んでいる。ここでインネラリティは具体的な方策として、時間的射程を長くすることと将来世代の権利を考慮することという、それほど斬新とは思われない提案をしている。これら提案においてですら不可分な権力性は十分に考慮した上で、本章が注目するのは、これらが時間的な自己統治から派生する方策だという点である。つまり、時間という要素は民主主義にこれら以外の方策を要請する可能性がある。例として、本章による検討から、以下のさらにふたつの提案を加えることができるだろう。

ひとつには、時間を多元的なものとし、それぞれに私たちの時間的な主権が実現するように民主主義を構成することである。たとえば、議会制民主主義の定着に時間の政治的意義の高まりを認めるカリ・パローネンは、各状況に即した時間の適用を、現代政治の欠かすことのできない能力のひとつに数える(Palonen 2003)。

そして、もうひとつの可能な対策は、自己統治の非成立としての遅れに真摯に向き合うことである。たしかに未来は考慮されるべきであり、その不在には敬意が払われるべきかもしれない。だが、未来への配慮は私たちにとっての余技ではなくて、主体の確定に関する手続きとして、避けることができない活動である。「時間的な主権」によって自己統治の論拠は確保されるかもしれないが、問題はそれを誰が、いつ、どうやって獲得したかである。政治にはじまりを与えるような領域性の根源的な欠如に、持続的に応答することが私たちの自己統治を構成する。その意味で、「時間的な主権」は、加速化の主因であるグローバル資本主義に直面して、民主主義の機能不全が日常化した、既存の領域的な主権のあり方を批判する(Hassan 2017)(35)。「時間的な主権」が警戒する対象は、開放的な持続を否定する、私たちの領域性やその支配である。

次章以降の課題は、必然的な遅れのために現在(present)に不在である、私たちを代表すること(represent)の意味を分析し、代表制民主主義の内実や自己統治の実現様式を観察することである。デモスはいかなる時点でも自己統治の主体として十全に成立しないような、時間的な存在であるため、それは代表の契機を必要とするかもしれない(36)。あるいは、過去と未来の間にある存在不可能な自己統治の現在は、代表の助力を要請するかもしれない。本書では、クロノスとカイロスを縫合し、(成立していないはずの)自己統治を現在行っている主体を構成する、政治的な論理としての代表の理解を前景化する。こうした、通例の空間的な説明とは異なる、時間的な論拠にもとづく政治的代表のあり方は、代表制度を基軸とした現代民主主義に対する新たな考察を導くだろう。

民主主義の時間に関する考察は、「適切な時間」をいつでも批判の対象とするような、つねに遅れる持続的な政治のあり方を要請するに至った。この場合、それぞれの時間は脱構築の対象であり、それは速すぎるし遅すぎる、あるいは長すぎるし短すぎるようなパラドクスとして語られる。政治理論が引き受ける課題は、その最終的な判定ではなく、時間の矛盾的な性質を受け入れた上で民主主義をいかに構成していくかである（Abizadeh 2012; Tekin 2016）。それはクロノス的な時間設定の政治的な性質を受け入れ、それでもそれに対する主権を自己統治の原理として維持する活動である。民主主義を維持するためには、私たちは止まってはいけないし、止められてもいけない――これは「Planking」のメッセージでもある。

# 第四章

# 代表——デモスの持続的な現在

その現実政治における重要さにもかかわらず、いくつかの例外を除いて、代表概念はこれまで政治学の主要な分析対象ではなかった。だが、個別の政治的要求が公的な政治過程から乖離する代表制の危機を背景として、代表の問い直しが多角的に開始されている（Näsström 2011b; Tormey 2015; Disch et al. 2019）。こうした議論は、既存の代表制研究の課題（政党・選挙区・政治家・投票）の再考察だけではなく、政治的単位の多層化や社会的少数者の実効的な代表などの新たな政治的課題を包摂し、さらには自然環境やチャリティー活動など、非政治的とさえ思われるような課題にまで及ぶ。所与とされてきた代表の論理が、危機にともなって再認識されるとき、それが接続していた権力関係のすべてが疑念の対象となる。民主政治に対する不信は、それを結束していた代表に対する不信と不可分である。

本章と次章では、政治領域全体がブラックアウトする予感に苛まれた、政治的代表の分析という政治理論分野での共通課題を背景として、現在に不在であるデモスを代表する論理を考察する。これまで一般的に、空間的な理由から代表の民主主義における不可避性が主張されてきた。代表の理念や制度化が歴史上どのように形成されたかはさておき、代表が既存の政治形態を後知恵的に説明し、現在の大規模化した政治秩序の意味的な安定に寄与しているのはたしかだろう。さらに、以下でも部分的に言及するように、代表は政治主体やそのアイデンティティを空間的に統合する論拠として機能し、その意味での同質性を提供する。空間的な統合という代表の役割は、さらなる民主主義の現実化という文脈の中で、いまなお問われ続けている。こうした政治的代表の中心的な論点に加えて、本書では時間的な理由、あるいは持続的な民主主義の主体形成としての代表という側面を彫琢する。それは自己統治を可能にする政治的な論理であるとともに、現代の政治情勢への鋭敏な解析を提供する。本章は、代表と民主主義のこれまで当然視されてきた関係性をあえて議論の俎上にのせ、時間の観点から民主主義を再構成する。

代表に対する積極的な関心のために、上述の一般的な学的傾向にとって例外でありつづけてきた、ハンナ・ピトキンがしめした今世紀に入ってからの反省は、本章の最適な導入となる。彼女によれば、自身の古典的な著作(Pitkin 1967)では、民主主義と代表は同一視されておりその関係は問題にされなかった(Pitkin 2004: 336)。しかし、いまや民主主義から代表を放逐したジャン＝ジャック・ルソーの、ロマン主義的、ユートピア主義的、そして絶望的なまでの非実効的な対応が、皮肉にも再起されなければならない。現代政治では代表者は民衆に取って代わって行動する。そして「代表制民主主義」と呼ばれる政治形態は、「民衆による自己統治」を実現しないどころか、それに代替する(Pitkin 2004: 339-40)。ジャック・ランシエールの表現をかりれば、矛盾する語句をつなぎ合わせた撞着語法としての代表制民主主義の過去の記憶がいったん呼び起こされたら、代表と民主主義を同義的につなげた冗語法にもはや戻せないことが政治的代表論の共通認識となってきた(ランシエール 2008: 74)[1]。

代表が「民衆による自己統治」に牙を向け、寡頭政が民主主義の実質を奪う状況において、政治理論のひとつの課題は、代表と民主主義の関係を再考察することにある。実際、近年の政治的代表論の多くは、代表を代議制と等置するピトキンの理解を批判的に乗り越えて、両者の新たな理論的なつながりを模索している(Saward 2010: 139-41)。こうした研究動向を背景としつつも、本章の目的は、代表概念を拡張し、ある特定の政治的機能や関係性を代表制民主主義に迎え入れてその延命を図ることではない。むしろ問われるべきは、「民衆による自己統治」としての民主主義と代表との関係の一般理論である。ピトキンの変容に象徴されるような、両者の関係をめぐる評価の極端な振幅は、いかなる理論的な認識によって導かれるのか。代表論が想定する代表されるべき民意を横目に入れながら、民主主義における代表に関する原理的な考察を深めたい[2]。

代表制民主主義の理解をさらなる混迷の淵に落とし込むはずの本章でも、主にふたつの学的な意義を主張できる。第一に、民主主義における代表を評価するための論拠を明らかにする。こうした論拠は、絶対的な基準とは異なり、その多様で可変的な形式において代表制民主主義の複雑さと通底していると考えられる。とはいえ、戦線が伸びきった政治的代表論にとって、繰り返し参照されるべき原理的な枠組みを提供する役割は無視されてはならないだろう。第二に、政治権力の正統性として民意が過剰に持ち出される、現代政治の見取り図を提供する。これらの点を考慮するならば、代表と民主主義との原理的な考察は、現代政治分析そのものを実行可能とするのである。

次節では政治参加を擁護する政治理論における代表批判を分析し、現代代表論との接点を明確化する。第三節と第四節では、それぞれ代表における反映と構築という側面を分析し、代表制民主主義の時間的な特徴を描き出す。

## 二　参加と代表——代表制批判の諸層

代表と民主主義が系譜上区別されることは、もはや常識的である(Ankersmit 2002; Kröger and Friedrich 2013)。しかし、ロバート・ダールによれば、民主化の歴史が既存の代表制度を場当たり的に取り込んだと理解するのは間違いである。民主主義が国民国家規模に拡張するにつれて、政治的平等は選出された代表者による立法行為を組み入れた。つまり、直接的な政治参加を犠牲にして、代表は民主主義の思想と制度の中に意識的に取り込まれたのである(Dahl 1989: 216)。だが同時に、両者の結合は固有の課題をもたらした。代表制民主主義は、民衆が直接参加する古典的な民会を、複雑化した政治制度の体系に置き換え、公共善の分裂と利益の多様化した状態を正常かつ必要とみなす(Dahl 1989: 30)。本節の目的は、代表と民主主義の所与のつながりを疑い、直接参加を重視する理論(ペイトマン、バーバー、ハースト、ネグリ＝ハート)に耳を傾け、代表批判を再構成することにある。代表の何が批判されているのかに注視し、代表と参加をめぐる年来の論争を現代代表論に接続する。

まず、代表制民主主義論の典型であり、参加に対する最大の論敵であるシュムペーター型の競争的なエリート理論を参照したい。この理論では、市民は有権者であり、競争的な選挙において代表者を選出することが主な役割として想定されている。民主主義はいかなる特定の理想や目的ももたず、ひとつの政治的方法あるいは制度的な仕組みである。ピーター・サマーヴィルは、この理論では、世論のすべての位相がもっとも望ましい候補者や政党によって完全に代表されることになると指摘する。しかし、いうまでもなく、競合的な選挙の帰結が世論のすべてを純粋に代表しているわけではない(Somerville 2011: 419)。さらに、競争的なエリート理論は世論が形成される契機を無視している。そのためこの立場を、民衆による自己統治を実現する民主主義の一員として認定できるかは、かなり曖昧となる。以下では、参加を評価する民主主義が、この競争的なエリート論をどのように乗り越えたのか、そしてその際、代表をどのように取り扱ったのかが注目される。

参加民主主義論の旗手、キャロル・ペイトマンの理解では、支配的な現代民主主義(理論)は参加を危険視し、「多数者に関するかぎりは、政策決定者の選択」のみにそれを限定している(Pateman 1970: 14、強調は引用者)。このとき参加は、選出されたリーダーによる専断的決定からの防御や個人の私的利益の確保などの、防衛的な機能にとどまる。これに対して、彼女によれば、参加は個人的態度や心理的資質の発達を可能にする、民主主義に関する教育的な機能、および政治的有効性感覚をもたらす(Pateman 1970: 43-49)。参加民主主義では、参加は決定の作成への平等な参加を意味し、そのアウトプットは政策や決定だけでなく、各個人の社会的・政治的な能力の発展を含んでいる。

ペイトマンの議論はここから労働現場での民主的参加や自主管理へと推移するが、本章では参加による代表批判の形式のみを整理したい。参加民主主義の理論的な貢献は、個人と諸制度の権威構造との相互作用関係を議論した点にある(Pateman 1970: 103)。そのため、選挙中心型の民主主義理論よりも、人格の発展的な契機を盛り込んだ参加民主主義の方が、民主主義の実現という観点ではより現実的である。民主主義の手続き自体に、それをいっそう発展させる契機が読み込まれる。ただし、本章が注目するのは、彼女の参加民主主義論が代表を拒絶しない点である。参加型社会では、政治的決定に直接参加する広範な領域があると同時に、個人は代表制の一部にとどまる。

参加型社会の存在は、個人がナショナル・レヴェルにおける代表者の行動をよりよく評価することができ、機会が到来したときには国家的な規模で決定するためにより優れた用意をなすことができ、さらに、個人の生活や身近な環境に関してその代表者が下す決定の効果についての、より優れた考察が可能なことを意味する(Pateman 1970: 110)。

参加がもたらす個人の人格的な発展は、代表制をより高めるような効果を発揮する。同時に彼女は、投票の意義も(内容上の説明はないものの)変化すると指摘する。現代の民主主義理論は民主主義自体に対する理想と想像力が欠如しており、参加民主主義はまさにこの点を補完する。

もう一人の代表的な参加民主主義論者であるベンジャミン・バーバーの議論を、その主著『ストロング・デモクラシー』の叙述にしたがい確認したい。彼の目的は、民主主義とは相容れない物質的利益およびその確保のみに専心する個人観に依拠し、政治参加や共同の自治を極小化する「シン・デモクラシー」(薄弱な民主主義)に対して、ストロング・デモクラシーの実践的な意義を強調することである。(3) 後者は参加民主主義の現代的な形式であり、同質の利害ではなく市民教育によって市民が結合され、市民的態度と参加により公的目的が共有され、自己統治が行われる。ただし、彼の主張もまた、シン・デモクラシーやその中心的な制度である代表制の補完としての立場――参加を加えて厚みを持たせること――を自認している(Barber 1984: 117=206, 262=390)。

たしかに自由民主主義における代表制には固有の欠陥がある。もっとも顕著なことには、代表制は個人から市民の権利を行使することについての最終責任を奪い取る。いいかえれば、代表制は、政治的意志を代表者に譲渡するために自由と両立せず、社会的・経済的な平等を形式的平等に還元し、正義を規定する公衆の参加の発展を排除する。こうした状況に対して必要なのは、市民すべてが政治家となる政治の形式である。個人が参加を通じて自らを「私たち」として具体化しつづけることで、それを抽象化する特定の政治家による代表が回避されなければならない(Barber 1984: 152-55=251-53)。この市民権の境界は、代表制のような、事前に設定された支配に関する契約関係の妥当性ではなく、自己統治に参加する持続的な行動が決める。すなわち、参加が代表を破壊するというよりも、参加が代表を規制する。だからといって、くりかえすが、バーバーは市民権のすべてが政治参加のみを基準とするべきだとは強弁しない。

市民社会を基盤とした結社民主主義による代表制への批判という文脈で、ポール・ハーストの政治理論も参照されるべきである。事実として、代表制民主主義はもはや民主主義そのものと同一視されている(4)。しかしこの事実は、現代の巨大な政府を正統化しつつ、そのあり方を規定している。彼の代表批判は、代表制民主主義が反民主的だという点ではなく、その統治に対する批判である(Hirst 1990: 22)。人民による支配という神話を取り払ったならば、民主主義は「政治的競争、公的監視、公的影響力がもたらす利益を確保するための、一群の政治的メカニズムでしかありえない」(Hirst 1990: 28)。しかし、政党政治の選挙独裁政と化した代表制民主主義では、政府が巨大すぎて政治家たちもそれを管理できず、政策目標の時間的な対象範囲の対立があらわとなり、大規模な政策転換が不可能である。この現状では、政府と市民社会の間が十分に接続されず、政府のアカウンタビリティが欠如して、代表の不可能性という認識がますます説得力をもつ(Hirst 1990: 31-33)。前世紀末にしめされたこうした政治認識は、代表制民主主義がもはや撞着語法だとそれなりに広く自覚された点を除いて、およそ現在も有効だろう。そこでハーストが提起するのは、多元主義に依拠したコーポラティズムの実効性によって、選挙型代表制を補完することである。

では、グローバルな絶対的民主主義論を精力的に展開しているアントニオ・ネグリとマイケル・ハートの一連の共著では、代表制はどのように議論されているか。今日のほとんどの抗議行動は、代表制の運用における代表性の欠如を部分的に問題にする(Hardt and Negri 2004: 270-71; 2012: 26-27)。この現象は代表制に内在している。なぜなら代表制は、代表されるマルチチュードを統治と結びつけると同時に、分離するという、矛盾した機能をもつからである。マルチチュードは主権者としての人民に統一・変換されたとき、その特異性を放棄する代償として統治に形式的に参加できる。しかし、代表を通じた主体化は、人民に自らのアイデンティティの継続的な遂行を強いるとともに、特権的な指導者の地位を確定し、貴族政的な統治形態をもたらす(Hardt and Negri 2004: 242)。

だが、彼らによれば、仮に代表制という近代の神話を信じ、それを民主主義の媒介手段と受け入れるとしても、代表制を可能にする政治的文脈は根本的に縮減されている。なぜなら、この制度は国民国家を前提としているため、グローバルな権力構造の出現に対応できないからである。「新しいグローバルな諸制度は、人びとの意志を代表するふりすらほとんどない」(Hardt and Negri 2012: 29)。代表される者は――二重の意味で――実効的な政治的活動へのアクセスを阻まれている。こうした現状に対する彼らの回答は、既存の代表制にかえて、多数の特異性が生産的なネットワークの中で相互作用するような構成的プロセスによる、新たな民主的な主体性の生産である(Hardt and Negri 2012: 43-44)。「代表されることを拒む者たちが、民主的な政治的参加の力能を見出す」(Hardt and Negri 2012: 88)。

以上の代表制に対する主要な批判に、いかなる一般化が可能だろうか。一方で、これらは近代政治の中心的な制度である選挙や議会を廃絶せよとまで要求せず、その民主的なアカウンタビリティの向上に期待している。複雑化し加速化する社会情勢では、それらは統治行為の効率性という観点から、信頼をより高めるかもしれない。しかし他方で、代表制のもつ寡頭支配の傾向は克服の対象となる。(5) 人が人を代表として選出する代議制については、それが民主主義と同一ではない点が強調される。いいかえれば、参加を重視する理論は、代表〔制〕と代議制を厳密に区別して、代表の一形態としての代議制への批判を展開している。その上で、あるべき市民や「私たち」を実現するため、より良い実質的な代表の形式を模索する点で、ペイトマン、バーバー、ハーストは代表制民主主義の徹底を図っていると評価できるかもしれない。それは参加を通じた、代表のいっそうの民主化の推進である。

またネグリとハートにとっても、「政治的組織化はつねに主体性の生産を必要とする」(Hardt and Negri 2012: 44)という言葉がしめすように、主体化は政治闘争の主戦場である。代表が、ある特定の政治家の制度的な選出過程とその支配から区別され、参加を包摂した民主的な主体化の形式を意味するのであれば、参加理論は代表不要論ではなく、以下でみる現代代表論の直近の祖先のひとつとなろう。(6) 彼らの主張によれば、「民主主義的な秩序を創造するのに、代表の近代型に立ち返るいかなる可能性もすでにない。代表の異なる形式や、おそらく〔既存の〕代表を超えるような民主主義の新しい形式を発明する必要がある」(Hardt and Negri 2004: 255)。あらためて必要となるのは、いつしか元の緊張関係に立ち戻ってしまった代表と民主主義を、再びつなぐような理論的な作業である。

参加民主主義論がすでに考察していた、参加と代表の相互浸透は、既存の直接民主主義と代表制民主主義との対比的な理解とともに、代表制の危機という社会認識、さらにその社会的排除としての性格に関する政治理論の自省をうながす。政治参加の欠如を代表の欠如として理解すると、社会経済的な問題として知られる社会的排除が政治的な問題、あるいは民主主義への深刻な障害である点がよりはっきりする。すなわち、参加への注目は代表制民主主義を刷新する契機だけでなく、その病理を解明する契機でもある。(7)

現行の代議制を中心とした政治的枠組み内部での参加と排除の形式について、次のような類型化が可能であろう。第一に、与野党を問わず政党や利益集団などの政治組織によって政治的な意志が陶冶され、これら政治的アクターと密接なつながりがある集団である。たとえばブライアン・バリーは、自由な投票のみならず、政党や公的政策に関連する組織などへの参加およびロビー活動や政治家との折衝も政治参加に加え、これらの欠如を社会的排除の一部とみなす(Barry 2002: 21)。第二に、自らの政治的な意志が特定の集団に代弁されず、政治参加は定期的な選挙での投票にかぎられている集団である。そして第三に、完全なシティズンシップを享受しておらず、公的な政治過程への参加が制限されている集団である。

社会的排除において、人的なつながりやその物理的な条件が失われ、政治に参画する「真の機会」はいっそう縮減する(Ibid.)。その結果、シティズンシップを享受する層でも第一から第二の形式への政治参加の変化や、無党派層の増大や政治の劇場化などが懸念されるようになった。さらに、同時に強調されなければならないのは、参加に対する制度的な排除もまた進行しているという点である。つまり、現在の代議制において、一票の格差問題や人材登用の硬直化などの制度による排除と、政治的争点の隠蔽や投票率の低下などの制度からの排除とが顕在化してきた。この意味において、政治的次元における社会的排除は、私たち自らに対する排除の多次元的な過程として理解されなければならないのである。

政治的代表の失敗が強調される現状は、まさに排除——とりわけ代議制における内的な排除——が表面化した状態である。政治的次元における排除は、選挙を中心とした政治参加の欠如や剝奪(およびそれを生じさせる社会的資源の不足)という、政治的なインプットの局面のみで発生する問題ではない。それは、同時に、(社会的連帯の紐帯となる)公的関心からの排除に象徴されるような、アウトプットとしての政治的決定における無視や不利益をも意味している。代表の危機は、排除の社会的・経済的な次元との複合的なつながりにおいて理解されるべきであり、たとえば投票率の低下のような特定の現象だけで語られるべきではないだろう(8)。

以下で確認する代表論の構築主義的展開の端緒となるデヴィッド・プロックの表現を引用すれば、「代表の反対は排除ではない。代表の反対は排除である」(Plotke 1997: 19)。排除が多次元化し、他者化としての内的な排除が主題となるような後期近代の社会的排除において、現行の代議制は代表されるべき主体を構成できていない(9)。この状況は排除されている人間を投票に向かわせない十分な根拠となりうるし、投票できたとしても内的な排除から脱却するのは困難であろう。代議制は相変わらず維持されるものの、社会的排除が強まるほど政治的代表の欠如は拡大し、民主主義をいっそう空洞化させる。問題は、複合的で多次元的な過程としての排除に対して、政治的代表をどのように構想するかである。一元的な境界線を想定して政治主体を排他的に領域化するような代表の形式では、もはや社会的排除に対抗できず、それを助長すらしているのである(Taylor-Gooby 2004: 226-33)。

本節では、参加かそれとも代表かという形式的な二者択一が、代表批判としては成立していない点を論じてきた。以下でみる現代代表論は、参加理論に対する反論というよりも、それを吸収することで、政治的代表の批判的拡張を目指している(Saward 2010; Dovi 2012)。次節では上述した代表論の批判的な展開の流れをいったん巻き戻して、あらためて選挙との関係性について光を当てたい。

## 三　選挙と代表——代表制民主主義の実態

選挙で選出された政治家たちによる統治は、現実と規範とに重層的に制度化され、もはや他の選択肢はないようにみえる。ナディア・ウルビナティとマーク・ウォーレンは、このような現代の代表制民主主義の「標準的な説明」に四つの特徴を指摘する。第一に、代表は依頼人－代理人関係と理解され、領域をもとにした有権者が代表者を選出して権力行使を委ねる。第二に、選挙による代表は、人民主権が国家権力と同一視される空間と範囲を同じくする。第三に、選挙過程が、代表される人民に対して責任をとる手段を保証する。そして第四に、普通選挙権が選挙による代表に政治的平等の要素を付与する(Urbinati and Warren 2008: 389)。現代社会で存在感を強めているとすらいえる権威主義体制を考慮した場合、こうした代表制民主主義の「標準的な説明」が実現しているだけでも、私たちは満足すべきなのかもしれない。しかし、それが別の意味で民主主義の存在と実効性に脅威を与え、課題を与えるものであるならば、やはりその批判的な分析の手を緩めるわけにはいかない。それが民主主義を継続的に発展させ、権威主義への対抗を組織化する可能性もある。本節は、この「標準的な説明」がどのように批判的に克服されるかに注目し、現代代表論の傾向がもたらす民主主義の理解を明らかにする。以下では、これまで代表の支配的な形式であった依頼人―代理人関係を再考し、選挙と民主主義の関係をあらためて問題化する。

代表制民主主義の「標準的な説明」について、ピトキンの『代表の概念』がその基礎的かつ包括的な分析を提供したといえる（Pitkin 1967）。彼女はまず代表を、二者間関係の存在を条件とする形式的な見解と、代表者の行為に着目する実質的な見解とに分ける。形式的な見解には、代表される者の代表者への無条件の服従をもとめるホッブズ的な権威づけ理論と、代表される者による代表者の管理をみとめるアカウンタビリティ理論がある。より重要なのは代表の実質的な見解であり、ピトキンは「反映する（standing for）」と「代行する（acting for）」というふたつの機能を指摘する。そして前者をさらに、代表関係にある二者間で類似や反映がある記述的代表と、それらがなく、象徴の形成を通じて代表されている感覚をもたらす象徴的代表とに区別する[10]。また代行としての代表は、代表者が代表される者のために何らかの意味において行為することである。以上の分類をふまえ、彼女は代表の実質を「代表される者の利益を促進するという行為」（Pitkin 1967: 155）に見出す――この定義は代表に別の論争的な概念である「利益」を導入してしまう（山岡 2006; Dovi 2012: 103）[11]。代表は、代表される者が完全には出現しない点で「委任」と異なり、代表者が代表される者の意図を含む点で「独立」でもない。「代表は、文字通り現われていない何かを現わすことを意味する」（Pitkin 1967: 144）。

こうした代表の一般的な定式化を受けて、政治的代表は多数の人間や集団を包摂し、多様な活動によって構成される公的で制度的な関係性とされる。代表では、代表されるべき有権者は統治行為の中に現われている（Pitkin 1967: 221-22）。たしかに代表者たる政治家は、個別の有権者の利害をこれまで無視してきたし、それは代表の論理からすれば当然である。なぜなら、政治的代表は公的なレヴェルでの代行としての代表を意味するからである。したがって、代表者を成員に組み込む代表制による統治は、公益を注視する。ただし同時に、政治的代表が実質的な意味で成立するためには、代表者による一方的な操作を打破するような、代表される者による管理がなくてはならならない。ピトキンは、民意が表明され、代表制がそれに応答する制度的な仕組みとして選挙を想定している（Pitkin 1967: 232-35; Urbinati and Warren 2008: 393）。あらためて指摘しておくと、彼女の理論的な貢献をひとつの契機として、代表制民主主義がいまや民主主義そのものとして理解されるようになってきたことがある。だが、本章冒頭でしめしたように、彼女は近年では代表者のあり方に自ら疑問を呈するようになった。

選挙を主軸とした代表制民主主義の理解と擁護は、ベルナール・マナンの著作に継承されている（Manin 1997: 6）。彼は、歴史を通じて形成されてきた代議制統治の四つの原理を指摘する。それは第一に、統治者は定期的な間隔で行われる選挙で任命される。第二に、統治者による決定作成は有権者の希望から一定程度の独立を維持する。第三に、統治者の管理を受けることなく、統治される者は意見や政治的希望を表明できる。そして第四に、公的決定は討議の過程を経る。これら代議制統治の原理が「民主主義的な部分と非民主主義な部分を結びつける機構」（Manin 1997: 237）を形成する。たしかに、代表をもとめる世論の圧力はあるものの、選出された代表者は自己を拘束する命令的な委任から解放されており、選挙時の公約にも従う必要はない。この意味で、選挙は民衆を具体的な政治的決定から切り離す機能ももっている。「選挙は不可避的にエリートを選択するが、一般市民にとってそれは何がエリートを構成し誰がそれに属するかを定義する」（Manin 1997: 238）。代表および選挙は、単純な同一化の装置でもなければ、単純な異化の装置でもない。

現代政治が代表の民主主義に対する二律背反的な関係から自由になれないのであれば、重要なのは、アカウンタビリティを現実的にいかに確保してゆくか、である。マナンは、アダム・プシェヴォスキらとの共著論文で、代表における委任とアカウンタビリティとを区別し、後者を選挙を通じた現職者に対する評価のメカニズムと理解する(Manin et al. 1999)。プシェヴォスキは、選挙で表明される「人民」のしるしを支配者が実行することが、この統治形態に権威を与えているとみなす。現職者が落選可能な実効的で競争的な選挙こそ、人民の統治という神話の妥当性についての、信頼に足る唯一の評価様式である(Przeworski 2010: 165-67)。選挙はもっとも平等な政治参加の形式であり、目指すべきは選挙をより自由で公平にすることである(Przeworski 2010: 169)。

以上の議論を小括すれば、依頼人–代理人関係によって代表制民主主義を理解する場合、代表者をよりアカウンタブルな存在にすることが民主主義の現実的な目的となる。選挙は公的制度の内と外をつなぎ、そのかぎりで統合的な民意を代表する。しかし、前節で確認したように、代表制民主主義の非民主的な性質が問題となる現代では、選挙中心型の代表政治に対する不信が表面化している(Coleman 2005)。押村高によれば、マナンらの選挙中心のアカウンタビリティは、民衆の選好や関心が明確にしめされ、主要政党が代替的な政策プログラムを提示する、選挙が賞罰投票と解釈されやすいウェストミンスター・モデルのみを前提としている(押村 2010: 138)。さらに、たとえ選挙を通じた政治家の交替があっても、その選挙が民意を反映したと認められるわけではない——誰の、どの意志が、どの程度、代表されたかに敏感になると両者の乖離はいっそう明確化する。ハーストの表現を用いれば、「選挙は純粋な民意の表出ではなく、たとえば政党などの、組織による限られたセットの中での選択にすぎない」(Hirst 1990: 26)。たしかに、選挙は個人と個人ではなく、あくまで代表者と集合体としての代表される者を架橋する手続きである。だが、個人に対して代表を言説的に構築できない場合には、選挙は民主的な正統性を失いかねない。選挙における同一化の機能が疑われ、異化の側面だけが表面化することで、選挙と民主主義との間に緊張感が走る。そして選挙はそもそも民主主義的なのかという従来の疑念が、ふたたび姿を現わすことになる。こうした状況に直面して、現代代表論は、選挙を中心とした依頼人－代理人関係を維持しつつ、その制度的な拡張によって代表のアカウンタビリティの実質を高める努力をしている。代表される対象についての存在および領域性を拡張する議論を、それぞれ簡単に確認したい。

参政権の拡大を通じて民主的代表の実効性を高める志向は、現実政治に吸収されてきた。しかし、この定着は当該地域の多数者による支配、とりわけ形式的・実質的な少数者や参政権のない市民の政治的排除に民主的な論拠を与えることにもなった。別言すれば、確立した代表制民主主義の内部で、民衆による自己統治を揺るがすような現実的な課題に直面してきた。だがそれは同時に、民主主義における境界線を自覚し、その問い直しによって民主主義自体の実質を高めるような契機でもあった。そして、代表をめぐる境界線の画定は、いまや喫緊の政治理論的な課題と評することができよう。

周知のとおり、少数者問題はこれまで、文化、地域、民族、ジェンダーなどの観点から多角的に議論されてきた。アン・フィリップスは、現行の代表制が政治過程における実質的な排除に対応できないとし、利害や関心などを集約的に代表してきた「観念の政治」から、非同質的な社会的性質や差異を比例的に代表する「現われの政治」への力点の変化、およびそれと合致した制度改革をもとめる(Phillips 1995)。またメリッサ・ウィリアムズは、北米地域を念頭において、小選挙区制を基本とした一人一票の原則と利益集団多元主義を両軸とした「自由主義的代表」が、女性やアフリカ系市民の実効的な代表を阻害している現状を批判する。そして、「差異のある記述的代表」と表現される、集団を基礎とした公平な代表論によって、抑圧された社会集団の自己代表を擁護して、選挙制度のみならず立法過程全般にわたる複数の競争的な代表形式を提起する(Williams 1998)[12]。さらにアイリス・ヤングは、一般的に代表者による代表される者の代行や同一化として代表が理解されるのに対し、両者を差異化する持続的な関係性として代表を概念化する。その完全な成立が常に問題視される代表の対象には、利害や意見だけではなく、社会的な位置づけに応じた生に関する展望が含まれる(Young 2000: Chap. 4)。こうした現代政治理論における代表されるべき存在の再考察は、代表制民主主義のアカウンタビリティを向上させ、競争的で選挙中心型の代表の概念的な変更と、それに伴う制度改革を目的化する。この方向性は、代表を持続する過程として理解し、それをアイデンティティの政治や熟議民主主義論に接続しつつ、排除を是正する公正な代表が形式的な平等に基づく代表と対立する可能性を明確化させた。

他方で、現代代表論は領域性それ自体も分析対象としている。「標準的な説明」では、居住する領域によって有権者が区切られ、定義されてきた(Urbinati and Warren 2008: 389)。選挙における地理的な領域の存在(たとえば選挙区、行政単位、国境線)は、選挙の実効性を画定するとともに、代表が成立する理念的な範囲を決定する。しかし、領域化された代表は脱領域的な利害のあり方と整合的ではない。いまや情報化の進展と移動の増大によって、地理的代表の優越性を支える論拠の多くが掘り崩されようとしている(Saward 2011b)。そこで、選挙における領域性を弱めて、代表する者とされる者の結びつきを再構成することが、代表制を民主主義につなぎとめるために必要となる。アンドリュー・レフフェルドは、領域的な選挙が経験的、効率的、そして規範的にそれほど十分な成果を得られていないことを論証し、全有権者を議員数に応じてランダムに分割して各単位の中から代表者を選出する選挙制度を提案する(Rehfeld 2005)。選挙戦の劇的な変化を別にすると、たしかにこの制度は、地域の特殊性にとらわれない一般的な政策形成および代表関係の成立を促し、世襲議員の横行を抑制し、一票の格差問題をほぼ解決するだろう——他方で世代間格差をより深刻化させるかもしれないが。つまり、現行の選挙区制を(情報技術を駆使して)国家レヴェルでのいっそう厳密な多数決原理に従わせる。ただし彼は、こうした異質的な有権者集団を前提とした選挙制度で、少数者の包摂をより実効的に可能とする選択や決定がなされることに期待している(Rehfeld 2005: 231-39)。

選挙の領域性と代表の論理との現実的な不整合は、代表者の理解もまた再審の対象とする。いまや、代表者の意味と機能が変化してきており、それが民衆による自己統治という原理と衝突する可能性はあるだろう。例えばジョン・

ストリートは、大衆文化と政治的代表が結びついた「セレブ政治」に、既存の代表制の枠組みを壊しかねない、代表者のふたつの類型を見出す(Street 2004)。ひとつは、選挙で選出された政治家が公的な場で芸能人のようにふるまい、または芸能人と絡むことでセレブ性を利用するケースである。より現代的なもうひとつのケースは、セレブ自身が人気や地位を利用し、人びとの代表を自認して、公的な意見を発表したり行動したりすることである――それは領域的な選挙では表面化しない一般的な政治的要求を効果的に実現している。メディアの発達に支えられた「セレブ政治」の台頭は、領域的な選挙による代表形式を超えて、ピトキンがかつて退けた、心的同一性を構築する象徴的代表を復権させながら、代表の可能性を拡張している。こうした代表者のあり方は、代表制民主主義の「標準的な説明」を逸脱し、それ自体が包摂というよりも、排除の契機として働いている。

では、このような依頼人―代理人関係の制度的かつ意味的な拡大は、代表と民主主義の関係に何をもたらしたのか、もっとも体系的な修正主義的代表論を提供しているジェーン・マンスブリッジの議論を参照しながら整理したい。

彼女が伝統的な代表の形態として約束型代表とよぶのは、選挙中に代表者が有権者に何らかの実現を約束する依頼人―代理人関係である。これに対し、正統な代表でありながら、約束型代表がしめす既存の民主的なアカウンタビリティの基準には合致しない三つの新たな形態が台頭してきた。すなわち、有権者が将来や次の選挙時で望む事柄を創造・実現する予測型代表、代表者が自らの信条や価値観のみに依拠し、それらに共鳴する有権者を導くコマ型代表、そして選挙区に限定されない、特定の民衆を代弁する代替型代表である(Mansbridge 2003: 515)[13]。これら新たな代表形態は、熟議の質的向上への貢献を民主主義の規範的な基準にすることで、代表する者とされる者のつながりを多元化する(Mansbridge 2003: 525-26)。すでに第二章で、過去を基準とした既存のアカウンタビリティのあり方に対して、予測型代表による未来の投影に言及し、未来に拡張するデモスの代表形態の一端を論じてきた。もはや約束型代表のみが民主的なアカウンタビリティを独占することはできず、新たな代表形態を民主主義の規範と整合させることがもとめられる。現代の代表論が明確化するのは、選挙は代表の一元的な理解に還元できないという事実である。ウルビナティらによれば、

選挙による代表は民意を構成する上で依然として重要だが、選出された公職者が人民の名の下に行動する要求は、徐々に課題に応じて分割され、ともに代表される要求を作成するアクターや実体によるより広範な競争と熟議の対象となる(Urbinati and Warren 2008: 391)。

たとえ代表制の中核に選挙を維持するとしても、代表の言説はその外側で再生産される。そして選挙結果に代表が読み込まれるかどうかは、まさに選挙の実効的な価値に委ねられている。

依頼人－代理人関係における選挙による一元的な同一化を断念し、記述的代表や象徴的代表を再評価しながら、代表を持続的な過程として理解する傾向は、民主主義に合致した代表の成立と非成立を区別する基準をますますあいまいにする。レフフェルドが指摘するように、現実政治では非民主的な手続きで選ばれた代表者が多く存在し、実際には民主的な手続きと政治的代表の整合的なつながりは絶対的ではない(Rehfeld 2006)(14)。選挙型代表を維持しつつ代表制民主主義の「標準的な説明」の妥当性を高めようとする努力は、代議制の現状を疑い、本来代表されるべき民意を選挙から区別して、現行の民主主義過程と代表とをいったん切り離す。だがこの措置は、同時に、代表が正当な民主的手続きと合致しなくてもよいことを追認する。こうして、これまで選挙の存在によって見えづらくされてきた政治的代表と民主的な手続きの相違が、現代代表論では顕在化してきた。選挙がただちに民主的だと主張できなくなった段階で、それでも民主主義のファミリーでありつづけるには、アカウンタビリティの絶え間ない向上に励むほかなさそうだ。

それでは、代表制民主主義はもはや実態を失っているのだろうか。代表制民主主義の論理の解明に愚直に専心するならば、代表の機能および民主主義の意味が再考されなければならない。私たちが代表の時間的な契機を見つけるのは、こうした文脈においてである。

## 四　構築と代表——デモスの居場所

かつてないほど緊張感が高まった代表と民主主義の関係を前にして、現代代表論は代表される者が言説的に構築される点を強調する。構築主義的な代表論において、代表される者の利益や要求や存在は所与ではなく、また代表制が直接反映できるような社会的な現実が客観的に存在するわけではない。対照的に、この立場が主張するのは、一連の代表されるべきものは、広義の政治過程を通じて、権力関係の産物として一時的に形成されるということである(Conti and Selinger 2016; Disch et al. 2019; Disch 2021)。このとき、代表関係は確定的な内容や形式をもたず、社会的な背景の変化に応じて、代表のあり方が変化する。そして代表は、特定の公職者を方向付けるだけでなく、参加を含む広範な市民活動を包摂し、意味を与える関係として理解される。前節の事例よりもさらに極端に、たとえば将来世代や非人格的な対象などの、能動的な依頼人を条件としない代表関係を政治的代表と認めるには、代表の構築論がもとめられる(Disch 2008; Brito Vieira and Runciman 2008: 182-92; Saward 2010: 111-20; Alonso et al. 2011)。以下では、まず代表の構築論的な展開の射程を確認し、それと関連する学術的な論争を解析したのち、それがどのような意味で民主主義と接続するかについて考察したい。

F・R・アンカースミットは、代表する者とされる者との間にある代表を存在可能にする本質的なズレを指摘した上で、代表が政治的現実性、とくに代表される者の概念化を可能にすると述べる。「代表がなければ代表される者はいない――そして政治的代表がなければ真の政治的実体としての国民はいない」(Ankersmit 2002: 115、強調は原著者)[15]。代表は政治主体を概念的に構築する点で民主政治を可能にする論理であり、それを近代社会における便宜的な一手段に還元してはならない。ブロックによれば、政治的代表が成立するのは、代表される者に権威づけられた代表者が彼らの政治的目的を達成しようとするときである。このとき代表は、主に代表される者に対して、民主主義に適合的な能力と実践をもたらす。なぜなら、代表される者は自らの代表者を選択する能力を有した自律的な政治的人間として構築され、自らの名の下に代表関係の現状を批判的に精査するからである(Plotke 1997: 30-31)。

　アンカースミットらはあくまで代表する者と代表される者の二元論を維持し、代表を担う政治家や政党の変革に期待するものの、よりラディカルな代表の構築論は選挙という文脈から離れて代表される者の構成を論じている[16]。マイケル・サワードは、議会や選挙などの代表制は依然として重要だが――もはや現代代表論に共通の枕詞である――それらに理論的に先行する、代表すべき要求を表出する動的な過程として代表を理解する(Saward 2010)。ある対象が何らかの客体を反映していると主張する、代表すべき要求の作り手は、観衆に対してそれが適正な代表だとしめす必要がある。この場合、代表される者はたんなる要求の送り主ではなく、代表者(とされる存在)が提起する代表すべき要求によって構成される。代表すべき要求の形成過程において、代表される者は主体化され、代表者はその役割を審査される(cf. Montanaro 2012: 1099)[17]。

　エルネスト・ラクラウはこうした代表の構築主義的な契機を、ポピュリズムの論理とのつながりで論じる。その代表概念は二重の過程を含んでいる[18]。ひとつは、代表される者が代表する者を選出する過程であり、もうひとつは、代表する者が代表されるべき意志を形成することで、代表される者のアイデンティティを構成するという過程である(Laclau 2005a: 158)。彼がより重要視するのは後者――代表のメカニズムによって人民を言説的に構成する事例――である(Laclau 2005b: 48)。この代表の論理は、個別の要求の実現を図る(代表される者からする者へ)と同時に、全体性を構成する(代表する者からされる者へ)(Laclau 2005a: 161-62)。そのため，彼の独特な表現を用いるなら，いかなるポピュリズム的なアイデンティティも本質的に代表的な内部構造を有している(Laclau 2005a: 163)。ラクラウの代表は，所与の利益やアイデンティティをきちんと伝達する行為ではなく，代表する者とされる者との間で，それらがまさに形成される行為である(Howarth 2008: 182)。ラクラウは，特殊性が普遍性へと接続するヘゲモニー闘争の実践として代表を理解している。

こうした一連の代表理解の刷新において，代表者は個人のみならず組織や団体としても妥当し，代表は選挙における二者間関係や，市民自らによる「自己代表」(Saward 2010: 165)もしくは民主的な主体の範疇や権能を自ら授ける「自己権威化された代表」(Brito Vieria 2015)を含む，あらゆる政治的な権力関係に形象化されうる[19]。代表関係は，公的か非公的か，選挙か非選挙か，あるいはナショナルか脱ナショナルかという境界線を越えて存在し，唯一の妥当する形式を放棄するとともに，自らが部分的で不完全であることを自認する。政治世界はこれら無数の代表関係によって構成されている(Saward 2010: 140-41)。たしかに現実の政治過程は代表すべき要求が存在する条件を提供するものの，それは代表の構築論では，あくまで行為遂行的に代表制民主主義として受容されている(Saward 2010: 76)。

恒常的に生産される代表すべき要求が関係するいかなる政治過程も，代表制民主主義の言説内部に組み込まれる。こうした代表の増殖は，代表されるべき民意の氾濫と同義的であり，これらはさまざまな主体化を喚起しつつ，民主主義の現実を継続する。ウルビナティによれば，「政治的代表は代表のふたつの形式――選挙的で公的と仮想的でイデオロギー的――の動的な総合である」(Urbinati 2006: 33)。いまや民主主義は，代表の多様な遍在を評価し，判断する唯一の原理である。この場合，問題となるのは，代表と民主主義の形式的な対立ではなく，実際の代表関係が民主主義の理念とどのように，どの程度合致しているかの判断である。もはや代表制民主主義以外の現実は存在しないからこそ，民主主義の理念をいかなる形式で提起するかが，理論的のみならず実践的に重要な政治課題となる。代表制民主主義が不可避であることは、職業政治家による寡頭支配の受忍ではなく、それに対する継続的な批判を代表される者にもとめる。ウルビナティは政治的代表がもたらすふたつの事柄を指摘する。第一に理論的には、政治における判断の場と役割を明確にする。第二に現象的には、政治における時間と空間についての展望を変化させる(Urbinati 2006: 225)。代表の論理は、政治主体——人民——を競争的に明示することで、現実の政治体制を民主主義の圏内に強制的に引き戻す作用を果たしている。[20] ジョン・ドライゼックとサイモン・ニーマイヤーは、代表の対象は人間というよりも、言語的に構成されて、意味や行為を導く言説であるとする。そして、言説の代表を通じて既存の政治制度や領域性を乗り越えて人民が再構成される可能性を指摘する。彼らによれば、言説を代表することが民主主義、とりわけ熟議民主主義を組織化している(Dryzek and Niemeyer 2008)。

代表されるものが、代表を通じて構成されるとき、唯一の代表制民主主義という発想は相対化される。政治的代表はさまざまな政治的な単位や言説に反映され、それぞれの民主主義としての資格を批判的に精査するようなひとつの基準となる。多元的な代表関係の層化による民主主義の構成を、ジェイムズ・ボーマンはデモスの複数形であるデモイと呼称する。彼の出発点のひとつはダールに対する批判にある。すでに第二章で確認したように、ダールは被支配原理を導入して現状の国民国家体制をけっきょく追認し、市民でない人びとへの支配に解決をしめさない(Bohman 2007: 177)。[21] そこでボーマンが「デモイ問題」と呼ぶのは、一元的な政治主体であるデモスを基礎とした民主的な政治単位が、多元的な単位で出現する「デモイ」の存在と合致しない状況である。こうした状況に対応するために、市民の熟議にもとづく自治の制度としての民主主義が、適切に自己変容し、正義の手段であり続けるための必要最小限の条件として、「民主主義的ミニマム」の重要性が提起される(Bohman 2007: 28, 45)。その内容は、法的な人権だけにとどまらず、自治をもとめる基礎的な自由としての政治的な権利をふくんでいる。それは、正義の要求に応じて民主主義を再編成するための創造的な権力を市民が発揮できる、規範的な資格を意味する。

民主主義的ミニマムは、現在抑圧されている多元的なデモイが、国境線をまたいだ民主主義の変更を可能にする原理である(Bohman 2007: 55-56, 176)。そして、それが民主主義の原理であるかぎり、包摂もまた自発的に模索されつづける。彼の表現によれば、「市民の権力、地位、そして自由の発展という特別な意味において、民主化は政治的包摂である」(Bohman 2007: 51)。さらに近著では、多様なレヴェルで判断と参加が折り重なった熟議の多元的なシステムと結びつけて、代表が提起されている(Bohman 2012: 79-80)。こうした代表は、市民が自らを市民として代表する形式であり、自治が可能な単位に応じて、国境線や制度を横断する多元的なデモスを構成する役割を果たしている。このように代表が熟議を軸とした民主的な政治主体の多元的な構成と対応する点で、「代表は根本的に包摂の問題であり、制度的な諸層を横断して分散している」(Bohman 2012: 80)。社会的排除に対する一元的な包摂が不十分で、さらに別の排除を生み出す現状を考慮すると、多元的な包摂と協働する代表のあり方は、むしろ実情に即している。あらたな排除の発生は、あらたな代表の構築によってたえず政治化が図られるのである。そして、こうした一連の作業を、代表制民主主義とみなすような理論化が、近年の政治理論分野で進行している。

以上でしめされた代表と民主主義の関係性を整理するために、サイモン・トーミーとラッセ・トマセンの論争に注目したい。まず論戦の端緒となったトーミーの論文は、メキシコのサパティスタ運動を自分の名前の他者による使用を拒絶する直接行動様式として参照しつつ、政治における代表を否定するドゥルーズ主義的立場を明確にする。ドゥルーズに学ぶならば、特異性を肯定するには、代表される要求による包摂の可能性を拒絶しつづけて、同一性への還元から逃れなければならない(Tormey 2006: 143)。これを政治理論に引き写すと、ポスト代表政治にもとめられるのは、受動的な集合体に還元されない、非本質主義的で複雑な、自己構築的な人間のノマド的なつながりである。特異性の政治では、同一化による支配を拒絶する特異性の諸要素が相互作用して、非ヒエラルキー的で非抑圧的な関係が形成される(Tormey 2006: 146)。トーミーは、現実的に代表要求の側面があるとしても、サパティスタの行動様式にポスト代表政治の具象化を指摘する。

　これに対し、トマセンは、代表を超えられないし、超えるべきではないという観点からトーミーを批判する。彼が立脚するデリダ主義的理解では代表は構築的であり、代表の外部に政治は存在しない。たとえばサパティスタのスポークスマンで副司令官のマルコスは、実体的な発話の不在において発話することで、すでに不可避的に代表を組み込んでいる(Thomassen 2007a: 116)[22]。このように、代表は互いに矛盾する不在と再現前をともに含むために完全には成立せず、それは代表される者の純粋な現前を否定する。だが、だからこそ、この代表の決定不可能性において、いかに代表を構築してゆくかが代表される者を実現するために枢要な政治課題となる。

　トーミー(とアンドリュー・ロビンソン)の反論は、指導者がいない水平的な政治体は存在可能である点、マルコスの役割は代表と区別可能な声を聞かせることにある点、水平的なネットワークによる社会運動は可能であり、政治的代表のみが集合的な主体を生産するわけではない点など(他の明らかな誤読や意図的な挑発も含め)多岐にわたる(Robinson and Tormey 2007)。基本的には、特異性の活動的な過程としての生成と、同一性が再帰的に代表される存在とを区別し、後者において代表がもたらす反民主主義的な抑圧への対抗から代表の構築論を批判する。他方でトマセンの再反論は、トーミーらが批判する代表もひとつの代表形態にすぎず、ポスト代表政治も別の形態の代表であると主張する(Thomassen 2007b: 138)。代表は常に開放的であり、それは水平的な関係性を含む、およそ主体化が生じるところのすべてに遍在する。トーミーらは良い代表と悪い代表を区別する基準の不明確さを鋭く指摘するが(Robinson and Tormey 2007: 137)、トマセンは普遍的な基準の存在を否定する(Thomassen 2007b: 141)。トマセンによれば、代表の基準が論争的であることが、代表関係が構築されつづけなければならない宿命をしめしている。

　以上の論争をふまえ、構築としての代表の特徴を整理したい。トマセンが再反論で繰り返し指摘するように、あきらかに代表概念が両者で食い違っている。トマセンは代表を主体化と同義的に理解し、民主主義の基礎であると同時にそれ自体が民主主義の過程だとみなしている。これに対して、トーミーらは代表を特異性や差異に対する暴力的な同質化とみなし、現実政治では民衆の自己統治をイデオロギーに貶める寡頭政への追認を意味するとする。この場合、政治家であれ組織であれ、自己の名の濫用を拒絶し、それを自らに回復することが民主主義の目的となる。トマセンが自己の名を構築する行為自体に不可避的な代表の契機を見出し、代表の外部の存在に懐疑的であるのに対し、トーミーは代表から区別され、そこから自己の名をともない超過する行為を評価して、その次元から代表を批判的に捉え返す。どちらも現代政治の現状を批判する視座を提供しているが、代表の構築論にかぎれば、代表を決定不可能性および論争性をともなう持続的な過程と解釈することで、代表制民主主義を不可避的なものとしている。トマセンは近著で、アイデンティティ形成における排除のない包摂はありえず、その作用が「代表の政治」だと論じる[23]。そのため、主体の現実性はあくまで代表を通じて構成される(Thomassen 2017)。

　本書の関心からすれば、代表の構築論が理論化してきた、民主主義に対する代表の持続的な現われは決定的である。なぜならそれは、時制が共有された、時間的な存在としてデモスを想定可能にする論理だからである。代表の不可避さは、民主主義のはじまりを十全に挙行できる、遅れのない、直接的な主体の存在の放棄を意味する。または、瞬間的な自己統治の確立は断念され、民主主義は一貫した主体化を構成する過程として受け入れられる。

「代表の政治」の行為遂行的な性格を強調し、その持続的な自己言及性を指摘するのがジュディス・バトラーである。彼女によれば、その政治原理が人民主権であり、それは「自己を指示し、自己を集合させるという行為を通じて人民を形成するひとつの方法である」(バトラー 2018: 221、強調は原著者)。この人民主権原理は、代表を通じた主体化を導くだけでなく、その持続する形態において人民の未来を取り込み、そして国家主導の民主主義制度とつねに自らを区別する。長くなるが引用しよう。

「人民」という語は、あらかじめ存在する人びとの集まりを表象＝代表するだけではない。もしそれを表象＝代表したのだとすれば、「人民」という語は集団性そのものの生産の後に来ることになるだろう。〔…〕「私たち」という語の言説による援用は、人民――その必要＝欲求、欲望、要求が完全には知られておらず、そして、その集合がこれから実現されるべき未来と結び付けられているような人民――を参照している。〔…〕政治的自己決定とは、私たちが誰であるかを指示する行為であり、また同時に、その「私たち」そのものの形成に関与する。さらに「私たち」を援用することは、人民主権を国家主権から分離する。それはこうした分離を幾度も名付け、創始する。複数性はつねに選出された者との関わりを絶っており、彼らの選出は、私たちにとって疑問を挟む余地があるし、あるいは、私たちが選出する選択をけっしてもったことがない代表者が代行する国家との関係においてである(バトラー 2018: 220-21、強調は引用者)。

デモスは瞬間的には不在であり、それは代表を持続的に必要とする。この民主主義的な過程は、デモスを特定の名前で呼称したり、確定的に区画化したり、所与の要件を設定することを断念する。そしてそれは、デモスが代表された諸制度をすぐさま疑い、人民主権と国家主権の分離を維持する。あるいは、代表の実現と拒絶が同時に内在する、脱構築的な運動として民主主義は持続する。[24] いまやこの代表の持続的な構築、あるいは厚みのある主体がともなう時間の設定が、中心的な政治の役割となる。たとえ、トーミーのように、代表と民主主義を峻別して、代表の放逐に邁進するとしても、代表が民主主義に継続的に付着する契機である点はその議論の前提である。そのかぎりにおいて、トマセンとトーミーの論争がしめすのは、持続するものとしての代表という現代政治理論の共通認識である。それをシャンタル・ムフの大胆な言明を用いて表現するなら、「政治的アイデンティティのあらゆる主張は、〔…〕代表の過程の内側にある」(Mouffe 2013: 126)。

## 五　代表か民主主義か——デモスの持続的な現在と慎慮

代表と民主主義は親和的か、それとも対立的か。この年来の政治学の課題に対して、本章はいまだ明快な解答を提出できていない。だが本章の理解では、代表が民主主義に適っているかという問い自体が、代表制民主主義を持続させる実践の一部である。代表が完成せず、それを民主主義の名において再構成しつづけることが、代表と民主主義の緊張感を孕んだ共存を維持する[25]。現代代表論が共通して指し示すように、代表は民主的な起源にのみ由来するわけではなく、あるべき民主主義との対比によって制限されている。代表は特定のアクターを代表者として取り込みながら、代表される者をそれとして定義する。

　現代代表論では、代表が不在を存在させる矛盾した実践であるという理解を継承する一方で、代表される者の不在と存在の意味の修正がなされてきた。それは二者間関係や領域的な限定などの空間的な条件を超えて、時間的な存在を包摂し、またその境界線をひきつづける、持続的な実践として民主主義を構成する。いまや代表は、不在者の何らかの本質を反映する行為としてだけではなく、対象間の言説的なつながりを表現し、これら対象に意味を与える関係として理解されるようになってきた。そして代表が持続的な自己統治を維持する政治的な論理であるという意味で、代表は、たんなる手続き的な妥当性に回収されることのない、「主権者を持続的に機能させつづける能力」を有している(Urbinati 2006: 5、強調は引用者)。代表が表象するのはデモスだけでなく、クロノス的には不可能な時制であるはずの、デモスの持続的な現在である。このとき不在が意味するのは、場にいないだけでなく、瞬間的な固定化が不可能で、運動体としてしか存在できない対象の性質である。ハンナ・アーレントにしたがえば、代表は他者の利益実現というよりも、政治的思考の問題である。私たちは不在の人びとを自らに現前させることで意見を形成し、こうして代表する。代表は「感情移入の問題でもなければ、賛否の頭数を数えて多数派に与するという問題でもなく、私自身の同一性のもとにありながら、現実には私が存在しない場所に身を置き移して思考するという問題である」(BPF: 241=327)。こうした政治的思考としての代表にもとづき意見が形成されるとき、たとえその営みが孤立していても、「私がそこではいずれの人の代表にもなることができる普遍的な相互依存の世界にいる」(BPF: 241=327)。その世界——慎慮が試される世界——は、いまここにある。

選挙が代表を説明できなくなってきたのは事実だろう。しかし、この現状は双方にとって本質的な危機ではない。両者の同一性が揺らいでいるのであり、かつてそうだったように、今後は別々の歴史を歩むかもしれない。代表制民主主義におけるより重要な課題は、第二節で検討した参加理論による代表批判と共鳴しながら、選挙を含む代表のあり方を民主主義の構想によって改良しつづけることである。それは民意の政治的実現を放棄しないことを意味する。この場合、民意は特定の政治家への支持や具体的な政策的志向というよりも、元来は無関係であった、代表と民主的手続きとを結びつける媒体である。ウルビナティによれば、「民主主義理論において代表と立法行為はともに民意に依存している」(Urbinati 2006: 58)。民意を実現しているという判断と評価が、新たな代表関係を生産しながら、代表制民主主義の現状を「民衆による自己統治」とする承認を与えている。(26) こうした点は次章であらためて検討したい。

本章の冒頭でしめしたピトキンの近年の理論的変化は、代議制のもつ寡頭支配の傾向への批判というよりも、代議制が代表としての性格を失い、民主主義とよべなくなってきた状況への批判と理解すべきだろう。そこで目指されるのは、民意の実現を可能にするような、代表と民主主義の(再)接続である。本章では、それはあたかも代表される者を所与とした関係にもとづいて行われるだけではなく、その構築と不可分になされることを指摘した(Stoffel 2008: 145; Brito Vieira and Runciman 2008: 143)。これは代表制民主主義に内在した通常の作用である。ウルビナティは代表制民主主義が、それと制度的には大差のない、委任型民主主義やポピュリズム型民主主義と決定的に異なると述べる。

代表制民主主義では、個人の社会的・文化的な特質が表面化し、政治主体の同質性や形式的な平等を攪乱するためである（Urbinati 2006: 227）。すなわち、代表は同質性の定式化だけでなく、差異や不調和が複数的に表面化する持続的な契機でもある。そして、代表される者の存在が政治的な対象となり、その定義づけに終わりがなく、デモスによる自己統治が構成されつづける。代表制民主主義は有権者を甘やかす制度というよりも、むしろ自己構築をめぐる政治参加と代表批判を強いる制度と理解できる。それは慎慮の代償でもある。そのかぎりで、代表制民主主義は寡頭政に対する恒常的な批判を内包しているのである。

# 第五章

# 民意——代表制民主主義における不純さ

# 一　民意の時代

民意という言葉が日本政治の常用語となってしばらく経つ。もともと民主主義の要をなすような「民意」(Popular Will/Will of the People)が日常的に頻出する社会情勢は、どのように評価されるべきなのか。本章は、これまでほとんど議論の蓄積がなされてこなかった、しかしながら現実的に急速に存在感を強めている民意という概念を代表制民主主義の内側で考察する。(1)このような挑戦は、代表制民主主義の特徴をあらためて明るみに出し、その再審を図ることになる。民主主義の構成に時間的な論拠、あるいはより正確にいえば時間的な固有性を発見してきた本書にとって、代表されるべき民意の時間的な性質の再検討は避けることができない課題である。それでは、持続する代表制民主主義にあって、民意はどのようなものとして理解可能なのか。

代表制民主主義は、しばしば選挙等を通じて選出された代表者が統治行為を行う民主主義の一類型として理解されてきた。その中心的な制度である代議制は、選挙権の拡大や選挙運動の様式の変化を経験しながらも、代表者の選出過程や公的決定のあり方などの点で、長年基本的な変更を受けてこなかった(Manin 1997: 3-4)。周知のとおり、この民主主義の特定の様式は、現実の統治者の位置づけや機能を問わず、世界各国に広く拡散しており、事実上もはや民主主義そのものとして理解されている。そのため、議会や選挙が民主主義とは本来は別の制度だという系譜学上の事実を提起することは、もはや意図した効果を発揮できないかもしれない。前章では、こうした状況を考慮した上で、あらためて民主主義と寡頭政の区別の必要性をもとめた。たとえ民衆の直接選挙により独任制の政治的指導者を選出する制度が採用されるとしても、それは代表制民主主義内での制度変更である点は、いま、確認しておく必要がある。

ベルナール・マナンによれば、代議制統治（Representative Government）は民主主義的な要素と同時に非民主主義的な要素を含んでいる。命令委任および裁量による解任の欠如は、選挙民からの代表者の自立を招くとともに、代表制を民衆による自己統治から区別する。また代表者たちが掲げる公約には履行義務はなく、選挙時における「民意は願いにすぎない」。しかしながら、代表者たちは民衆の言論の自由によって制御され、次の選挙の際にはその審判を受ける運命にある（Manin 1997: 236-37）[(2)]。つまり、代議制統治は、民衆を究極の主権者と認識し、その同意から正統性を引き出すかぎりにおいて民主主義の範疇に入れられる。そのため、選挙から民意のオーラを取り払い、民主主義をたんなる票の獲得競争に還元するヨゼフ・シュムペーターのような立場は、代表制民主主義を民衆による間接統治とは別の制度に代えてしまう（Manin 1997: 162, 179; e. g. Brito Vieira and Runciman 2008: 57-58; 千葉 2022: 332-34）[(3)]。本章では、民意の機能についてのマナンの理解を受け入れつつも、民意の分析が選挙のみならず代表制民主主義全体の評価に関連する点を議論する[(4)]。

代議制が果たす一般的機能として、アンソニー・バーチの古典的な研究は、民衆による統治行為の統制、政策決定における指導力と責任の付与、そして政治体制の維持を指摘する（バーチ 1972: 145）。これらの機能はそれぞれ民意と呼ばれるものの内実と関係し、これまで代表制民主主義の有効性を、理論的にも実践的にも支えてきた。しかし、利害がますます個別化し錯綜した現代社会の側が、代表する者とされる者との同一性を所与とした代議制の欺瞞に、もはや耐えられなくなってきた（Hay 2007: Chap. 1; Bevir 2009: 180）。ただし、以下の叙述は、これまで代表論研究が発掘してきた代表制民主主義のスキャンダラスな過去を、結論ではなく、前提とすることを出発点としている。多くの思想家たちがその実在を否定し、政治の科学的分析には不毛とされてきた、民意の擁護が本章の目的ではない（リード 2006: 54）。本章は、信頼が低下し政治参加が減退した代議制の二重の危機、さらに民意の位置づけが主要な政治課題となる情勢を念頭に置きながら、構築主義的な観点から「民意」の意味を分析する。こうした分析課題は、言説的制度としての民意の非本質主義的な性質を明らかにするとともに、現代に復活している民意の実践的な意味、およびそれが支配的となった代表制民主主義の特徴を理解するのに寄与する。本章で論及する民意は、あくまで公的な政治過程における決定に関する言説であり、例えば諸アクターが均衡・協調する状態や政治システム自体を民意とするような解釈を直接的な分析対象としていない[(5)]。

本章のテーマをもっとも簡潔にいえば、民主主義における民意とは何かである。さしあたり、民意は代議制の統治機構の内側にあるのか、それとも外側にあるのかという分類を導入したい。次節では、具体的に議会を取り上げ、その存在に民意の反映を見出す理論を分析する。第三節では、民意が統治機構の外側にあると前提し、選挙に民意の発現を見出す理論を考察する。そして第四節では、民意におけるこうした区別が再検討されるとともに、民意と実現していない民意という別の区別の形式が論及される。本章を通じて、民意の言説的な分析によって、現代政治の基礎的なルールのひとつである、代議制と民主主義との等価交換に対する内在的な批判がなされる可能性を展望したい。

## 二　代表制統治の弁証——民意の通時的な循環

本節と次節では、議会(国会)および選挙について、それぞれ民意との理論的な接続を詳らかにしたい[(6)]。

代表制民主主義理論において、しばしば議会は民意を反映する機関とされる[(7)]。なぜなら、主権者の意志が立法権の唯一の根拠であり、立法機関として議会がそれを代表する職責を担ってきたためである(Hirst 1990: 24)。さらに、公的事柄に関する意見を形にする表出機能と、代表者が地元の利害を中央政府に伝達する媒介機能とを果たしている点で、議会は民意を実効的なものとしている。尾形典男によれば、議会制度は、国民を立法者であるとともに原理的国家意志(一般意志)の主体とすることを制度的に最大限に表現する(尾形 1987: 126-27)。国家を領域的団体として存在させるには、構成員の多くの個別意志を止揚してひとつの国家意志をつくらなければならない。そして、この多を一に統合する代表の形式のひとつとして、個別の国民の「一般意志への志向」を代表者が代表し、これら限定的な一般意志が討議されて生まれたものを総合的な一般意志とする代議的代表がある。議会は代議的代表を前提とすることで、原理的国家意志を構成するとともに国民意志を統合する機関となりえるのである(尾形 1987: 150)。

では、議会はいかにして多を一にし、どのような意味において民意を有しているといえるのだろうか。以下では、ジョン・スチュアート・ミルの古典的な代議制論を補助線としながら、代議制統治における民意の特徴および議会が民意をしめす機能を分析する。なお以下は、現代議会制の特徴のひとつである、議会が人民に従属した「半代表制」を議論の前提としている(8)。

ミルの『代議制統治論』(一八六一年)は、選挙法改正による有権者の増加が見込まれるとともに、その個別利害の現実化によって社会が分裂するかもしれないという、議会政治の転換期に出版された。この古典的な著作は、議会政治における民意の実質がまさに変化しようとする情勢で表面化した、議会と民意の理論的な接続をしめしている。

ミルは統治の目的として、「社会の集合的利益」という抽象的な題目に満足せず、その具体的な規定に秩序維持を内包した「進歩」の実現を挙げる(Mill 2010: 25)。政治制度の価値が測られる進歩とは、第一に、統治の良し悪しを規定する人間の徳と知性を、その制度が向上させることができる程度である。

被治者のすぐれた資質の総体を集合的および個別的に増大させるのに役立つ度合いを、統治の優秀さのひとつの基準とみなすことができるだろう。なぜなら、被治者の福祉が統治の唯一の目的であることにくわえて、彼らのすぐれた資質がその機構を動かす力を供給するからである(Ibid.)。

そして第二に、進歩は統治機構の資質によって測られる。人間が有している資質を効果的に利用し、それを向上させる目的に対する機構の適用性がもとめられる。それは現存する構成員の資質を公事において最大に実現するための、制度的な完成度である。これらふたつの基準において、統治は、人間精神に働きかける教育上の影響力であるとともに、公共の事柄のために組織された装置である（Mill 2010: 30-33）。

　これらの基準にしたがえば、代議制統治こそ最良の統治形態である。なぜなら、各人の権利や利益は自ら守ることがもっとも効果的で、社会的繁栄もまたそれに貢献する個人の活力の大きさと多様性に比例しているからである（Mill 2010: 54）。すべての人びとが主権を分担することが最も理想的であり、国民全体が積極的に公的職務に参加する統治こそ、人類の一般的な善にとって望ましい——実際にはきわめて部分的な参加しかできないので代議制が必然となる（Mill 2010: 69）[9]。最良の統治形態では、主権が共同体の統合形態に付与されており、各市民がその究極的主権の行使に発言権があるだけでなく、しばしば統治行為に参加できる。この代議制統治は、共同社会における一般的水準の知性と徳、およびもっとも優秀な人たちの知性と徳が統治に与える、それぞれの影響力を最大にする。これらの影響力は、「統治におけるあらゆる善の源泉」であり、その量の増加によって統治の価値が測られる（Mill 2010: 53, 33）。

　では、民意の実現という観点に注目しながら、ミルの代議制統治論を分析したい。彼は統治業務の実行（行政・法案作成）と統制とを区別した上で、代議合議体の役割を後者にもとめる（Mill 2010: 89）。これに対して、前者は特別な訓練を受けた熟達した少数者によってなされるべきである。行政に関する議会の任務は、行政の職務を遂行する人間の適正を配慮するにとどまる——例えば首相を実質的に選出するのは政党であり、議会はそれを承認するにすぎない。さらに、立法業務もまた経験と訓練を必要とするため、その資格を有した少数者による委員会に委ねることが適切である（Mill 2010: 94-98）。こうしたある種の「官僚制統治」を擁護した上で、議会の任務は、自らが信託した統治行為を監視し統制することと、国民のさまざまな意見が公に議論されて「国民的同意」を表明することにもとめられる

(Mill 2010: 104-06; Brito Vieira and Runciman 2008: 50)。ナディア・ウルビナティによれば、ミルの代議制の特徴は、決定ではなく意見と合意の形成を職務とし、制度と市民とのあいだの熟議と循環的な関係をもつ点にある(Urbinati 2002: 70, 74)[(10)]。この舞台では、ある少数派の意見が実現しなかったとしても、それが聞かれる場が与えられ、国民の多数派に許容されないことが明らかになる点で、彼らの不満は生じない。代表者からなる合議体は、さまざまな要求をしめすことをひとつの職務としており、それは民衆の諸要求の「発声器官」である(Mill 2010: 106)。代議制と官僚制は共存可能であり、民主主義は熟練した知的職業を必要としている。なぜなら、「民主主義は、その本来の仕事すなわち監督と抑制をするに十分な量の精神的能力を、自己のために整えるだけで、手いっぱいである」からだ(Mill 2010: 117)。すでに述べたように、この量の維持と拡大は代議制統治の価値を判断する基準のひとつである。

他の統治形態と同様に、民主主義でも、全体に反する特定の部分的利害関心による専制支配が最大の障害となる(Mill 2010: 127-28)。この危険性は、代表制民主主義では具体的に、「代議機関およびそれを統御する民衆世論における知性が低いこと」と、「数的な多数者による階級立法」として表面化する。問題は、たんに利害が部分的であるという点ではなく、それらの結合による包括的な展望と多数化が否定されるところにある。「代表された全国民による全国民の統治」としての民主主義は、それと一見似ている「多数派だけが代表される、国民の中の単なる多数者による全国民の統治」から区別されなければならない(Mill 2010: 129-32)。代表制民主主義では、多数派だけでなくすべての者が代表され、少数者の利害関心、意見、知的水準が傾聴され、数の力には属さない影響力が人格の重みと議論の力によって獲得される機会をもつ(Mill 2010: 162)。

こうした代議制統治を実現する選挙制度として、ミルは比例代表制の導入を主張する。比例代表制では、議会内の党派は支持者の数に比例し、多数派も少数派もそれぞれ代表される契機がある(死票が縮減される)(Mill 2010: 132)。比例代表制によって、院外が院内に滑らかに接続する。このとき、政治における院外の意義はいっそう強まり、議会は社会的な存在としての性格をより濃くする。ミルが院外の民衆による政治参加をもっとも根源的な活動とみなしたのであれば、比例代表が選挙制度として選ばれたのには、理論的な一貫性がある。ミルの民主主義は、あらゆる意見を対象とした議論による精製過程であり、「すべての人」の見解から判断されなくてはならないので、比例代表がもとめられる(Urbinati 2002: 80)。

さらに比例代表制は、教育された少数者たちを結束して、彼らが選ぶ有能な代表者を議会に送り込むことを可能にする。また、候補者が個々の選挙区に縛られた利害をもたないために、彼らがもつ一般的な政治原理が争点となり、結果として知的資質の高い代表者が選抜されることになる(Mill 2010: 143-45)。ミル自身の言葉を引用するならば、

> 民衆の意見を理性と正義の範囲にとどめおくために、そして民主主義の弱点を攻撃するさまざまな悪い影響から民衆の意見をまもるために、これ以上に適した制度は、人間の才知によってはほとんど考案されえないだろう。民主的な国民は、こうして、いかなる他の方法によってもえられないことがほとんど確実であるもの——国民自身よりも高度の知性と人格をもつ指導者たち——を与えられるだろう(Mill 2010: 151)。

比例代表制は原理においても効果においても、ミルの民主主義論の重要な位置を占める。ただし、多数派支配に対する彼の警戒心は解けることがなく、知的階層による複数投票制がいったんは主張されるのである(Mill 2010: Chap. 8, 231)。

民意に関するミルの代議制統治論を整理したい。彼はあきらかに民衆の公的意見に感情的と理性的という区別を用い、それを知性の有無、社会階層の上下、そして構成員数の多寡と結びつけている。議会がしめす国民の統合的な民意はこのような二重性をともなっている。ミルの議会では、ふたつの意志の区別を前提とするとともに、感情を理性

に進歩させる制度と熟議により、これらの接続が図られている。[11] この過程を介在することで、国民感情を表出させるたんなる多数決の場ではなく、全体的な理性的な意見の場として議会が解釈されるのである。この過程では、各意見の個別性は徐々に剝落し、一般的な「国民的同意」へと高められる。代議制統治において、選挙民と統治機構の資質を相互に向上させながら、意志はこれらの間を分裂と結合をくりかえしつつ循環する。[12] 仮に民意が議会などの統治機関に独占されてしまうと、代議制の意味のみならず、政治主体として国民を定義する意義を失わせることになる。時間的な観点に関して、ウルビナティの啓発的な議論を参照するならば、複層的な政治的行為にもとづくミルの代表制は、「空間的な共存を時間的な共存に、そして市民と諸制度の直線的な関係をその循環的な関係に置き換える」(Urbinati 2002: 74、強調は原著者)。

それでは、ミルによる代議制統治の定式化について、どのような批判的な展開が可能だろうか。以下では、例えば、エリート主義的かつ家父長主義的主張と民主主義との不調和、単純な進歩主義が内包する暴力性、比例代表制への過大的評価などの常識的な批判とは一線を画し、代表制民主主義における民意の時間的な形式の理解を深める方向性でそれを模索したい。

ウィリアム・コノリーによるミルへの批判は、代議制統治が統合する国民が領域的なものとして所与とされている点に集中している(Connolly 2000b: 189-90)。彼によれば、ミルは民族、言語、文化、宗教、とりわけ政治史の共有を国民の紐帯として説明するものの、それがアイデンティティとなる程度については明確な基準を提示しておらず、またこうした国家の諸要素は混合物にすぎない。さらに、国民によって国家の支配を説明すると同時に、長期間にわたる領域的な支配が国民を形成すると主張するパラドクスを冒している。つまり、国民に関する時間的な次元が無視されている。そのため、さまざまな成員の登録をめぐる相互作用の流れ(多次元的な多元主義)と領域的な国民に統合される相互作用の流れ(ナショナルな多元主義)とを区別できていない。ミルにとって多元主義の事実は、一なる政治過程に内的な相違にすぎない[13]。

このコノリーによる一見外在的な批判から、民意に関する有益な視座を引き出すことができるかもしれない。すでに確認したように、ミルの代議制統治は、(教育的な効果を伴いながら)意志が院外から院内に、周辺から中心に向かって高められ、「数の力には属さない影響力」を獲得するという論理を有している。コノリーの批判は、この統治の論理が前提とする、進歩主義的な同心円上のクロノス的な過程の存在自体を揺るがすことで、代議制統治に対する原理的な批判を導く。なぜなら、国民と議会における意志が循環する地平および民意の同一性は、もはや所与とすることができないからである。その結果、議会がしめすはずの「国民的同意」から漏れる意志がその外部にあり、議会はそれらの排除の上に成立している事実に直面せざるをえなくなる――多数決はやはり多数者の支配である。コノリーのミル批判は、代議制統治が成立するためにまず必要なのは、忌み嫌われている代表されるべき個別の剝き出しの利害であるという事実を暴露する。それは同時に、議会と民意が同一化する土台における権力作用を問題化することで、民意と議会のつながりのいびつさを表している[14]。

民意の根源的な外部性を覆い隠すには、国民と議会が共同で民意の同一性を自弁的なものとして明らかにする必要がある。国民はその意志が実現する代議制統治において実体化されると同時に、代議制統治は国民の意志を実現する職務を国民から委ねられている。たとえ感情と理性の対立があり、「国民自身よりも高度の知性と人格をもつ指導者たち」が選出される必要性があるとしても、議会に国民の個別の意志が供給され続けなければならない。民意は国民と議会の間を自己規定的に循環している。代議制統治における民意の同一性の理論的意義を強調する理解は、共和主義的な民主主義者としてミルを解釈する近年の思想史的潮流と軌を一にしている。例えば、アレックス・ザカラスはミルが奉じる個体性を多様な社会との接続で解釈するとともに、専制や差異の排除などへの追従に抵抗する拠点として論じる(Zakaras 2007; 2009)。また、統治行為を制限するような、議会外における公共的な議論と政治的意志としての世論形成にも、ミルの政治的自由がおよぶ点が強調される（Zakaras 2009: 185; e. g. Baum 2001: 501-04）。この場合、政治参加はたんなる個人の利害の入力ではなく、個体性と多様性を実現するとともに公共空間と統治機構とをひとつの領域として表出する機能を担う。代議制統治において、議会と国民のそれぞれの意志は言説としては遮断されることなく、民意の通時的な循環が保たれている(15)。

## 三　選挙と民意——民意のルートについて

本節は、統治機関の外側にあって、選挙や世論調査を通じて経験的に明らかにされる量的な意志としての民意を分析する。以下では、各人の意見や選好の分布をしめす契機のなかで、特に公職者の選出に関係する選挙と民意の関係を中心的に論じたい。代表される者が代表する者を選出する公的な過程が、一般的に代表制民主主義の形式的な特徴とされているからである。ただし、現代の政治代表論が語るように、代表制民主主義は選挙と同義的に置き換え可能なわけではない。例えば、選挙には公職者の選出という目的以外にも、政府に対する評価の表明や代表される者からの委任の契機という解釈上の意義があり、さらに代表する者のなすべきことは日々の政治過程によって与えられている（Alonso et al. 2011）。代表する者に、選挙時の支持者だけではない全体を代表することがもとめられるとともに、法的な代理とは異なり明確なアカウンタビリティが成立しない点で、政治的代表は契約と異なる（Urbinati 2011: 43）。以下では、こうした代表制民主主義が選挙を包摂する形式の妥当性について、民意の分析を通じて考察する。

選挙を民意が出現する過程とする場合、その論点は選挙のどこに民意を見出すかにある。この理解には主に二種類あり、その相違をどのように解消するかが現代政治学の主要な課題のひとつとなっている。第一に、民意を選挙における得票率の分布として理解する手法である。これは、いわば、各選択肢がどれだけ得票できたかについての割合を全体の意志として表明する。これに対して、第二に、選挙結果における議席占有率を民意と理解する手法がある。具体的には、それは獲得議席配分、あるいは独任制や一人区の場合では選挙の勝者を選出した多数者の意志として現われる。この形式は——しばしば選挙の勝者の発言にみられるように——現代日本社会における民意という言葉の有力な用法だと思われる。マナンらの選挙と代表の関係性をめぐる研究は、主にこの第二の民意を対象にしている。彼らによれば、選挙による代表には、望ましい政策や政治家を選出する委任と、直近の政治に対する審判としてのアカウンタビリティというふたつの性質がある(Manin et al. 1999)[16]。

現代政治では、第一の民意が第二の民意に適切に反映されないことで、表出されるべき民意が歪められる点が問題となる——死票が生じてしまう。例えば、支持率や得票率をはるかに凌駕する第一党の地滑り的勝利や、選出された公職者による独善的な政治的決断の横行などは、両者のズレに起因するとして批判的に評価される傾向にある。そのため、こうしたズレを生じさせるような選挙制度を改革する要求が、両者の整合性をできるだけ高めようとする良識的な民主主義者らによって提起されてきた——ミルが提唱した比例代表制の導入はその象徴的な事例である[17]。この場合、第二の民意をより本質的とされる第一の民意にできるだけ近づけ、選挙の勝負事としての性格を弱めることが目指される。もちろん、両者の同一化が進展すれば、民意を反映したコンセンサス型の政治運営がいっそうもとめられ、与党が事前に提示していたマニフェストを履行する義務は相対化されることになる。なぜなら、選挙の勝者は民意を独占しているわけではないからである。第一の民意において、民意は選挙結果の全体に宿っている。

ただし、第一の民意と第二の民意のズレが完全に埋まることはない。この限界は複数候補から一人だけを選出する着順制でもっとも顕著となるものの、たとえ比例代表制を複数の選出に一元的に導入したとしても、得票数の端数は切り落とされてしまい得票率と議席率は同一にならない。場合によっては、得票はあっても獲得議席をもたない政党や候補者が生じるだろう[18]。もちろん、こうした制度上の限界があきらかに想定されるものの、死票の存在は自己統治の論理に取り憑いており、少しでも民意のズレを埋めようとする強迫観念を私たちに与えている。

以下で論じる点は、選挙と民意の不鮮明なつながりが、こうした技術的な問題に還元され尽くされない、ということである。このように視野を拡張する契機となるのは、有権者数全体における絶対得票率への注目である。いいかえれば、選挙結果に反映されない棄権や政治的無関心を真面目に考慮することである。第一の民意を民意とする場合において、選挙への不参加はその権威を揺るがす[19]。だからこそ、不参加は選択を他の有権者に委任したと解釈されなければならない。しかしながら、こうした不参加は、「誰がやっても同じ」という不満に帰着するような、選挙の枠組み自体に対する否定と解釈できないだろうか。この場合、たとえ第一の民意であってもすでに特定の形で切り出されており、それは便宜的で限定的なものに過ぎないことが明らかになる。選挙への不参加が代表制民主主義に無意識的に突きつけるのは、選挙に現われた民意が本質的に部分的だという事実である。そして、たとえ全有権者の選挙への参加が達成されたとしても、その選挙結果は民意の部分にしかならない。選挙でしめされる政党や候補者などの選択肢は、有権者の意志を条件づけて定式化するからである。すでに前章で言及したが、ふたたびポール・ハーストの陳述を参照するなら、「選挙は純粋な民意の表出ではなく、例えば政党などの、組織による限られたセットの中での選択にすぎない」(Hirst 1990: 26)[20]。

選挙が民意の反映ならば、選挙制度を変更することで民意は変わってしまう(杉原・只野 2007: 346(只野担当部); Pasquino 2019: 153)。この事実が表すのは、たんに第一の民意と第二の民意の互換性の欠如だけではなく、設問を設定する時点で民意の輪郭が画定されてしまう点である。そして選挙の外側にある民意は不参加としてしか表現されず、選挙結果は便宜的な民意にしかならない。こうして導かれる結論は、選挙を民意の現われとみなそうとすれば、それは民意ではないという批判も同時に招くようなディレンマに陥ってしまうということである。

さらに、仮に選挙と民意の完全な同一性が認められるならば、次の選挙の必要はなくなってしまうかもしれない。

つまり、民意を反映する制度として選挙を擁護する場合においても、選挙結果と民意が異なる点は消極的に追認されている。選挙と民意が異なるからこそ選挙が定期的に必要であり、その結果、選挙が民意を反映していないという不満に代表制民主主義は恒常的に悩まされることになる。選挙と民意の同一化を図るという目的は徹底されず、むしろ両者の対立を明確化させてしまう。

民意と選挙をめぐるディレンマは代表制民主主義の根源に内包されており、近年の政治不信はそれが表面化したものと表現できる。この状況に対して、どのような対応策が考えられるだろうか。第一に、民意というフィクションで選挙を飾るという手法を諦めることである。この選択肢は、たしかに選挙の規範的性質を失わせることで、敗者とその支持者たちの過剰なルサンチマンを緩和するかもしれない。しかし、同時に、民衆の自己統治に関して、選挙を中心とした既存の代議制の形式から、別のなんらかの政治制度に民意のありかを移譲することになる。昨今の政治的代表論が論じるように、たとえ代議制を放棄したとしても、政治から代表の契機がなくなるわけではない。民意によって政治の現状を説明あるいは批判しようとする規範的な要求は、代表制民主主義の内部においては再生産される。そして、選挙が民意を称することを放棄してしまうと、政治的リーダーの選出をわざわざ手間とお金のかかる選挙で行う必要性を掘り崩してしまうかもしれない。選挙を民意の現われと解釈することの拒絶は、上述したように民意が選挙と完全に同一化できない点をふまえるなら、その過激な装いとは裏腹に、有益な示唆となりうる。ただし、批判されるべき対象は、民意と選挙の虚構的で二律背反的な接続というよりも、そうした関係を生じさせる代表制民主主義に内在した論理である。

第二に、選挙と民意の互換性を緩和して、民衆の意志表明の場を多元化し、民意の現われが少しでも立体的に描かれるための回路を複数用意することである。丸山眞男の表現を用いれば、「何年に一度かの投票が民衆の政治的発言のほとんど唯一の場」である現状を改め、「民衆の日常生活」に「政治的社会的な問題が討議される場」を与え、政党と区別される「民間の自主的な組織」が活発に活動するような、「民意のルートが多様に形成されること」が重要になる（丸山 1952: 189、強調は原著者）。代表制民主主義の枠組みを壊さずにディレンマを軽減するには、こうした民意の多元化しかないだろう。この手法は選挙を民意の表出する契機と尊重しながらも、それを唯一の手段に還元することに反対する。[21] 例えば、代表する者の透明性と定期的な選挙にしめされるアカウンタビリティを、民意を実行的なものとする制度として議論することは可能である（Bevir 2009: 179）。さらに民意の多元化は、民意を権威とした特定の権力機構の暴走への牽制にもなる。

以上では、選挙と民意の不安定で非対称的な関係を明らかにしてきた。民意は、選挙と民意の一時的な結合を民意の成立という論拠の提供において可能にしつつ、選挙結果に還元できない残余を発生させることで、その結合の完成を阻んでいる。すなわち、民意は選挙に対する構成的外部として機能する。民意は選挙に吸収されつくさないことで、代表制民主主義の持続を支援している。[22] そのかぎりにおいて、民意の現われを程度の問題に帰する傾向から、代表制民主主義は自由になれない。ウルビナティの表現によれば、「人民の名の下において行動する選出された公職者の宣言が、必然的に市民による論争の対象になるとしても、選挙による代表は〔…〕民意を表明する点で決定的である」（Urbinati 2011: 24; Urbinati and Warren 2008: 391）。選挙は民意のコピーとしてではなく、その特定の形式化として理解されるべきだろう。ふたたび彼女の言葉を引用するなら、「選挙は代表する者をつくるが代表をつくらない」（Urbinati 2011: 45; Urbinati 2006: 224）。選挙における敗北ではなく、争点化からの敗北が常態化した実現しない民意の存在については、次節でより詳しく考察する。

これまでのふたつの節が導く見解は、議会や選挙が民意を表現するには、個別の意志の入力過程を必要とし、さらにその回路を特定の形に制限するということである。[23] たとえこうした解釈が緻密な論理に立脚していなくとも、政治制度は民意の代表を称することで民主主義の一部として認められてきた。そして民意は時間的なものであって、ある制度や瞬間に蕩尽《とうじん》されないことで、民主主義の持続を規範的に支えてきたし、今後もその役割を失わないだろう。もちろんこの見通しは、民主主義の将来の幸せな発展を約束するものではない。民意は切り出され続けるものの、民意が民主主義の実質と衝突する可能性はある。そうであったとしても、その到来を民主主義は拒否できない。

## 四　民意の現われ――過去と未来

本節では、これまで論じてきた代表制民主主義における民意の定式化から漏れ出すような、別の民意のあり方に目を向けて、代表制民主主義および民意の理解をさらに深めたい。その際、民意の機能を明らかにする文脈で、ジャン＝ジャック・ルソーの古典的な代表批判がその現代政治理論における解釈とともに参照される。また民意と世論の理論的な相違に言及することで、現代政治が民意という言葉を切り札として使用する社会的背景についての、政治理論研究からの分析を試みたい。

民意は代議制統治にすべて吸収されるのだろうか。政治過程を輪郭とする民意についての理解が、代表制民主主義を議論するために不足するのは、まさにこの点においてである。本節が民意を理解するために導入する新たな分類は、代議制統治に上手く接続されそれによって代表された民意と、その外側に留め置かれる代表されていない民意との区別である。この区別は、いわば民意の反映として制度化された民意と、こうした公的な出現の場を有していない民意との相違である。現代語として使用される民意では、政治理論がこれまで想定していなかった後者の意味における使用法が目立ってきている。そのため、実現された民意と実現されていない民意が、同一のシニフィアンのもとで無媒介に使用され、概念上の混乱を招く場合がしばしばみられる。例えば、ある選挙前における有権者のさまざまな政治的要求と、選挙後の各党の獲得議席とが「民意」で結ばれることで、実現しなかった民意という含意はいったん抜け落ちてしまう。

政治が民意の実現を目的とするならば、民意の代表に関する、制度の内外にまたがる両義性を安易に看過することはできない。この問題に独自の観点から解決策を提供した思想家として、ルソーの名を挙げることができる。『社会契約論』(一七六二年)における代表批判を民意の両義性に対するひとつのアプローチとして読解しながら、代表制民主主義における民意の特徴を浮き彫りにしてみたい。

彼が残した言葉の中で、おそらく、以下のものはもっとも有名なもののひとつである。

イギリスの人民は自由だと思っているが、それは大まちがいだ。彼らが自由なのは、議員を選挙する間だけのことで、議員が選ばれるやいなや、イギリス人民は奴隷となり、無に帰してしまう(Rousseau 1997: 114)。

奴隷という表現はたんなるレトリックではない。ルソーは自分の自由を放棄することは人間としての資格を放棄することと同義とみなし、それが人間の本性と合致しないとする(Rousseau 1997: 45)。そのかぎりにおいて奴隷は存在しない。そのため、どのような論理によって代表制が奴隷を生むのかが解明される必要がある。まず前提として、ルソーにとって、代表は近代に固有の人間関係の形態である。代表は、「人間という名前が恥辱のうちにあった」封建政治に由来し、祖国愛の減退、私的な利益の活動、国家の広大さ、征服、政府の悪弊などによりもたらされた(Rousseau 1997: 114)。私事を公事に、欲望を道徳に優先させ、自ら奴隷となることを選択した近代人に適合的な制度として代表が導入されたのである。

ルソーの代議制批判を考察する上で中核となるのは、代表と委任の区別である。この区別は彼の主権論と密接に関係している。周知のとおり、彼の社会契約では、一般意志の下に各構成員が結合し、個人の力以外に制限のない自然的自由が放棄されるとともに、一般意志に制約された市民的自由が獲得される(Rousseau 1997: 50, 53-54)。国家をつくった目的である公共の幸福にしたがい、国家の諸権力を指導できるのは、一般意志のみである。そして主権とはこの一般意志の行使のことである。主権は立法権として行使され、譲渡できない。また、社会契約を経て構成員は、「集合的には人民という名をもつが、ここでは、主権に参加するものとしては市民、国家の法律に服従するものとしては臣民とよばれる」(Rousseau 1997: 51)。

国家の設立である社会契約と政府の設立との相違を、ルソーは強調する。主権者は政府を設置することを法によって決めるのに対し、法の執行によって政府を委ねる首長たちを任命する。この任命は特殊的行為であり、政府のひとつの機能である。政府を設立する過程において、主権が民主主義に転換するとともに、市民は行政官へ、一般的行為は特殊的行為へ、そして法はその執行へと変化する。[24] このとき、立法権は人民に属するのに対し、法から派生する特殊的行為によって成立している執行権は、人民一般には属さない(Rousseau 1997: 117-18, 82)。つまり、人民内部にある、法に伏す臣民と法をつくる主権者とを媒介し、法の執行と市民的・政治的自由の維持を任務とする仲介団体として、政府が必要である。政府は主権者ではなく、あくまでその代理である。たしかに、立法と区別される執行権では代表がむしろ積極的に肯定される。しかしながら、政府の立場は主権者による委任もしくは雇用にすぎないのである(Rousseau 1997: 115, 82-83)。

こうした国家に従属する政府において、代表は委任と厳しく区別される。一般意志はあくまで人民によって直接的にしめされる意志であり、それは代表されない。そして一般意志に含まれる主権も同様に代表されない。そのため、「人民の代議士は、一般意志の代表者ではないし、代表者たりえない」。ルソーにとって、法は一般意志の宣言であり、人民が自ら承認していない法は無効であるために、代議士は法をつくることができない。だからこそ、議会を立法機関としてみなすことは、人民の奴隷化の端緒となる。「人民は代表者をもつやいなや、もはや自由ではなくなる。もはや人民は存在しなくなる」(Rousseau 1997: 114-15)[25]。

要約すれば、社会の真の基礎としての「人民」という観点から、議会が人民を代表する民主主義の形式を主権および主権者の否定とみなす(宇野 2001: 19)。ウルビナティによれば、ルソーの共和国において、代表は非政治的であるか、あるいは法学的な意味における純粋な委任でなければならない(Urbinati 2006: 74)。現代政治の常識に身を置いてルソーを眺める場合、彼が論じる主権者の意志は奇妙な形状をしめしているように映る。その理由は、統治機構から代表としての資格を剝奪しているというだけではない。それは、現代人を悩ましている代表された民意と代表されていない民意の両義性を放棄し、民意を語る意義を事実上否定するからである。このルソーのアプローチを明らかにするために、彼の意志に対する理解をさらに参照したい。

意志には、人民全体の一般意志と一部分の意志との区別がある。一般意志の表明は主権のひとつの行為であり法となるのに対し、後者は特殊意志かもしくは行政機関のひとつの行為であり法令となる。また、一般意志はつねに正しく共通の利益を求めるが、特殊意志の総和としての全体意志はあくまで私的な利益を目指す(Rousseau 1997: 58-59)。このとき、一般意志はこの全体意志から一般化できない部分を除いたものである。行政機関の意志のあり方に注目しよう。ルソーは行政官の人格のなかに三つの異なる意志を指摘する(Rousseau 1997: 87)。第一に、自己の特殊な利益をもとめる、個人としての固有意志である。第二に、統治者の利益のみにかかわる、行政官としての共同意志である。これは政府に対しては一般的ではあるが国家には特殊的であり、団体意志と呼ぶことができる。そして第三に、人民の意志あるいは主権者の意志であり、それは国家にも政府にも一般的である。例えば第三の意志がしめされる立法においては、第一の意志はあってはならないし、第二の意志はそれに従属的でなければならない。この分類を用いるならば、ルソーの意志論の特徴は人民の意志と政府に関わる共同意志の厳格な区別にある。それは、法を制定する人民集会と法を運用する政府とを区別するとともに、代表されるべき民意という発想を否定する。そうした民意はあくまで特殊意志にすぎない。一般意志としての民意は、すでに実現しているのである[26]。

こうした民意の一般意志への還元が、別の理論的な課題をルソーにもたらしたという点は否定できない。とりわけ、一般意志を実行可能にする理論の不徹底は、現代政治理論でしばしば指摘されている。たしかにルソーの議論は、はじまりについて適切な説明がなされていない。例えば、ウルビナティは、ルソーは正統性と平等のために社会的人間をもとめるが、それは一貫した政治的代表と国家制度との責任ある関係を必要とするため、それを確保する手段を欠いているとする(Urbinati 2006: 101, 104)。この問題は、あきらかに、人民であることの境界策定に関係する。社会契約によって人民となり一般意志をもつ以前に、どうやってその社会契約がもたらされるのか。ケヴィン・インストンの表現にしたがえば、「人民の意志は国家の正統性の根拠となっているが、いかなる事前に構成された形式やそれを見分ける明確な指針をも欠いているために、その意志は不確かである」(Inston 2010: 395)。インストンやボニー・ホニッグは、ここでルソーが憲政に先行する立法者を持ち出すことで、意志する人民の確定を可能にしていると主張する(Honig 2009: 19)[27]。モニカ・ブリトー・ヴィエイラはさらに踏み込んで、ルソーの叙述を超えている点は自覚しつつ、彼の立法者を、人民が自らを権威化する代表の形態とみなす。立法者は人民の一般意志を代表するとともに、人民に対して人民としてあるべき統合の機関を代表する(Brito Vieira 2015: 500-01)。代表としての立法者が体現するのは、民主主義的な自己統治や人民それ自体のあり方である。

また、人民集会での一般意志の表明において多数決が導入されるのも、立法者の召喚と同様に、ルソーが政治理論に実効性をもとめる姿勢をしめすといえよう。彼によれば原始契約としての社会契約には全会一致が必要であり、多数決原理はこの契約の帰結とされる(Rousseau 1997: 49, 124)。彼は市民がすべての法に、たとえ反対した法であっても同意しているとみなす。ある法が人民集会に提出されたならば、問題はそれに賛成するか反対するかではなく、それが主権者の意志としての一般意志に合致しているかどうかである。つまり多数決によって成立する法は、その性質において、すべて一般意志である。それ以外の民意は存在しない。しかしながらホニッグは、多数決によって一般意志を導く手法は、それが構成上、全体意志から区別できないことを認めることになると指摘する（Honig 2009: 17）。またサイモン・クリッチリーは、主権から政府、一般的なるものから個別的なるものへの突然の変化において、一般意志が多数派において現われなければならないというルソーの矛盾した結論を指摘する。この矛盾において、「人民という主権をもつ集団に属するにもかかわらず、いかなる政治表現の場ももたない少数派が存在することを許してしまう個別意志においてのみ、一般意志は現われる」（クリッチリー 2012: 154）。

たしかにルソーの民意は現代社会の民意と同じく統治機構の外側にあるものの、それは統治機構によって実現されるべきものではない。一般意志としての民意は法として実現したものでしか存在せず、そのかぎりにおいて、正統性と合法性が同一化している（Urbinati 2006: 106）。こうして、彼の理論では、個別の民意が統治行為と直接的に関係することはない。そして、代表を放棄するとともに、代表されるべき「取り残された民意」が成り立つ論拠が霧散するのである。ルソーは、共通の理性にもとづく沈黙を人民集会にもとめ、情念と利害が氾濫する、議論による分裂や多様性を回避しようとする。こうした国家では、新しい法は「皆がすでにそう感じていること」（Rousseau 1997: 121）の表明であり、理性の働きによってかぎりなく全員一致に近いので、それに関する議論は自然と沈静化する。「レトリック的な説得による納得よりも理性による納得は、彼〔ルソー〕の考えでは、法律上（一般意志）の主権と事実上（一般意見）の主権の融合を、たんなる数的な権力のというよりも政治的正義のしるしにするための安全な条件であった」（Urbinati 2014: 140=167，強調は原著者）[28]。ただし、民意の過去化は上記した理論的な諸課題を副次的に発生させ、実質的には代表の到来を拒絶することに十分には成功していない。すなわちそれは、多数決や代議士の運用上の導入にみられるように、代議制民主主義の制度的な実質はそのまま流用しつつ、民意の介在を前倒しすることによって、代表から逃れたと自らに言い聞かせている[29]。

それでは、民意を立法権に置き換え、それを契約に定められた人民集会の多数決の結果に付随する性質とみなすルソーの代表批判に学びながら、代表制民主主義における両義的な民意の特徴を整理したい。その際、少数者からなる統治機構を拒絶するような、真の民主主義が存在しないことに、彼が自覚的であった点はあらかじめ留意されなければならない。

民主政という言葉の厳密な意味において、真の民主政はこれまで存在しなかったし、これからも決して存在しないだろう。多数者が統治して少数者が統治されるということは自然の秩序に反する。人民が公務を処理するためにたえず集まっているということは想像もできない。そして公務を処理するために委員会を設けることは、執行の形態を変えずには不可能だ、ということは明らかである。〔…〕もし神々からなる人民があれば、それは民主主義的な政府をもつだろう。これほどに完全な政府は人間には適さない（Rousseau 1997: 91）。

民主主義の時間という観点を意識しつつ、代表否定論者のルソーとの対話で明らかとなった民意のあり方をまとめたい。

第一に、ルソーが看過したように、いまなお統治機構の外側に取り残されている多くの政治的要求や意見は、民意と呼ばれる資格がないかもしれない。たしかにそれらは実現が約束されたものではない。しかしながら、こうした代表されるべき民意の規範的な性質に注目するならば、それが代表制民主主義を可能にしているといえるのではないだろうか。代表された民意と代表されていない民意という二分法がもたらす理論的な意義は、代表されていない民意を表面化させて社会的な不正に光を当てるというよりも、それを条件化して、統治機構を代表機関として説明することにある。代表されていない民意はいずれ代表されるべきである。民意の代表をめぐる構成的なズレこそが、代表制民主主義の持続に寄与している(Laclau 1996: 98; Manin 1997: 174-75; Laclau 2005c: 257-58; Thomassen 2007a: 123; Runciman 2007: 103)。[30]

第二に、民意が代表関係に規定されるのであるならば、民意の大部分は未来にある。代表制民主主義の政治過程において、民意はあくまで部分的にしか切り出されない。そして、実現した民意も実現されるべき民意も、いずれ新たな民意の形式によって民意を称する資格を否定されるだろう。別の見方をすれば、民主主義制度から民意が到来する代表の契機を放棄するには、ルソーのように、民意をすでに一般意志の純粋な現前としてすべての前提、すなわち過去とせざるをえない。こうした民意の過去化を拒絶するのであれば、その到来とともに生じる、代表制民主主義の開放的で脱構築的な持続と私たちは共存する必要がある。

そして第三に、それでも民意は統治行為を説明するために用いられる。ここに世論との違いを見出すことができる。統治機構にとって外在的であり続ける世論に対して、民意は実現されなければならない意志である。代表制民主主義は世論を無視できるが、民意を無視できない。統治機構に対する拘束性をもった権威としての民意の必要性が、世論に代わってこの言葉が使用される理論的な説明となる。[31]ルソーの代表批判がもたらした一般意志の帰結主義的な解釈に満足できず、社会契約と人民集会の説得力が失われた状況では、民意の実現を統治機構にもとめざるをえない。そして、民意が公的制度に反映される量化された選好として出現するのであれば、それを再現する精巧さを著しく向上させてきた情報メディアは、ますます影響力をもつだろう。この民意の実体化に抵抗するためにも、民意自体があくまで来たるべきものだと認識することは、代表制民主主義に生きる上でのひとつの作法といえるかもしれない。

## 五　民意の彼岸で

本章では、これまで常識的に扱われてきた民意を、その意味が決定不可能な概念に追いやりつつ、それが曖昧な上に取扱いに注意を要する点を提起してきた。クラウス・オッフェが指摘するように、制度や手続きを必要とする民意は、虚偽的で、可謬的で、誘惑に弱い(Offe 1996: 90-93)。また各節で分析したように、現代政治の制度も手続きも、それだけで民意を十全に反映できるとは想定されていない。さらに前節では、代表されるべき民意の存在という代表制民主主義の出発点をも掘り崩してきた。

民主主義が民意の解釈という政治的な次元から自由でない点は、民意が台頭する時代には特に、無視されるべきではない。最近では、直接民主主義的な活動の顕在化やクーデタを主導した暴力が民意を称することによって、代議制にそもそも民意を語る資格があるのかが問題となっている。しかし、民意をめぐる特定の形式が疑われても、さまざまな制度を超えて維持される、民意の実現という政治的な評価の軸が揺らいでいるわけではない。たとえ、ある統治機構から民意を奪ったとしても、民意は統治の正統性として生き続ける――それはまた別の形の代表制民主主義の制度を再生産することになる。民意の想定は、規模についての現代民主主義の欠点を経験的に埋め合わせるのみならず、政治的決定とそれにもたらされた制度をつねに正統なものとして説明する。より刺激的にいいかえるならば、民意は、寡頭政と民主主義を接続しようとする代表制の理論的な不整合を隠滅し、自己統治としての意味を付与する中核的な役割を担っている。

そのため、民主主義の過剰として近年議論の渦中にあるポピュリズムに対して、これを民意の歪曲とする批判の形式は、妥当性と不毛性をともにしめすだろう。一方で、ポピュリズムが何かしらの恣意性を有している点で批判は妥当するとともに、他方で、ポピュリズムが人民の意志を体現しているという点でこうした批判は威力を失う。民意に従っているかどうかという基準は、こうした問題を立てた時点でポピュリズムと同じ言説を共有してしまっており、ポピュリズムそのものに対して効果がない。それは、けっきょく、ポピュリズムを程度の問題として再生産することになる。ポピュリズムを批判するためには、ポピュリズム的な代表形式の、そしてポピュリストと人民をつなぐ民意の決定不可能性に目を向ける必要があるだろう――たとえそれが「私たち」に痛みを与えるものであったとしても。

代表制民主主義の持続にとって、問題は、ある手続きによって民意が代表されているか、それとも代表されていないかではない。むしろ、民意は代表されるべきだという考え方自体が、統治機構を民意を反映する代表機関とする解釈を可能にしてきた(32)。すでに前章で参照したウルビナティの的確な表現を用いれば、「民主主義理論において代表と立法行為はともに民意に依存している」(Urbinati 2006: 58)。逆に、民意が代表されないことの不満は代表制民主主義の駆動因である。代表制民主主義にはもともと民意を疎外するメカニズムが内蔵されているともいえよう。その不満から解放されるには、代表を放棄するほかない。その代償の分析は本章の手に余るが、少なくとも代表の放棄は、民意の実現という民主主義に対する規制と要求の断念をもたらすのはたしかである。現代の政治論議の中で、現行の代表制民主主義の制度と機能を非難する民意はけたたましいものの、管見のかぎり、民意の代表という目的と決別しようとする主張はいまだ支配的ではない。そのため、さらなる民主化の突破口として、民意はつねに開放的で利用可能であり、たとえ勝ち取る可能性が低かろうとも、それをめぐるヘゲモニー闘争は終焉していない。

民意の多元性、循環性、そして持続性は、その反映に努める民主主義が時間的な営みであることをもとめる。こうした民意の理解からすれば、政治過程における民意の実現は、民主主義の目標と同時にその正統性の源泉であるものの、その本質主義的な理解と独占による実現は逆に民主主義を破壊する。民意はつねに代表されるような何かであって、その存在は持続的である(33)。民意は、別の共在する民意の挑戦に晒されており、どのような制度や過程を通じて表現されたとしても、十全な民意としては存在しえない。

前章と本章では、クロノス的な瞬間には不在でその到来が遅れるようなデモスや民意は、過程的な概念であるとともに、代表されるべきものであるとされた。そのため、民主主義における代表の契機は、民主主義制度を実効的なものとする機能的な要請のみならず、時間的な自己統治を実現する原理的な要請でもある。持続的な過程としての代表理解を本書と共有するウルビナティとは、この時点で私たちの理路が分岐するかもしれない。彼女は制度外的な意見(ドクサ)の不安定さ、およびそれにもとづく意志決定の変更可能性に民主主義が持続する根拠をもとめている。

いつ、決定の「正しさ」をテストするのを止めるべきか。明確な判決を生み出すことが期待され、そして生み出す裁判所とは反対に、民主主義は政治的決定の開放的なゲームであり、かつて下された決定の再調査である。それが組み込まないのは、未来のある時点で知識の真空を埋め、そしてこうして決定を止めることを目的とした過程である。〔…〕民主的な決定は、すべての政治的決定と同様に、現在の時制において発生し、しかし他の意志決定過程とは対照的に、所与の政治問題に対する最終的な解決を約束しない(Urbinati 2014: 101=121、強調は引用者)。

私たちはこの民主主義の論争的な性格をもちろん受け入れている。それに加えて、本書は自己統治の枠組み自体の時間的な変容を提起し、代表にもとづく民主主義的な論理への依存による、耐久性のある政治的な現在を擁護する必要性を指摘した。すなわち、ドクサの内容的な不正確さというだけでなく、ドクサを想定可能なものとする枠組みの不安定さを、民主主義の持続する理由に加えた(34)。それはまた、瞬間的な不在を覆い、過程を表象する代表が必要となる理由である。民主主義の時間的な理解において、目的(自己統治の実現)と手段(民主主義の機能)を、代表が媒介している。民意を現在に実現するには、代表を通じて多元的に、持続的に再現せざるをえない。だが、この過程は同時に、いま実現していない民意を未来に放逐しつづけて、自己統治の完成を遅らせる。このように、時間という観点からすれば、時間的な厚みのある主体や民主主義を構成する目的において、代表は決定的に不純である。代表は民意の実現をもとめつつ、それが不可能であることが織込み済みで、そうすることで自らの意義を維持している。

民意を提起すること自体が民主政治の主要な部分に組み込まれている段階で、あるいは民意の時制と形態が細分化されて、民意を主張するのに慎慮が必然的に要請される段階で、民意に関する建設的な議論を重ねることは可能だろうか。たしかに民主主義は代議制だけに還元できるものではないが、民主主義が民意の代表という契機を拒絶することは、今後も困難である。政治理論は真の民意の発見という冒険を断念し、登場する民意のさまざまな形態を、代表制民主主義をめぐる比較対象として提供し解釈する役割を求められるだろう。それは、唯一の民意に疑念をもちながら代表制民主主義自体の脱構築に寄与する、ささやかな方向転換である。

# 第六章

# はじまり——主権者の意味と無意味

〔…〕こんどのあたらしい憲法は、日本國民がじぶんでつくったもので、日本國民ぜんたいの意見で、自由につくられたものであります。この國民ぜんたいの意見を知るために、昭和二十一年四月十日に総選挙が行われ、あたらしい國民の代表がえらばれて、その人々がこの憲法をつくったのです。それで、あたらしい憲法は、國民ぜんたいでつくったということになるのです。

みなさんも日本國民のひとりです。そうすれば、この憲法は、みなさんのつくったものです。みなさんは、じぶんでつくったものを、大事になさるでしょう。〔……〕

〔…〕この前文というものは、二つのはたらきをするのです。その一つは、みなさんが憲法をよんで、その意味を知ろうとするときに、手びきになることです。つまりこんどの憲法は、この前文に記されたような考えからできたものですから、前文にある考えと、ちがったふうに考えてはならないということです。もう一つのはたらきは、これからさき、この憲法をかえるときに、この前文に記された考え方と、ちがうようなかえかたをしてはならないということです。

文部省『あたらしい憲法のはなし』

# 一　国民主権のスタート地点

本章は、文頭「日本国民は」からはじまる、日本国憲法前文の書き手について考察する。前文が執筆された歴史的な経緯を参照しながら、書き手の存在論を分析することを主眼とする。ただし、「国民主権のスタート地点」の発見をめざす本探究は、われら主権者としての「資格」を再帰的に、そして自己否定的に問題化すると考えられる。

前文における主権者を考察する本章は、いわゆる「押し付け」論への間接的な応答を意味することになるだろう。すでに杉田敦は、制憲時点における自由な意志か押し付けかという二分法的発想を退け、公的な過程の蓄積として憲法——憲法典ではなく——を理解する必要性をしめしている（杉田 2004）。ただし、押し付けを改憲の根拠とする立場が、自由な制憲環境という主張をともかく断念して、現行憲法の執筆を主導した連合国軍最高司令官総司令部（以下ＧＨＱ）の外国性および手続き的な不備のみを問題視し、それを否定することは考えられる。つまり、そもそも執筆者がその正当な資格を欠いているという批判である。そして、この批判は、確固とした国民主権にもとづいて、われら主権者が自ら憲法典を作成しなければならないという主張を導くだろう。また、改憲を直接の目的とせずに、憲法典の権威を確立するために国民投票に付すという考えにも、国民主権を実行的なものにすることが有力な理由となる（e. g. 今井 2003）。本章の目的は、こうした主張の前提となる「われら主権者」の概念分析を試みることにある。

前文についての共通認識をしめしながら、本章の議論の対象をさらに限定したい。前文に関する研究の多くは、平和的生存権との関連における、前文の法的な効力についての分析である。通説によれば、前文には法規範性はみとめられるものの裁判規範性は否定されている。本章はこの点を検討できないが、前文に法規範性があることを前提とした議論となる。また、平和的生存権についての議論への参加も断念している。本章は、こうしたよく知られた論点と一定の距離を保ちながら、前文における主権者の意味の分析に専心する。さらに限定を加えるならば、本章の関心は、さまざまな学説や判例の妥当性や明治憲法との継承関係の法学的説明ではなく、あくまで前文における主権者のあり方にある。(1)

このような本章の問題意識は、これまでの各章で議論を積み重ねてきた、民主主義の時間性およびその代表の不可避性に対する、自らの手による挑戦にある。デモスによる十全な自己統治という意味で、民主主義は過去でも未来でもなく、デモスの同一性が確証される現在において実現されなければならない。だが、クロノス的な現在の不可能性は、カイロスにおいて民主主義の現在を想定するという、別の困難な可能性を招来した。そしてこれら時間意識の衝突に、民主主義の固有の時間性、すなわち多元的で持続的な過程の根源を、私たちは論じてきた。それが要請するのは、瞬間的な現在に不在である諸要素を、代表によって補完せざるをえないような政治過程である。この意味で、代表は自己統治の本質的に時間的な論拠によっても必要とされる。それは自己統治の実現をつねに延期する、民主主義に特徴的な、デモスによる自己言及的な正統性のあり方であった。

それでは、この意味で人間に政治的動物であることを強制するような統治形態から、どのようにしたら私たちは解放され、真正な自己統治を獲得できるであろうか。その持続する統治形態において、未来は未決にとどまり、怪物的にしか到来しないのであれば、せめて過去のある時点に自己統治の成立を宣言できた時点を発見できないだろうか。その有力な候補は、それまで非民主主義的だった政治体制が、民主主義的な政治体制に転換した瞬間である。私たちは自己統治の将来的な結実には立ち会えないかもしれないが、その純然たるはじまりを確定し、多元的で持続的な自己統治の時間性から明確に区別できる時点をすでに経験していたかもしれない。それはデモスや民意のスタート地点となるような、純粋で自律的な民主主義の現在であり、さらにこれらの不在と代表がともになく、クロノス的にも現在としてしか表現しえない時点であろう。民主主義の時間を論じることでその可能性を模索してきた本書が、実はその裏面に付着した不可能性をも同時に明らかにしてきたことに、読者はお気づきだろう。本章はそれを逆手にとって、民主主義が成立したと想定される儚い時点に立ち返り、(不可能性と不可分である)可能性という劣位に甘んじた私たちの時間的な民主主義の考察を、反照的に継続したい。代表のない、さらにいえば不在のない自己統治というジャン＝ジャック・ルソーの構想は、ほんの一瞬でも実現していたのだろうか。

次節では、前文が確定する歴史的経緯を時系列的にたどりながら、前文を分析するために必要な基礎知識を析出する。なお参照資料の多くは、国立国会図書館の電子展示会「日本国憲法の誕生」に所収されている(二〇二四年四月現在)(2)。第三節は、このような当時の論点を意識しながら、前文が描き出した日本国の骨格をしめしたい。第四節では、国民自ら主権者であると宣言する前文において、その資格がどのように正統化されているのかを理論的に考える。そして最後に、主権者の規定をめぐる歴史と理論を同調させつつ、主権者であることの意味、もしくは無意味、を直視したい。

## 二　憲法前文は、歴史的に、誰が書いたか

一九四六年二月一日、憲法改正についての「憲法問題調査委員会試案」を、毎日新聞がスクープした。この試案は、同月八日に「憲法改正要綱」としてGHQに提出される、いわゆる政府案とは異なるものであったが、明治憲法を基調として改正を最小限にとどめるという点で共通する。何よりこのスクープの歴史的な意義は、GHQ内の民政局が自ら憲法改正案を起草する決断への、最後の一押しを与えたということである(古関 2009: 115)。本節では、前文の表記が確定する歴史を紐解くことで、それを誰が書いたかを事実としてあきらかにする。本章では前文の

執筆のみに議論を限定し、それ以外の論点や事実についてはほとんど言及できないことをあらかじめことわっておきたい。

二月三日に、ダグラス・マッカーサー連合国軍最高司令官が、コートニー・ホイットニー民政局長に「マッカーサー三原則」として知られることになる憲法改正の指針を示した(天皇制の維持、戦争の放棄、封建制度の廃止)。これを受けて翌日には、民政局行政部において憲法草案を策定する委員会が設けられた。そしておよそ一週間にわたる作業によって、日本国憲法の全体がほとんど完成することになった。この「GHQ案」において、少なくともその英文表記では、現行の日本国憲法とまったく同じ前文はすでに付されていた。

本章の問題は、この前文の草稿を誰が書いたか、である。結論から述べるならば、前文の中心的な書き手は、当時の海軍中佐で憲法策定の運営委員会メンバーであった、アルフレッド・ハッシーである(Hellegers 2001: 553; 古関 2009: 129; 本庄 2017: 152)[(3)]。つまりハッシーは、自らをわれら日本国民とふるまって憲法前文を執筆したのである。

ハッシー文書に残された、五種類の前文についてのタイプ書きの草稿資料を確認したい[(4)]。最初に、整理番号[24-A-2-1]および[24-A-2-2]はもっとも初期のものと推測される。この資料には、前文の第三項全体および第二項の平和的生存権を明記する最後の一文がなく、戦争放棄と戦力の不保持についての項が見られる[(5)]。またマッカーサーの筆跡により、主語が「we」に部分的に書き換えられるなどの訂正を残している(Hellegers 2001: 554)。[24-A-3-1]では、前述した平和主義についての項が第一条(のちの第九条)として憲法本体に移行されるとともに、前文の主語が「we」に統一修正された[(6)]。[24-A-4-1]は前文第三項となる文章が(おそらくホイットニーの)手書きでしめされ、これは[24-A-5-1]および[24-A-5-2]にタイプ書きで組み込まれている(本庄 2017: 163-65)。そのため[24-A-5]では、第二項の最終文および第三項で主権国家体制に言及する表現が欠けている点を除いて、およそ現行の前文と一致する。ただし、現実には実行されなかった、変更や削除が手書きで表記されている。この資料の位置づけについては後で考えてみた

**表**　5種類の憲法前文草稿

| 整理番号 | 記述範囲（タイプ書き） | 特徴・内容 |
|---|---|---|
| 24-A-2-1 | 前文前半 | •表現上の訂正指示の記入（手書き） |
| 24-A-2-2 | 前文後半 | •[24-A-2-1]のつづき<br>•戦争放棄と戦力の不保持についての項があり，本文への移動指示の記入（手書き）<br>•表現上の訂正指示の記入（手書き） |
| 24-A-3-1 | 前文全体と第一条 | •主語が「we」に統一された（手書きの訂正指示）<br>•現行第三項がない |
| 24-A-4-1 | 手書きのメモ | •前文第三項となる文章の素案 |
| 24-A-5-1 | 前文前半 | •表現上の訂正指示の記入（手書き） |
| 24-A-5-2 | 前文後半 | •[24-A-5-1]のつづき<br>•[24-A-4-1]を第三項として組み込み<br>•第二項の最終文および第三項で主権国家体制に言及する表現はない<br>•表現上の訂正指示の記入（手書き） |
| 24-A-6-1 | 前文全体 | •[24-A-2-2]のコピー<br>•訂正指示の記入はない |

い。なお[24-A-6-1]は、手書きの修正がなされていない状態の[24-A-2-2]のコピーである。

これら前文の草稿を、運営委員会と各部門別の委員会との協議の記録資料とつきあわせて分析したい(7)。同資料一〇頁がしめすように、六日に行われた天皇・授権規定に関する委員会との議論で、ジョージ・ネルソンは「この憲法はその主権を、国民の意志からだけではなく、普遍的な道徳原理からも導く」という規定を前文等で明示すべきだと提案した。つまり、「規範と同様に物理的な力が権威の源泉であるという、平明な陳述がなされなければならない」。これに対して、運営委員会の一員であるチャールズ・ケーディスは主権がいかなる普遍的な道徳でもなく、日本国民に由来すると主張し、主権が「力」にもとづくことを強調した。つまり彼は、ネルソンが主権の由来として国民の同意という国内的な論理（規範）だけではなく、普遍的な道徳原理として主権国家体制が存在する現実（力）を指摘した点を理解できていない。ケーディスは主権国家の弁証として社会契約——これは彼には力だが、ネルソンには規範である——のみを擁護している。そこでハッシーがネルソンを擁護し、戦争犯罪を裁くような、諸国民に共通した法にまさに今人類が至った例をもちだす——もっとも主権そのものの現実性をこの憲法における国民主権の正統性に加えるネルソンの意図とずれているが。ケーディスはこの回答に納得しなかったものの、ハッシーが前文で普遍的な政治道徳の法則について策定することについては了承された。

こうして、前文に加えてもらうべくサンプルとしてハッシーにしめされたのが、［24-A-4-1］と思われる。同資料を現行の前文に則して私訳すれば、

われらは、いづれの国家も、自国のことのみに専念して他国を無視してはならないのであつて、政治道徳の法則は、普遍的なものであり、この法則によってわれらが主権を保持すると信ずる〔傍線部は現行前文と異なる箇所〕。

運営委員会の記録資料三〇頁にみられるように、一二日の最終的な会合で、ハッシーはこの文章を前文に加えることを提案した。しかしながらケーディスはやはり反対する。その理由として、「道徳の普遍的な法則」に言及することは王権神授説の残滓であるとともに、各国および各国民はそれぞれ進むべき道を自ら選ぶことができるからである。彼によれば、「実際、政治道徳と主権はまったく関係がない」。これに対してハッシーは、国際連合の設立を例示しながら、政治道徳がいまや普遍的なものになってきたことを強調する。そして「いかなる国民も、普遍的な政治道徳に反して主権を行使する権利をもたない」と述べる。これを受けてケーディスは、この文章が歴史的事実と異なる主張をしており、このような道徳的な規定を憲法に挿入することが、その実効的な原理を弱めることにならないか懸念を表明する（同資料三一頁）。そして、最終的には責任者であるホイットニーの提案により、記述のあいまいさを排除するために、現行の前文第三項としてしめされる表現（「〔……〕政治道徳の法則は、普遍的なものであり、この法則に従ふこと

は、自国の主権を維持し、他国と対等関係に立たうとする各国の責務であると信ずる」）にあらためることで決着した。こうした経緯を踏まえると、[24-A-5]は二月六日から一二日までの間に、ハッシー自ら推敲して変更点を書き加えながらも（butを挿入した点を除いて）、完成版に反映されなかった草稿だといえる。

以上の分析によってあきらかになるのは、国民主権の正統性をめぐる認識の相違がGHQ内部にあったという点である。ケーディスが実証法学・現実主義の傾向をしめすのに対して、ハッシーが自然法学・理想主義をしめしており、日本国憲法前文では後者の要素がより色濃く反映されることになった。ただし、ケーディスもまた国民主権および社会契約を原理として積極的に擁護するという点では共通している。ハッシーらが前文を執筆した事実が有する理論的な意味については第四節に譲り、ともかく時計の針を先に進めたい。

すでに述べたとおり、二月八日に憲法問題調査委員会の松本烝治委員長は「憲法改正要綱」とその説明書を提出した[8]。これを受けて、民政局行政部は、「GHQ案」が完成した一二日付で覚書を作成している（古関 2009: 148）。そして翌一三日に、松本や吉田茂外相らに対して、「GHQ案」が突如として提示されることになる。それは同時に委員会が準備した「憲法改正要綱」が、GHQにとってまったく受け入れられるものではなかったことを意味している。以降の政治史の要点のみしめすならば、二一日に幣原喜重郎首相がマッカーサーを訪問し、「GHQ案」についての説明を受けたのち、翌日の閣議で同案の受入が決定された。この草案をもとにして、松本を中心としたメンバーで「日本案」の制作にとりかかった。なお二二日午後に、松本、吉田、そして白洲次郎終戦連絡事務局参与に対して、GHQから同案について変更してはならない基本形態が明示された。この会見を記録した松本の手記とハッシー文書中の資料を参照して、前文をめぐる議論を確認したい。

松本手記によれば、まず日本側は、「GHQ案」に付された前文が憲法典の一部であるというGHQの見解を確認する[9]。そのうえで、天皇発議による改憲を定めた明治憲法第七三条と前文の主語の相違を指摘する。この問題に対するGHQの回答は、「人民ノ発意」による宣明は必要であり、第七三条とは別に詔書によって憲法改正案を発議すれば、これを回避できるとする。日本側はこの回答に納得せず、さらに「GHQ案」にある憲法改正の規定が一院制にもとづいているため明治憲法の改正規定と合致しないと指摘する。[10] これに対して、GHQはそれらは一致すると主張し、両者の議論は行き詰まりをみせる。この会合の英文の記録資料によれば、前文の主語と欽定憲法の主体としての天皇との相違についてまず答えるのは、ハッシーである。「最初の点については、実際には抵触しない。新憲法を発議する際、天皇は旧憲法下で行為する。天皇は憲法を国会の議に付し、代議士と国会はこれを採択する。貴族院による批准の同意を加えることには反対しない[11]」。前文は天皇を主体とするべきとふたたび主張する松本に対して、ホイットニーとケーディスは天皇の声明は憲法前文とは別になされるべきと強調する。ハッシーの提案する明確な手続きによれば、天皇が国会に憲法を発議し、国会がそれを受理して国民の名において語るというものである。そして、この手続きに先行して、天皇は詔書で自らの地位について述べるとされた。

三月二日に「日本案」はいちおう完成し、四日に「説明書」とともにGHQに提出された。同案では、一般的に国民主権の表現と形態をあいまいにする方針が徹底されているものの、本章の問題関心との関連で重要な点は、すでに「GHQ案」でしめされていた前文がすべて削除されているということである。松本が作成した「モデル案」では冒頭「前文ヲ畧ス」とされ、二月二八日の「初稿」でもそれは踏襲されている。三月一日の「第二稿」では、この「前文ヲ畧ス」という記述に、鉛筆で取り消し線が引かれている。翌日完成した「日本案」では前文が含まれていない[12]。付属の「説明書」は、その多くを二院制を維持する理由に費やしつつ、前文削除の理由を語っている。前文を国民が宣言する形式は明治憲法第七三条の改憲方式には抵触しないものの、同憲法前文では天皇の発議権がしめされているために、改定憲法とは別の詔書を同時に公布するなどの措置が取られる必要がある。この点は「説明書」が作成された段階では「目下考慮中」である。

四日から始まるGHQによる「日本案」の逐条審議では、前文の削除はすぐに問題になり、ケーディスは「GHQ案」に記載されたものをそのまま加えるように指示した[13]。そのため外務省が仮訳した前文が付されることになり、その内容は問題にされなかった。なおこの過程で、「日本人民」から「日本国民」への訳語の統一が図られるとともに、外国人の人権規定が憲法から外された(古関 2009: 184, 196)。六日の一七時に発表された「憲法改正草案要綱」では、前日段階での前文の表現が、入江俊郎法制局次長らの手で一部変更されている。

これ以降の公の法制史では、前文は内容上の変更を受けることはなかった。前文の行方を早足で追いかけてみたい。四月初旬には前文を含む憲法の口語化が決定し、前文の内容変更が俎上にのらないまま法制局とGHQの最終的な折衝を経て、一七日に「憲法改正草案」が発表された。二二日からは枢密院委員会で同案が審議され、前文の法的地位や国体論と国民主権の整合性などが論点となった。前文は若干の変更を受けたのち、六月八日に枢密院本会議で憲法改正案が可決された。同月二〇日に、「帝国憲法改正案」は、明治憲法第七三条の改正手続きにしたがって議会に提出された。そして前文は、衆議院帝国憲法改正案委員小委員会での審議で、「国民の総意が至高なるものである」という表現が「主権が国民に存する」と変更され、国民が主権者である点が強調された(八月二四日に衆院本会議で可決)[14]。次いで貴族院帝国憲法改正案特別委員会でも若干の修正を受ける(一〇月六日に貴族院本会議で可決)。再度の衆院可決を経て、枢密院の再諮詢で最後の字句修正を受けて、同二九日に枢密院本会議で可決された。こうして改正案は一一月三日の「日本国憲法」としての公布を迎える。

本節では前文の記述に対する、人物および勢力の関与をあきらかにしてきた。GHQが前文の文言を実質的に策定したことは間違いない。実際「GHQ案」が成立した以降の政治史は、公式および非公式をとわず、この案を「翻訳」する過程であった。また本節は、GHQと日本政府の双方が、国民主権を明確にしめす前文のもつ意義を重視していたことを確認してきた。それは国民が書いた前文という形式の受容が、国民主権のなかで天皇制をどのように維持するかについての試金石となるという共通了解を表している。

## 三　憲法前文を読む

本節では、主権者についての議論と関連する論点を主に析出しながら、日本国憲法前文を文章ごとに分析したい。前文の表記について、［項番号－文番号］を略号として使用する。なお英語訳を適宜参照し、文意を補完する。第一項は、憲法が成立した事実と方法を明らかにするとともに、その原理について説明している。

［１-１］日本国民は、正当に選挙された国会における代表者を通じて行動し、われらとわれらの子孫のために、諸国民との協和による成果と、わが国全土にわたつて自由のもたらす恵沢を確保し、政府の行為によつて再び戦争の惨禍が起ることのないやうにすることを決意し、ここに主権が国民に存することを宣言し、この憲法を確定する。

［１-２］そもそも国政は、国民の厳粛な信託によるものであつて、その権威は国民に由来し、その権力は国民の代表者がこれを行使し、その福利は国民がこれを享受する。

［１-３］これは人類普遍の原理であり、この憲法は、かかる原理に基くものである。

［１-４］われらは、これに反する一切の憲法、法令及び詔勅を排除する。

まず注意すべきは、前文の主語が（以下の項も同様に）「日本国民」であるという点である。そして日本国民が、「われら」として想定されるシニフィエと同義として使用されている。前節でしめしたように、この主語の統一は、ＧＨＱ

内部での前文作成の過程でなされた。［1-1］では国民（the people）が主権を有していることが明確に宣言される(15)。

日本国憲法においては、代表制民主主義が統治様式とされる。［1-2］で端的に述べられるように、統治における権威を国民にもとめるジョン・ロック流の信託理論が、国民主権と代表制民主主義を接続している。［1-3］によれば、この統治様式は人類に普遍的な原理であり、［1-4］はこれ以外の原理にもとづいた統治機構や法のあり方を拒絶している。つまり、「われら」にとって、代表制民主主義は普遍的であるとともに根源的であり、立法行為の限界が指摘されている。なお、同憲法が確立する日的に「諸国民（all nations）との協和による成果」が加えられ、国際協調および普遍主義的な立場が表明される。この点については第二項で詳しく述べられる。

第一項であきらかなのは、すでに「われら」が、「わが国全土」と表現されている領土を有するような、国家を前提とした公的空間に生きているという点である。それは、まさに冒頭で「日本国民」がすべての議論の出発点であることが明示されるように、「日本」という国家の存在はすでに所与として受け入れられている。

第二項では、おもに平和主義の主張が展開される。

［2-1］日本国民は、恒久の平和を念願し、人間相互の関係を支配する崇高な理想を深く自覚するのであつて、平和を愛する諸国民の公正と信義に信頼して、われらの安全と生存を保持しようと決意した。
［2-2］われらは、平和を維持し、専制と隷従、圧迫と偏狭を地上から永遠に除去しようと努めてゐる国際社会において、名誉ある地位を占めたいと思ふ。
［2-3］われらは、全世界の国民が、ひとしく恐怖と欠乏から免かれ、平和のうちに生存する権利を有することを確認する。

［2-1］によれば、「われらの安全と生存」を保持してゆく目的は、平和主義および人道主義の理念に合致し、ともに平和を愛する他国の国民を信頼するという状況下において追求される。［2-2］では、そのような国際社会の状況の共通理解が提示されるとともに、日本国民がそれに参加する意志を明確にしている。［2-3］では、平和的生存権がわれら日本国民のみならず「全世界の国民」(all peoples of the world)にも適用される点が表明されている。第二項の議論によれば、平和的な生存権を実現することは国際社会における普遍的な目的であり、日本国民はその一翼を担うことが強調された。「われらの安全と生存」とわれら以外のそれらとの間には、齟齬や対立は発生しない。

第三項と第四項はそれぞれ一文のみなので、まとめて提示したい。

［3-1］われらは、いづれの国家も、自国のことのみに専念して他国を無視してはならないのであつて、政治道徳の法則は、普遍的なものであり、この法則に従ふことは、自国の主権を維持し、他国と対等関係に立たうとする各国の責務であると信ずる。

［4-1］日本国民は、国家の名誉にかけ、全力をあげてこの崇高な理想と目的を達成することを誓ふ。

主権および主権者を考える際に、［3-1］の内容は示唆的である。なお文中で国と表記されるのは、英文では people である。他国の尊重という「政治道徳の法則」は「普遍的なもの」であり、主権国家はこの法則に従わなければならない。ある国家が主権を主張するということは、同時に他国の主権を承認することをもとめられる。

前節で解明したように、［3-1］は二月六日の会合でネルソンから提案され、GHQ内で前文が確定する一三日の段階で文面を一部変更して加わることになった。ネルソンの意図は、普遍的な政治道徳の法則が「われらが主権を保持すること」を究極的に定めることであり、これによって国家の外側から国民主権の正統性を強化することにあった。

ネルソンに同意したハッシーは、政治道徳の内容が国民主権の形式の擁護だけではなく、脱領域的という意味で普遍的な他の規範を含むと、より広い意味で理解している(これらの点にケーディスは反発した)。ホイットニーによる最終的な変更は、普遍的な政治道徳が国民主権および主権国家体制を規定するとし、結果的にネルソンの意図をより具体的に表現することになった。日本国民による「国家の名誉」を謳った[4-1]は、国民国家内における主権の形式をもっとも明確に表明しているといえる。

前文では、日本国民が達成を目指すべき「崇高な理想と目的」の内容として、国民主権、信託理論にもとづく代表制民主主義、平和的生存権、そして国家単位による国際協調がしめされた。本章は、これら脱空間的かつ脱時間的な理想と目的の顕示にあって、限定されたものについて着目したいと考えている。本章は、主権国家、代表制民主主義、主権国家体制、そして主権者の位置についての定式化を前文のなかに見出す。以下ではそれぞれについて論及したい。

主権国家について、すでに指摘したように、前文は基本的な政治単位としてそれを受け入れている。さらに、[1-1]であきらかにされるのは憲法がもたらすと期待される恵沢の対象として、「われら」のみならず「われらの子孫」が言及されているように、国家内における国民のクロノス的な再生産を日本国憲法が想定していることである。日本国が主権国家である点は、前文が語られ憲法典が成立するための不可欠な条件である。この一見自明な事実は、次節で考察するように、前文が語られる瞬間を理論的に拘束することになるだろう。

そして、その主権国家の統治様式は代表制民主主義とされた。かつて歴史的に存在したさまざまな統治様式を念頭に置くと、たしかに主権国家と議会政治システムとの論理的なつながりは弱いように思われる。ただし、この前文がわれら国民を主語として代表制民主主義を論じている点に注意が払われなければならない。「われら」が構想する統治様式においては、あくまで権威を有した国民によって権力行使が代表者に信託されたのであって、それは譲渡されたのではない。国民と統治機構の論理的な結びつきは、代表という契機に媒介されることで可能になっている。このような代表のあり方は、なんらかの意志決定機関を、国民主権を表象したものとするために必要とする。

第三に、公的な権力の単位が主権国家であることはもとより、伝統的にウェストファリア体制とよばれてきた主権国家体制を前文は擁護している。世界は対外的な独立を承認された主権国家によって分有されている。[3-1]がしめすように、主権は相互に平等であり不可侵であるとされる。このような認識は主権がそれぞれ領域的な存在であることを意味する。とりわけ注目に値するのは、前文が個々の領域的な主権に外部があることを認識し、その存在に普遍性を見出している点である。つまり、信託理論にもとづく代表制民主主義([1-3])、平和的に生存する権利([2-3])、そして他国の主権性を尊重する「政治道徳の法則」([3-1])は、ある主権国家に特有の規範ではなく、主権国家体制そのものに対して普遍的に妥当する。前文では、世界が主権から自由になることは想定されておらず、その普遍的な原理に日本国が共同して参加する決意を表している。また通例「万民」と訳される peoples に対応する、「諸国民」([2-1])、「全世界の国民」([2-3])、および「各国」(all peoples、[3-1])などの表現にしめされるように、翻訳によって憲法が主権国家体制内の人間のみを想定するものに変更された。

最後に、主権者の位置について確認したい。われら主権者は、享受する権利の性質という点において普遍的でありながら、その存在は主権国家の領域に厳密に限定されている。[1-2]によれば、憲法が表現する統治様式は国民の信託に依拠しており、国民はその権威を有するとともに福利を享受するとされた。国民は公的な権力の始点と終点に位置づけられ、その行使において無視されたり、どちらかに一方的に存在したりすることを許されなくなった。ただし、政治過程において主権者としての国民は、代表されるものとしてしか存在しえない。本章の議論にとって重要な点は、前文の主語がわれら国民であるということだ。主権者としての国民は、前文における各規定を自らの口で語ることで、自身の存在様式を規定している。前文に反するような主体は、日本国憲法における主権者とは認められない。

以上、日本国憲法前文における主権国家、代表制民主主義、主権国家体制、そして主権者の位置についての定式化を考察してきた。これらの論点は、アメリカ合衆国憲法やヴァイマル憲法などの当時参照しえた憲法前文よりも理論的かつ規範的である。また他の現代憲法と比較して、主権国家の構成内容に理論的に踏み込んでいる点とその外側に広がる主権国家体制を前提としている点を、前文の内容上の特徴として指摘できる。

## 四　憲法前文は、理論的に、誰が書いたか

前文の記述からあきらかなことは、その書き手が主権者としての日本国民だということである(清宮 1969: 181-82)。この自明の事実が成立した裏側では、第二節でふれたように、さまざまな勢力を巻き込んだ政治的な駆け引きがくりひろげられてきた。そのため、憲法内にしめされた国民の定式化を、ひとつの時代的な産物として評価することはたしかに可能だろう。ただし、本節ではこうした解釈とは一線を画し、国民主権の誕生を意識しながら、主権者概念の構成を問題化したいと考えている。それは、前文を語る主体としての「われら」の資格を再検証するという課題である。

問題を明確にしたい。前文を書いたのが日本国民だとすれば、その日本国民であることの要件は何によって定義されるのか。日本国憲法第一〇条では「日本国民たる要件は、法律でこれを定める」とされた。それでは、憲法典が成立する以前には、日本国民が存在しなかったのであろうか。また前文の内容を、これから国民になろうとする民衆が、どのように検討することができたといえるだろうか。主権者が前文を書くとみなす場合には、国民はあらかじめどのように決められ、誰によって、あるいは何によってその資格を与えられたのかが問われることになる。つまり、憲法典が存在する以前の領野において、国民主権の正統性はどのようなものとして存在可能であろうか。これらの問題に回答をよせることは、規範に先行してそれを基礎づけるような別の規範の存在を無限に必要とする。本節は、こうし

た決定不可能性から抜け出すことのできない前文の書き手の存在論を考察する。

このアポリアは「憲法改正草案」をめぐる枢密院審査委員会でも問題になっている（第三日、一九四六年五月三日）。

林顧問官：〔…〕我が国で主権在民などといふ考へ方は全然なかつた。〔…〕今日ないものが憲法草案確定によつてきまる。然るにこの草案には国民に主権ありといふことを確定せぬ前にかいてある。確定してから主権が国民にありと宣言することはかまはぬが、これではおかしくないか。

入江法制局長官：前文は天皇が発案せられ、こういふ趣旨に於て改正するといふことをきめられたのである。〔…〕日本国民が憲法を確定するとかいてあるが、日本国民の中核体が天皇で、その点では従来の考へ方をかへてゐない。

林：前文は天皇の宣言なりや。

入江：形式からいへば日本国民が宣言してゐる形をとつてゐる。その中心は天皇であり、案そのものは発案は天皇なり。[16]

入江の意図は天皇主権にもとづく明治憲法と新憲法の法的な接続をはたすことにあり、そのため前文を書いた国民は自らの法の外部（天皇）に根拠をもっているとされる。天皇の発議権と新憲法の国民主権の不整合については、美濃部達吉顧問官もまた疑問を呈した。これに対する松本烝治の答弁によれば、たとえ美濃部が提案したように、改憲手続きをしめした明治憲法七三条を改正するとしても、天皇主導による民主憲法の制定という矛盾の問題は先送りされるだけである（第一日、四月二二日）。この意味において、松本の表現によれば、「結局実質においてて民意を尊重すればよいので、五十歩百歩の差のある所を踏みきつた」（強調は引用者）[17]。

前文がしめすように、われら主権者は主権を生み出すと同時にそれによって規定されている。そして、われらをあらかじめ囲い、主権者の資格を授けるような法の外部があり、それは主権者概念の限界として理解することができる。国民主権の内側からでは、われらを主権者と規定する究極的な権力および根拠を見つけることができない。この主権者をめぐる決定不可能性を考えるために、ジャック・デリダによるアメリカ独立宣言の署名についての哲学的な分析はおおいに参考になるだろう。周知のとおり、独立宣言はおもに若きトマス・ジェファーソンの手によって執筆された。ただ、ジェファーソンがいかに偉大であったとしても、彼が唯一で至高な立法者であったわけではない[18]。独立宣言に多数のサインが残されているように、この宣言の主語はアメリカ各邦の代表者たちである。しかしながら、このような代表者たちもまた、「善良な民衆の名と権威」においてその権限が与えられていた。そのため、連邦に居住する民衆こそが権利において署名者である(Derrida 2002b: 49)。

しかし、すでに述べたように、代表の論理を追いかけることで最終的な書き手を確定する過程は、ここで終了するわけではない。そのような独立して統合された民衆の存在は、独立宣言以前においては不明だからである。その結果、独立宣言への署名が、存在するものに言及した事実確認的な発言であるのか、それとも言及することで何かを行う行為遂行的な発言であるのかを決定することができない[19]。デリダが強調するのは、独立宣言以前には権利としての署名者は存在しなかったのであり、この意味において「署名が署名者を生む」ということである。「〔独立宣言を基礎づけるような〕民衆は存在しない。彼らは実体としては存在しない。実体はこの宣言以前にはそのようなものとしては存在しないのである」(Ibid.、強調は原著者)[20]。

デリダの議論を日本国憲法における主権者論と重ねあわせてみよう。本章が論じている課題は、「主権が主権者を生む」ということである。(少なくとも、憲法制定過程に能動的に参与する主体という意味において)前文が書かれる以前には主権者としての国民は不在である。しかし、主権者が自らの主権を宣言する瞬間には、すでに主権者は主権によって規定されている。さらにいえば、前節で検討したように、憲法前文において主権国家体制はすでに普遍的なものとして存在しており、たとえ「われらが日本国民である」と宣言することを断念したとしても主権の外側に立つことはできない。われら実体としての主権者は、主権が自分たちと同時に成立したとする以上の関係性を主権に要求することはできないのである。テクストが書き手に先行している。このとき、まさに日本国憲法第一〇条が表すように、国民は自らによって自己言及的に構成されるような存在である。

ここで主権者の定義に関する憲法典の役割に注目したい。憲法典は、主権者を優先的に規定することによって、政治をふたつのクロノスに切り分けている。憲法典は、主権が国民国家と結びつく以前の政治過程についてはまったく関与せず（例えばGHQによる押し付けの手続き上の正しさについては関与せず）、それが制定された以降の統治機関のあり方のみに関係する。主権者は自らの来歴を遡及することを憲法典によって阻まれ、その定式化の範囲内にのみ安住することがもとめられる。同時に、憲法典自体も過去のないものとして描かれるのである。つまり、それに先行してあったはずの主権者は憲法典によって隔てられているのであり、もはや事後的な「われら」と一致することがない。いや、そもそもそのような主権者は同一クロノス上に存在しないのである。

そうであるならば、主権者は何によって正統化されるのであろうか。ここであらためて問題として取り上げたいのは、日本国憲法それ自体の普遍化可能な正統性と、その正統性と抵触するかぎりにおける限界である。この問題は、前文を作成する過程でケーディスが蛇足であるのみならず虚偽とした、普遍的な政治道徳の議論に足を踏み入れている。日本国憲法の特質として、主権国家および主権国家体制が存在するという「現実性」に、それが規定する国民主権と結合した代表制民主主義の正統性がもとめられている点が指摘できる。もちろん、このような主権のあり方はあきらかに帰結主義的な産物であり、その妥当性を承認することと普遍性を見出すこととは、埋めることのできない断絶がある。しかしながら、日本国憲法が依拠する「現実性」は、このような歴史的事実ではなくて、主権と国家の事実としての結びつきを意味している。そしてこの「現実性」は、各国家にあまねく適用されるという意味において普遍的である。「主権者であること」は、もはやこれ以上の問いかけを拒絶するような、現実的なものとしての主権によって規定されている。

主権国家体制の現実性は、たしかに初期近代においては統治の正統性の源泉とみなされたわけではない。主権者の存在論をめぐるアポリアは、歴史的には神をもちだすことで解決されてきた。神は主権者をあらかじめ決定することで、特定の主権領域の妥当性を基礎づけている。デリダが例示した独立宣言はその典型である。国民主権の「事実と権利」を神がつなげることで、署名と署名者をめぐる永続する矛盾的な関係への問いかけを留保し、われら主権者における至高性と領域性の両立を可能なものとしている。このとき、「神は――もっともその名にふさわしいものとして――この最終審級とこの究極的な署名のための名である」(Derrida 2002b: 52)。[21]

もちろん現代政治では、神への依拠はすでに説得力を失いつつある(比較的多くの国々の憲法前文で、神に関する記述は残存しているものの)。ただし本章が指摘したい点は、神にせよ主権国家体制の現実性にせよ、これらが国民主権における契約論的な思考が遡及できない外側の支えとして機能しているという点である。これらは、主権国家の原理となった国民主権が置換される可能性を拒絶する。いいかえるならば、国民主権それ自体が、「われら」が問題化しえないような、法の外側にある権力関係によって創設されている。

本章の認識によれば、日本国憲法作成における外国の関与は国民主権の外側にある問題である。たしかにジェファーソンのペンには、のちの連邦議会に引き継がれるような大陸会議による、国内における正当な手続きにしたがった授権があり、ＧＨＱのペン(タイプライターとよぶべきか)にはそれがなかった。だからこそ、「憲法改正草案」に対する日本政府内での正当な審議が必要とされ、ＧＨＱもまたその必要性について表明しなければならなかった(古関 2009: 246)。しかしながら、本章が問題としている点は、憲法典が成立する以前には、その憲法典そのものを規定する規範が、理論上、不在であったという点である。繰り返すならば、前文を語る日本国民はその憲法典によってもたらされたのである（e. g. 長谷部 2000: 140）。憲法典においては、書き手はあくまで自己言及的に構成されるのであって、書き手がどのような資格を有しているかについてや、いかなる選出方法が採られたかについては、まったく関与しない。つまり、憲法典をめぐる法的な議論としては、「押し付け」を問題化できないということである。憲法典以前には、誰もが書く資格をもっていないと同時に、それがすべてに開放されている。より適切に表現するのならば、書く資格という観念自体が当該の憲法典からは問えないのである。

もちろん、「われら」にとって、その始原に分かちがたく埋め込まれた自己否定の契機は、日常生活を営む上でまったく意識されるものではない。しかしながら、ボニー・ホニッグは、国民主権の始原がもつ矛盾的な論理の飛躍に敏感であった思想家として、ルソーの名をあげている。ルソーは、主権そのものと実質的な規定とのズレという国民主権の理論的な瑕疵を克服するために、国民主権とは一見対立するような、外国出身の立法者の存在をもとめる。ホニッグによれば、ルソーは一般意志と現実の人民の行動は完全に一致するものでないことを自覚している（Honig 2001: 19）。そのため、人民を信頼しながらも、彼らの共同体が一般意志を正しく反映して自律的に機能するまでの期間には、立法者が法を授ける必要がある。そして彼女の言明によれば、「外国出身の設立者の外国性は、〔…〕それ自体では生かし保障することができない一般意志を、生かし保障するために必要な距離と公平さを保障する」（Honig 2001: 21）。立法者は、主権と実質的な規定とを架橋することで主権者を十全に代表した統治様式を実現可能にするとともに、その実現を見届けるやいなや、すぐに去りゆくことが約束されている。立法者の役割は、国家の基本的な法を定めることで、まさにわれら主権者を実効的な主権者へと導くことにある。

では、この外国からやってきた立法者をそのままGHQと同一視して、日本国民の意志にもとづいた統治機構が始動するまでに果たした役割を積極的に評価すべきだろうか。ここで本章が問題にしたいことは、GHQがポツダム宣言を日本政府に履行させるために上陸したという無視しえない歴史的背景を有している点や、一般意志を現実化するにはGHQがあまりに特殊な意志に支配されていた点ではない。外国出身の立法者が意味するのは、主権者とは異なる何かが「われら」を規定するということである。立法者の外国性は、事実として外国人ということではなく——それは事後的にしか定義できないはず——、国民主権の政治制度が成立したのちにその法的な効力の内側に回収されない性質をしめしている。GHQは、憲法典に時間的に先行するために実体化が不可能な、主権者である日本国民のペンとして、国民主権を規定する前文を文章化したのである。

ルソーの生真面目さは、はじまりとしての国民統合の契機に目を向けて、一見不条理な立法者を登場させることで、「事実と権利」の接続を説明しようとした点にある。いまや不要とされているこの生真面目さにもう少しだけ拘泥しながら、最終節では本章の議論をまとめたい。

## 五　外国の痕跡とこれから

本章の意図は、戦勝国出身の外国人が前文を書いたことや、国民に憲法典を承認する直接的な機会が与えられなかったことを問題化することではない。これらは現行憲法の内側からでは問うことができない問題である。われら主権者は、自らの資格を問うことができない外部によってはじまりを与えられている。日本国憲法前文の記述に注目するアンドリュー・アラートの表現を用いれば、「日本では、主権者としての民衆はまったく実態がなかった〔……〕」(Arato 2017: 22)。

以下では、前文がしめした主権者のふたつの特質に触れながら、本章のまとめとしたい。一点目は、主権の現実性によって国民主権が正統化されているということである。前文は、主権者を規定する法の始原に現実があることを、積極的に提起してきた。前文が描く一国内の国民主権は、他国の国民主権が普遍的に存在しているという現実性を最終的な根拠としている。これは、主権国家に生きるわれらによっては否定しえない前提である。われらはこれ以上自らの出自を疑う必要も資格もない。

この現実性は、第二の特質である、国民主権が自らのはじまりを説明できないという欠点を覆い隠すのに役立っている。これは、われらがいつから「われら」なのかという問題である。前文が避けることのできない国民主権に固有の困難さは、主権者である国民の資格をどのように、前文に先行して、確定するかということである。すでにみたように、ケーディスはこの困難さを意識的に無視することを提案した。この一見酷薄な提案は、実はそれなりに魅力的である。なぜなら、たとえ第一の特質としての主権国家体制の普遍性が想定可能であったとしても、ある特定の国民主権の形式の誕生に関する、ひとつの状況証拠を加えるにすぎないからである。ある国民主権が成立する一押しは、あくまでその外側からなされなければならない。このような一押しがわれら主権者による現行の民主主義と異なる制度や作用であるという事実は変更できず、いかなる手続きや議論を重ねても「五十歩百歩」だからである。このような一押しとして、本章では外国性の意味を考えてきた。

国民が不在の時間で国民主権を実現するために、GHQが外国性を担うことになった。もちろん、実際の憲法制定過程では、そこには明治憲法が存在しており、その継承関係が理論的な問題になった。しかし、国民主権が成立することにより、国民主権以前の問題は、もはやわれらの問題として対象化できない外的な事柄となってしまった。国民主権においては公的な権力の始点は国民にあり、それは国民のために使用される。そのため、この水平的な権力の循環において、国民以外の主権者が入り込む余地はない。

以上の議論を踏まえるならば、前文の書き手は分裂したものとしてしか描くことができない。書き手は、歴史的にいえば戦勝者のGHQであるし、法的継承関係では前主権者の天皇であるし[22]、その文言に従えば普遍的な政治道徳に支持された国民ということになる。このような分裂は、国民主権のはじまりを語る困難さを顕在化させる。書く主体の不在は、国民主権そのものに内在した問題である。[23] 国民主権のスタート地点に立つ私たちは自律的ではなく、自己統治を内在的に実現させられない。民主主義の開始時点で主権者は不在、そしてそのため代表の契機を必須とし、それ以降の持続する民主主義的な政治過程に継ぎ目なく接続する。少なくとも本章の分析によれば、不在と代表のない、純然たる自己統治のクロノス的な現在は、民主主義のはじまりにすら発見できなかった。こうして、自己統治の達成は遅れざるをえず、代表の介入を拒絶できそうにない。

それでは、はじまりの時点ですら自律的ではない主権者は、何も自発的に開始できないのだろうか。主権者を定めた権力は法体系の内側からは対象化できない。そして、その権力が正当であったかは、現行の憲政の観点から、もはや問題化しえない。しかし、政治的思考はこの境界線の存在を疑い、あるべきわれらの権力のあり方を法的規定を乗り越えて探索する。さらには、国民主権におけるはじまりの外国性を「われら」の決定不可能性として受け入れつつも、GHQの政治過程への関与を問題にすることは、政治的な議論としては可能であろう。私たちの現在とは区別された過去や未来から、現在を反照する知の形式が慎慮である。本書がしめしてきたのは、持続的な民主主義を構成するという意味で、慎慮の根源的に民主主義的な性格であった。

いまさら政治の基本に立ち返るなら、民主主義は「人民の人民による人民のための統治」という表現として、エイブラハム・リンカーンの名とともに記憶されている。[24]「人民のための統治」は統治体制が民主的でなくても可能だ。また現実政治では、その成果を評価するための重要な基準として「人民のための統治」は機能しており、だからこそいっそう解釈論争の渦中にあるような要素ではあるものの、本書の中心的な論題ではなかった。

本書の関心は「人民の統治」および「人民による統治」にあった。民主主義の時間という観点を挿入することで見えてくるのは、ひとつには両者の不安定なつながりである。「人民による統治」はいつの人民によって実践され、どのようなかたちで「人民の統治」との同一性が確証されるのか。これらの整合的なつながりはかなり実現困難で、民主主義に関する共通認識を確立することの主要な阻害要因といえよう。ただし、こうした内在的な緊張を本書は民主主義の特徴として理解することも勧めてきた。「人民による統治」を「人民の統治」と読み替え可能にするのが代表であり、それは時間的には未完成の人民による自己統治を、自己統治そのものとして確証させる。しかし、時間の経過とともに「人民の統治」から「人民による統治」が溢れ出すので、それをふたたび包摂するのに、代表はつねに、再帰的に必要となる。

たしかに「われら」の成立に、過去でも未来でも、到達できないかもしれない。しかし、この慎慮的な探索はあらたな政治的な現実性を積み重ねてゆくことになる。それはたとえ状況証拠であったとしても、新たな政治秩序の根拠の一部になるかもしれない。

第七章

# 終焉

——民主主義がなくなるとき

## 一　コロナ禍の民主主義——あらためて何が問題なのか

民主主義は博物館に送られる寸前だ、というのは大げさすぎるだろうか。ダニエル・インネラリティの表現を用いれば、二〇一九年後半から流行しはじめた新型コロナウイルスによって、「多くの挑戦や形式上の変更を生き抜いてきた民主主義は、いま、前例のない岐路に立たされている」(Innerarity 2020: 126)。本書が公刊される頃には、民主主義は時代遅れの政体になっているかもしれない。

ふたつの世界大戦をくぐり抜けて、ようやく世界史的に固まったかにも思われた民主主義に対する信頼と評価は、はやくも毀損しはじめている。民主主義が緊急時に役に立たないというイメージが、グローバルに流布してしまったからだ。もし、こうした現状認識が正しいとすれば、民主主義に不信の目を向けてきた古典的な思想や政治認識の方がやはり妥当性があり、数百年にも満たないような、それを高評価する傾向こそ間違いであったかもしれない。ともあれ、こうした結論にあわてて飛びつく前に、民主主義の時間についてもう少し思索を重ねてみたい。それだけの時間はまだ残っているはずだ。

他の学問分野でのコロナ対応・情勢の分析の急激な増殖と比べると微々たるものだが、政治理論分野でも、ある程度はその考察が堆積しつつある(1)。私たちの問題意識を明確にするために、『デモクラティック・セオリー』誌の新型コロナ流行特集号を手に取ってみよう(*Democratic Theory*, Volume 7, Issue 2, Winter 2020)。同特集号は、かなり広範な政治学者たちに寄稿をよびかけて、コロナ流行が民主主義に与えるインパクトに関する考察を集約する(二三名の研究者・二〇本の論考)。

巻頭論文では、同特集号が展開するさまざまな知見が、五つの洞察に整理されている(Afsahi et al. 2020)。

(1) コロナウイルス(COVID-19)は、すでに危機に陥っていた民主主義的な諸制度に、深刻な影響を与えている。
(2) コロナウイルスは、緊急事態における、民主政治の別の可能性を明らかにしている。
(3) コロナウイルスは、民主主義諸国の国内での不平等や不正義を拡大する。
(4) コロナウイルスは、長期的な連帯のための、制度的な基盤の必要性をしめす。
(5) コロナウイルスは、国民国家の優位とその限界を明確化する。

私見によれば、これら五つの展望はさらにふたつに縮減できる。ひとつは、

(A) コロナウイルスは、現状の民主主義がはらむ欠陥・課題をいっそう深刻にする。

この(A)が包摂するのは、(1)と(3)、そして部分的に(5)である。コロナ対応を起爆剤にして、民主主義の諸制度や諸機関に対する不信が増幅するとともに、これまで権限を集約してきた政治リーダーを中心とした執行部が、ますます大きな権限を握ることとなる。とりわけ、権威主義的な傾向が明白であった東欧やラテンアメリカ諸国において、コロナ流行を奇貨として、執行部の支配がさらに強化される事例が本特集号でもいくつか報告されている(e.g. Rapeli and Saikkonen 2020; Gaskell and Stoker 2020)。また、いわゆる先進民主主義諸国であっても、ロックダウンや緊急事態宣言の発令という措置で顕著なように、執行部による(ときとして人びとの諸権利との衝突や中間団体の弱体化をはらみながらの)権限の拡張という志向がみられる。こうした傾向性がどのような意味で民主主義と対決するのかは、本

章が次節以降で検討する課題である。

さらに、コロナ禍それ自体はもとより、コロナ対応をめぐる一連の政策的な措置もまた、ジェンダー、人種、世代、経済、職業、あるいは健康などの項目毎の弱者を、より脆弱な立場に追い込む(e. g. Honig 2020; Scauso et al. 2020)(2)。こうした弱者はもちろんコロナ禍とは無関係にもともと存在していたが、民衆の負担をなかば当然のものとするような、公私にわたる介入と要求の数々は、その加重によって既存の格差をいっそう拡張する。その結果、人びとの参加と関心によって支えられる民主主義は、この環境下でさらに実現困難なものとなるかもしれない。(A)をまとめるなら、コロナウイルスの流行は、民主主義を非民主的に、そして非民主主義をさらに非民主的にする効果をもつ。

もうひとつの解釈は、

(B) コロナウイルスは、民主主義のあり方に関する反省的な契機となる。

この(B)が包摂するのは、上述の分類では(2)と(4)、そして同じく部分的には(5)である。たしかにコロナ禍は、これまでの政治の様式の、形式的な変更を余儀なくする。例えば、議会やデモのような人びとの身体的な集合を阻害したり、執行部の指導力を高め、またそれを当然とする私たちの政治認識を形成したりするだろう。こうした変更可能性の評価についてはここでは留保するが、コロナ流行がもたらすと予測される民主主義への影響は否定的なものばかりではない。同特集号が指摘する変化としては、コロナ対応の有効性が如実に映し出すように、高度な医療技術や強権的な措置を誇るのではなく、連帯の制度的実現の意義が周知となるかもしれない(Prainsack 2020)。また、パンデミックによってそれぞれの国民国家の力不足が表面化するものの、そのため逆に、世界規模での情報共有や国家間の協力関係の構築に寄与する可能性もあり、グローバルな民主主義が構築される一押しとしてそれが寄与したと後世に評価されるかもしれない。たしかに現在、国家主義的なコロナ対応に世界が終始しているが、コロナ危機は将来の国境線の開放、グローバルな平等の実現、あるいは地球環境と民主主義構想の調和に連なる可能性もある（e. g. Owen 2020; Kurki 2020）。（B）は、コロナ禍という不幸な事態であっても、民主主義の実現に関する肯定的な要素をそれでも見つけ出そうとする、政治学者たちの苦闘の証しともいえよう。

さて、『デモクラティック・セオリー』誌の検討によって、（A）民主主義に対する障害、と（B）新たな民主主義の構成的な契機、という洞察が導かれた。この意味で、不透明感の増す情勢に直面して、悲観と楽観とが共存している。[3]ここで私たちが試みたいのは、（A）と（B）の架橋という民主主義の原理的な問題である。すなわち、コロナ禍のような緊急事態にあって、そもそも民主主義でいいのかという問題だ。（A）では、民主主義のさまざまな欠陥やその悪化が白日のもとに晒された。そのため、まず必要なのは（B）を展開する前に、今後も、あるいは今後こそ、民主主義でよいのかという了解である。これは（A）の問題提起を真摯に受け止めるとともに、（B）を空中戦で終わらせないために重要な原理的な考察である。

この問題は、いいかえるなら、民主主義の時間に関する審査である。本章はコロナ禍という時代性を強く意識しつつも、より一般的な政治理論の問題として民主主義と緊急事態の関係を考察する。時間的な存在としての民主主義は緊急時に耐えうるのか。緊急時にどのような対応をするのか。専門家支配といかに折り合いをつけるのか。よりあからさまにいえば、民主主義はいつまで民主主義でいられるのか。つまり、いつ、民主主義は終わるのか。以下では、緊急時に露呈するようなこうした民主主義の時間的な性質を原理的に考えてみたい。

次節では、民主主義の死を意識せざるをえない現代政治理論の問題系の検討によって、加速化と緊急性を区別しつつ、偶然性を考察する理論的な課題への流れを導く。第三節では、偶然性の意味について、政治に関する原理的な考察を深めることで、より詳しく分析したい。偶然性は既存の政治にとって不安定化の要因でありながら、私たちの自己実現に必然的な要素として民主主義が包摂せざるをえない性質でもある。こうした民主主義の条件を前提とした上で、第四節ではその緊急対応力を、民主主義の実質、目的、そして正統性に注目して検討する。そして第五節では、これまでの理論分析をふまえて、平時の民主主義がやっておくべき準備が提案される。最後に、民主主義がいつ終わるのかについて、かなり控えめな予見がしめされる。

## 二　民主主義の死から偶然性を考える

緊急時において、民主主義の何が問題となるのか。問題を鮮明にするためにも、本節では緊急事態が勃発する時点について、より詳しく分析してみたい。

民主主義の危機は、民主主義の制度化の裏側に固着して、これまでもくりかえし登場してきた言説ではあるものの、近年のそれは死という表現で語られるという外形的な特徴をもつ。スティーヴン・レビツキーとダニエル・ジブラットによる『民主主義の死に方』が指摘するのは、現代では、民主主義を殺すのもまた民主主義だという事実である(Levitsky and Ziblatt 2018)。民主主義体制の崩壊は、外在的な出来事による衝撃や、公的な手続きと乖離した勢力による攻撃によって発生するのではない。むしろ、選挙で選出された反民主主義的な人物らが主導する合法的な独裁によって、司法やメディアなどの他の機関が支配され、民主主義の実質が破壊されることでそれは死を迎える。このとき、選挙を中心とした民主主義的な制度の多くは残存し、また民主主義の理想的な実現がいっそう喧伝されるかもしれないが、それでも民主主義の内実は失われている。こうした非民主主義的な人物の政治的な台頭を直接的に許すのは、政党をはじめとする政治組織の劣化である。

他方で、ウェンディ・ブラウンは、民衆の自己統治としての民主主義に対する現代的な障害に、市場経済の浸食、すなわち新自由主義の跋扈を認めている。

> わたしが言いたいのは、たんに市場と貨幣が民主主義を腐敗させ劣化させるということだけではなく、政治的諸制度とその帰結がますます金融資本と企業資本によって支配され、民主主義が金権支配、すなわち金持ちによる金持ちのための支配にとってかわられるということである。それどころか、新自由主義は今日、国政、職場、法制、教育、文化、そして日常の活動の膨大な範囲に偏在しており、民主主義の構成要素のあきらかに政治的な性質、意味、作用を、経済的なものに転換させる。自由民主主義的な制度、実践、習慣は、このように転換された後には、生き延びることはないかもしれない。ラディカルな民主主義への夢もまた、生き延びることはなさそうだ（ブラウン 2017: 9、強調は原著者）。

新自由主義的な合理性の普及によって、政治主体は人的資本に還元され、平等、自由、あるいは人民主権などの公共的な価値は剝落しつつある。新自由主義は民主主義の基盤である人民の存在に対する、目立たないが確実な攻撃である。そのため、「民主主義の原理の経済化とは、この理念（人民主権）をついに殺してしまいかねないものである」（ブラウン 2017: 241）。たしかに、民主主義はそれ自体で幸福を約束するものでもないし、何かしらの悲劇の呼び水になるかもしれない。「しかし、民主主義なくしては、わたしたちが現在に対する説明責任を果たし、わたしたちにみずからの未来をつくる権利を与えるような言語や枠組みを失ってしまう」（ブラウン 2017: 242）。新自由主義への対抗に賭けられているのは、私たちの未来に関する自己決定権である。

このように、民主主義に迫る死とともに語られる近年の危機論は、民主主義が制度的にも理念的にも定着したかに思われた、先進民主主義国を主に対象としている。つまり、これまで生きていた民主主義の、制度ではなく実質が破壊される状態が、死と表現されるのである。[4] いまや民主主義は、社会的なニーズからますます乖離し、機能と精神の双方でその実質を新自由主義的な市場経済に代替されており、そして自らの手で民主主義的な価値や条件を破壊するような自暴自棄に陥っている。たしかに選挙や憲法もあり、裁判所や議会も仕事をつづけるので表面的には変化に気づかれないかもしれないが、それでもこれらは民主的な自己統治と切り離されようとしている。緊急事態は、こうした危機的な状況にある民主主義にも遠慮なく襲い掛かり、ついには、とどめとなるかもしれない。

民主主義の危機を時間という観点から問題化したのが、シェルドン・ウォリンであった。ウォリンの現状認識は上述のブラウンとよく似ており(むしろブラウンがウォリンに依拠しており)、経済(企業)が政治を浸食しているというものだ。民主主義は、その実質である参加や熟議が、経済的なものの支配によって実現困難に陥っている。ウォリンによれば、熟議を基調とする政治時間のペースは、流動的で可変的な経済や大衆文化の加速化したペースからますます遅れている(Wolin 1997; e.g. Glezos 2012: 37-38)。政治を取り残すような社会の加速化によって、民主政治が活動するための余暇は失われていく。[5]

ここで本章が提起したいのは、加速化と緊急性の区別である。[6] これらはともに民主主義の時間に関する危機的な様態であり、おそらく現象的には大差はない——例えば加速化した社会情勢にあって、あらゆる課題は緊急と表現され、それに対応する民主政治の遅さを一様になじる。しかし、民主主義の時間的な限界を考えるために、少なくとも理論的には、両者を区別しておいた方がよいだろう。

ウォリンが問題化した、加速化にともなう民主主義の危機は、民主主義の存立それ自体を崩壊させるような余暇的な時間の枯渇である。それは、社会の全般的な変化のなかで生じる民主主義の実質に関する変化、もしくは形骸化である。たしかに民主主義の機能不全が問題になるものの、その現象の把握は中長期的な時間的な枠組みで行われる。民主主義の死に関する先行研究も、基本的にはこのような時間意識にしたがって、民主主義の危機を理解している。

肯定的な影響はありうるかもしれないが、加速化が民主主義のあり方を今後も悩ませつづけるのは確実である(Flinders and Wood 2015)。そして、政治以外の加速化を反映する事象や勢力によって、民主主義の実質が拙速に破壊されることもありうるだろう。

これに対して、本章が論じる民主主義の緊急性は短期間・短時間である。また、その影響が既存の民主主義を変化させる(あるいは死に至らしめる)というタイムスパンではなく、あくまで民主主義と衝突する時点に注目している。この場合に問題となるのは、不意の出来事に関する、民主主義の対応の首尾である。すなわち、より理論的な表現を用いれば、民主主義と偶然性(contingency)の関係である。たしかに偶然性との出会いに、社会の加速化によって引き起こされる側面があるのは否定しがたい。例えば、ある選挙結果を左右するような、投票日直前の候補者に対する暴力の偶然的な発生は、その事件を報道するメディアや情報ツールの発展的な加速化と、一体として語られるべき出来事だろう。だが、本章の審査対象は、こうした偶然の出来事に対する民主主義の原理的な対応力である。それは、不意の出来事に対する、民主主義の個別の反応や帰結の成否ではない。そして審査基準もまた、すでに死病に取りつかれているとされた民主主義をどの程度延命できたか、ではない。以下では、自然災害や暴力事件、そしてパンデミックなどの偶然性は民主主義に死を与えるのかを考える。すなわち、殺人犯としての偶然性の資質が問われるのである。

民主主義にとって、予期しえない偶然性との遭遇は、どのような意味をもつのか。緊急事態にある民主主義とって、この問いはたんに機能的な課題ではなくて、自らの強度に関わる原理的な課題でもある。

## 三　偶然性の政治理論――政治の代償について

一九九九年の時点で、哲学や歴史記述、そして政治理論において、偶然性が「ファッショナブル」だとカリ・パローネンは喝破している(Palonen 1999)。いまから思えば身に覚えのない流行ではあるものの、ここで彼がまくしたてて言及するのは、必然性を強調するような、六〇年代から七〇年代にかけての学的・社会的な風潮からの変化という時代背景である。この時代認識が正しかったのかは別にして、パローネンおよび本節が注目するのは、偶然性の流行に関係する、その内在的な特性である。その流行に寄与した内在的な要素として彼が指摘するのは、概念的な多様さである。偶然性はその意味する事柄が多様であるため、どのような意図とも接続しやすく、さまざまに反響しながら、この言葉が用いられる。

パローネンにしたがえば、偶然性が映し出すのは、根拠のない存在のあり方であったり、根拠のなさそれ自体であったりする。また、偶然性は別の可能性の存在や、その承認を意味する。偶然性は私たちが取り扱うべき対象範囲を広げる傾向をもつので、善し悪しはさておき(現状に対する)リスクと同等の意味で語られることもある。彼の整理を引用するなら、

> それ〔偶然性〕は修正可能性、可変性、選択可能性などを含むと同時に、これらの反対側では、時機に適う、儚い、破壊可能、失敗や崩壊する運命などのニュアンスがある。時間との関係において、偶然性はつねに予期できないものや予測不可能なものであり、制御不可能なものである(Palonen 1999: 6)。

偶然性にはわからなさの多くが無造作に投げ込まれており、それは不透明性を増したかに映る社会情勢では、あらゆる事柄を表現するのに最適な性質といえそうだ。わからなさの内容を大枠でまとめるなら、ひとつには出来事の根拠であり、もうひとつは出来事の時間、すなわちその発生時刻や顚末である。つまり偶然性は、規範や制度などの現状をその根底から掘り崩し、しかも不意に出現するような性質である。政治理論において偶然性が意味するのは、私

たちの政治認識を拡張する可能性であるとともにその脆弱さであり、期待と不安が同居する居心地の悪さである。この居心地の悪さについて、以下ではさらに自覚的に問い直してみたい。

アンドレアス・シェドラーは、政治学における偶然性の概念的な構造を整理している（Schedler 2007）。偶然性のあいまいさをくりかえし口にしながらも、彼が提示するその要素は、別の可能性がありうるという非決定性、選択に依存するという条件性、そして予測できないという不確定性である。これらの要素は、アクター、ルール、あるいは出来事などの性質として政治の世界に現われ、そして偶然性の意味を構成している。

シェドラーの狙いは、現実性に限定されがちな政治分析のあり方に偶然性の領域を提示して、その拡張を図るというものだが、私たちは彼が意図していない点に注目したい。それは政治における偶然性を「意味論的な構築物」として分析する、彼のスタンスである。重要なのは偶然性やその三つの要素が、事象を意味するというだけでなく、それを解釈する立場、すなわち「私たち」をも想定しているということだ。しかし、こうした私たち自身は偶然性を免れているのだろうか。

政治における偶然性をその根源まで掘り下げて、人間や世界のあり方からそれを理論化した思想家として、ハンナ・アーレントを名指しすることは許されるだろう(7)。よく知られているように、彼女にとって政治は言論と行為を通じた、人びとが相互に現われる実践である。それぞれの人間は、行為を通じて何かを創始する。マーガレット・カノヴァンは、アーレントの政治理論を偶然性という観点から整理する。「彼女〔アーレント〕のすべての著作は、〔…〕予期しえなかったものの物語であり、彼女の思考には何か新しいことを始める人間の能力に関する追求が充満している」（Canovan 1998: vii）。それでは、アーレントの『人間の条件』のなかから、政治と偶然性の接触を確認しよう。

〔…〕どんな政治体でもさまざまな制度や境界線があり、そのおかげで行為に固有のこの無制限性がある程度防止されているのはたしかである。ところが行為には、この無制限性という第一の特徴に加えて、行為の結果を予知できない不可予言性という第二の顕著な性格があり、政治体の制限や境界線は、この不可予言性を相殺するにはまったく無力である（HC: 191=309）。

政治に関する意見や信念は偶発的で多様性に満ちており、そのため、政治は偶然性に直面せざるをえない。行為は政治体による限定をすり抜ける。だからこそ、アーレントの思考の軌跡自体が雄弁に語るように、偶然性が織込み済みの、対話や判断がいっそう重要となるのである（Ballacci 2018: 164）。

政治が偶然性から逃れられないというアーレントが指摘した事実は、人間のあり方によって深く規定されている。

すでに起こった事にたいしては期待できないようななにか新しいことが起こるというのが「始まり」の本性である。この人を驚かす意外性〔unexpectedness〕という性格は、どんな「始まり」にも、どんな始原にもそなわっている。〔…〕新しいことは、常に奇蹟の様相を帯びる。そこで人間の行為する能力をもつという事実は、本来は予想できないことも、人間には期待できるということ、つまり、人間はほとんど不可能な事柄をなしうるということを意味する。それができるのは、やはり、人間は一人一人が唯一の存在であり、したがって、人間が一人一人誕生するごとに、なにか新しいユニークなものが世界にもちこまれるためである。〔…〕「始まり」としての活動が誕生という事実に対応し、出生という人間の条件の現実化であるならば、言論は、差異性の事実に対応し、同等者の間にあって差異ある唯一の存在として生きる、多数性という人間の条件の現実化である（HC: 177-78=289-90）。

つねに偶然性と関係するアーレントの政治は、「諸個人の唯一性《ユニークネス》の帰結」(Whitebrook 1999: 88)である。カノヴァンの適切な表現によれば、「人間は多元的で可死的であるが、人間の条件についてのこうした特徴こそ、政治にその奇蹟的な開放性、およびその絶望的なまでの偶然性を授ける」(Canovan 1998: xvii)。政治はいつも偶然性とともにあるが、それはまさに個人がそれぞれにユニークであり、それらの共通の行為であることの証しである。偶然性を認めることは、思考を諦めたり、勢いに身を委ねたりすることではない。それは偶然性に満ちた、「世界に対する責任を引き受ける明確な志向」をしめしている(Birulés 2009)。そして、むしろ政治的行為が予測できず、際限がないために、「アーレントにとって、〔…〕実に慎慮は政治に必須である」(Ballacci 2018: 172)。

他方で、すでに上で触れたように、完全無欠な論拠の不在を導くような政治的な偶然性は、私たち個人のあり方にも浸潤する。アーレントも、私たち行為者ですら自分を知らないという事実に言及している。

この活動と言論によって人間は自己自身を暴露するのであるが、その場合、その人は自分が何者であるのか知らないし、いかなる「正体《フー》」を暴露するか、前もって予測することもできないからである(HC: 192=311)。

私たちが自分を知らないままに行為に参加するという、ある種の無責任と政治は共存している。しかし、政治主体がすでに偶然性を帯びているのであれば、それはもはやスキャンダルではない。

こうした政治主体の偶然性を詳細に分析し、後期近代の権力関係や既存の政治に関する学知に対する批判的な思考を展開してきたのが、ウィリアム・コノリーである。アイデンティティの純粋さを追求し、それ以外を悪として排除する現代政治の機制に対抗して、『アイデンティティ／差異』で彼が採用する戦術は、「いかなる特定のアイデンティティも偶然的な要素を宿しているという事実を露わにすることによって、生のアゴニズムへの配慮を涵養すること」

(Connolly 2002a: 159=298)である。本章の関心は、この戦術の内容や妥当性というよりも、偶然性に関するその捉え方にある。

アイデンティティの偶然性に関する自覚は、それ自体がすでに解決策である。だが他方で、実は問題でもある。(8) この両義性を検討する前に、まずコノリーによる偶然性の定式化をみておこう。彼もやはり、偶然性の多面的な性格の叙述から筆を起こす。

> 必然的で普遍的なものとの対比において、それ〔偶然性〕は変更可能で個別的なものを意味する。確実で恒常的なものとの対比において、それは不確実で可変的なものを意味する。自足的で原因的なものとの対比において、それは従属的で結果的なものを意味する。予期された規則的なものとの対比において、それは予期しなかった不規則なものを意味する。そして安全で心強いものとの対比において、それは危険で手に負えない、しかも根強い危険性をもつものを意味するのである(Connolly 2002a: 28=49)。

このような多面的な不安定として表出する偶然性を飼い慣らすという課題は、たしかに人類史的ではあるものの、私たちが生きる後期近代にはいくつかの特徴がある。ごく簡単に確認すると、市場経済に適合したプロジェクトとしての人生が強化される後期近代にあって、私たちは、陰では諸制度や規範の不確実性に怯えつつ、ますます自己規律を高めて、現状に適合的な生を形成する。こうした生き方は、それを選ばなかった、あるいはそこから脱落するような他者に対するルサンチマンを容易に喚起する。

自己規律とルサンチマンが相互に高め合う情勢にあって、国家は規律的管理をいっそう推し進めるものの、ルサンチマンの対象となる諸課題はもはや国境線や国家機能を超えているのでその効果は限定的であり、またその情勢を悪化させかねない。コノリーの象徴的な表現を引用するなら、「偶然性の地球化こそは、後期近代の決定的な特徴である」(Connolly 2002a: 25=43)。問題は、偶然性を個別かつミクロ的に支配しようとする措置や衝動が、より大きな別の偶然性を発生させ、あるいはそれを放置するような、偶然性総体をますます強大にする負の連鎖である。

われわれは国家において協同することでローカルな偶然性を飼い慣らすことができるが、様々な国家によるそうした行為の累積的な効果が、支配できないまでの地球的な偶然性を生み出す(Connolly 2002a: 27=47)。

地球化する偶然性に対抗できる政治的な選択肢が限られる状態において、現代政治学は一般化されたルサンチマンをやわらげ、歴史的な偶然性に応えるべく努めるべきだ、というのがコノリーの主張である。具体的な彼の政治戦術の検討は紙幅が許さないので、偶然性へのアプローチの原則のみを、規律化された規範や、確立されたアイデンティティとして出現する必然性との対比で確認しておこう。「今や必然性はもっと個別化され、偶然性は普遍化される。あらゆる個別性が偶然性をつくり出し、それに直面しなければならない以上、偶然性は必然性を帯びることになる」(Connolly 2002a: 33=56)[9]。

アーレントやコノリーからすれば、偶然性は政治のひとつの必然的な条件である。偶然性は政治(あるいは確立した私たちのアイデンティティ)を否定しつつ、政治の出番を用意するというような、両義的な働きをもつ(Whitebrook 1999; Innerarity 2020)。期待と不安が交錯する、偶然性の評価をめぐる私たちの居心地の悪さは、自身をも呑み込むような、政治的な偶然性の必然性に起因しているのではないだろうか。偶然性の両義的な働きに関して、最後に『人間の条件』からもっとも的確な指摘を引用したい。

行為結果の不可予言性、行為過程の不可逆性、行為過程をつくる者の匿名性という、この行為の三重の欠点にたいする憤激は、ほとんど有史以来のものである。行為の人にとっても思考の人にとっても、行為に代わる代替物を発見したいというのは、常に大きな誘惑であった。この場合、人間事象の領域から偶発性〔haphazardness〕を取り除き、同時に、行為者が多数いることから必ず生じる道徳的無責任を取り除くことが期待されたのである。〔…〕しかも、このような〔行為を製作に置き換える〕議論は、それをさらに首尾一貫したものにし、もっと論理的に推し進めると、政治の本質に反対する議論に転化するだろう（HC: 220=349）。

評価も解釈もままならないような、偶然性との避けがたい付き合いは、人間の多数性にもとづく政治の代償である。

## 四　緊急対応する民主主義

本章のテーマをあらためて確認すると、緊急事態に対して民主主義はいつまで民主主義でいられるのかという、その終わり方をめぐる問いに応答することである。前節では、偶然性は政治を不安定にするものの、その必然的な条件としての性格を論じてきた。偶然性は不可予言的であるがゆえに、政治的な対応がその都度必要となり、政治自体の持続を可能にしてきた。こうした行為によって維持される政治形態――自己統治にもとづく厳密な意味での民主主義――において、私たちそれぞれの唯一性が実現する。

当初の問題の立て方が間違っていたのだ。民主主義は緊急事態に破壊されず、その衝撃を自らの存在理由に組み込んで、ひきつづき対応する。民主主義にとって、偶然性との遭遇はつねに内在的である。マイケル・サワードの表現を用いれば、「偶然性とダイナミズムは、民主主義を自認するいかなる構想の中心にもある、つねに存在する要素」

(Saward 2021: 98)である。

だが、原理的なレヴェルで民主主義にとって偶然性は脅威ではないとしても、緊急事態への対応に関して民主主義はやはり不得手ではないのか。そして、こうした失敗と不信感の積み重ねが、民主主義の最終的な死に繋がるのではないか。本節では、民主主義による緊急対応を分析することで、こうした疑念に応えていきたい。

まず緊急事態として想定されるものを確認しておこう。レビツキーとジブラットが指摘するのは、民主主義が死にゆく過程で、民主主義を護るという行為自体が、それを破壊する口実に使われるという皮肉である(Levitsky and Ziblatt 2018: 92=121)。ここで彼らが想定するのは、経済危機、自然災害、そして安全保障上の脅威(戦争、武装闘争、テロ攻撃)だが、いまやパンデミックをこれに加えることが許されるだろう。[10]緊急時には執行権を拡大することが合法的に許されているケースはそれほど珍しくなく、また民衆もそれを支持する傾向をもつ(大林 2021b; Bol et al. 2020)。そのため、権威主義的な志向が顕著なリーダーを戴いている国家では、緊急事態が民主主義の死をもたらす場合がある。「将来の独裁者」と「大きな危機」という組み合わせは、民主主義にとって致命傷になる可能性がある」(Levitsky and Ziblatt 2018: 94=123)。以下では、将来の独裁者に民主主義が乱用される前に、民主主義の対応力を考えてみたい。

対応力が問題となるのは、緊急事態に対する民主主義体制の反応の遅さや効果の低さである。[11]だが、こうした機能不全は、民主主義だけに固有なのか、あるいはその責任はどのようなものなのか。こうした思索に分け入るために、共通了解をあらかじめ確認しておくべきだろう。例えば、緊急事態は、とくに自然災害やパンデミックについては、どの政体においても発生しうる(その頻度と程度は比較政治体制論の重要な分析対象となりうる)。また、緊急事態に対応する執行権はどの政体にも組織化されており、それが既存の法体系との関係で対策を講じるというのも共通だ。すなわち、緊急事態に関して、民主主義と非民主主義を分けるのは、決定に民衆の参加が見込まれるかどうかではない。少なくとも執行権が中心となって対応するという点で、両者にちがいはない。いいかえれば、政治権力による対応が、瞬間的に民衆の意志や要求とずれているのは同じである。こうした前提を踏まえたうえで、両者を分ける要素として、いくつか指摘したい。

第一は、執行権が既存のルール、とくに民主主義の実質に関係する権利や手続きを、どこまで変更できるのかという程度のちがいがある。民主主義体制の場合、その根幹にかかわる措置や修正は、たとえ緊急時であっても、あるいは緊急時だからこそ、慎重にならざるをえない。そして、できるだけ従前の民主主義のあり方が保全されるように努める。例えば、香港ではコロナ禍を理由に議会選挙が一年間延期されたが(二〇二〇年九月)、これは民主主義的な対応とはいえない(大林 2021a: 189)。それは、香港政府と対立する、民主派を鎮静化させる対応の一環という実質的な側面だけでなく、あらゆる措置を講じてでも選挙を実現する意欲を欠いているという形式的な側面において、民主主義的とは言い難い。民主主義体制であれば、それ自体を維持するために、できるかぎりその枠組みの中で偶然性に対応することを志向する[12]。別言すれば、民主主義では、緊急事態を根拠として政治的な自由を抑圧することは極小化されるべきであり、そもそもこのトレードオフが成立するような状況をつくらせないのが、その対応力の評価基準となるはずだ。

そのため、たしかに民主主義体制では、緊急時であってもそれ自体を維持するための措置に、余計なエネルギーと時間が割かれる。しかし、こうした追加措置の発生は、緊急事態それ自体に対する政策的な対応の機能不全とは、別の事例だと理解した方がよさそうだ。また、非民主主義的な体制であっても、非常時にその形態を守るための措置が当然必要となる点は、いうまでもない。緊急事態が民主主義(と非民主主義)に要請するのは、偶然性を包摂する内発的な変化であって、その実質に対する、公権力を用いた阻害や廃止ではない。

第二に、緊急対応する際の目的をどこに設定するのか、である。緊急事態に対応するのが政治権力の責務だとしても、その具体的な守るべきものの設定には、政治権力の性格に応じてかなりの差がある。まず対象が人間なのかという問題がありそうだ。仮に人間であっても、誰の何をという設定には多くの選択肢がある。それによって対応する手段も変化する。また、人間以外の組織や価値を守ることを優先する政治権力もあるだろう。民主主義の場合、民衆の生を守ることが優先課題になるはずだが、その内容の確定は必ずしも容易ではない。むしろその内容をめぐって意見がさまざまに表出し、現実の政治権力の働きとの齟齬が目立つことになる。[13] すなわち、民主主義にとって緊急事態は、権力への民衆の依存を強めて求心力が高まる契機であるものの、多様な価値観や意見が露呈し、権力の対応への不満が噴出する契機でもある。

権威主義体制の場合、法規範との整合性や民衆の意見をそれほど気にしなくてよいため、非常事態により迅速な対応ができるとも考えられる。アダム・プシェヴォスキらは、新型コロナウイルスの流行に対して、「民主主義諸国の方が権威主義諸国よりも反応が遅い」という事実を実証する(Cheibub et al. 2020)。彼らが分析対象とする政策的措置(学校閉鎖、公共的な集会の禁止、強制的なロックダウン、休業命令)のいずれも、民主主義諸国の方が、人的な被害がより深刻になるまで採られない傾向にある。さらに、民主主義の定着が早かった旧来国の方が、こうした傾向はより強まる。こうした事実を明らかにしたうえで、彼らの関心は、それでも対応にバラつきが生じる民主主義諸国内での相違をいかに説明するかに、推移していく。だが、私たちの関心は依然として民主主義と権威主義の境界線上に滞留している。

民主主義の対応の遅れは、プシェヴォスキらも指摘するように、公権力による権利侵害がいっそう困難だからであろう。しかし、「おそらく、緊急事態に対する民主主義諸国の遅い反応による損害は、権威主義諸国が有しない、平時での諸権利を享受するコストだ」(Cheibub et al. 2020: 13)とまで主張できるだろうか。ここでの議論は、一連の権利侵害をともなう政策が、人的な被害が大きくなる前に採られたか、である。それがしめすのは、権威主義の方が効果的な対策が実行可能だという判断ではなくて、あくまで、権利侵害に対する抵抗(感)がより小さいという事実ではないだろうか[14]。仮に権威主義が人命をいっそう尊重しているのであれば、平時における政策的な措置にも注目すべきだろう。同時に、パンデミックのみに起因する超過死亡数の変化を無視することはできない。そして、平時と緊急時に人命に対する感受性に差があるようなら、権威主義の(民主主義も同様に)、緊急事態で尊重される人命の先にある、守るべきものの存在が浮かび上がるはずだ[15]。以下の議論を先取りするなら、政治体制に関して問題となるのは、緊急時ではなく平時である。

あらためて私たちの問題を確認すると、緊急事態への対応力に関して、民主主義と非民主主義のちがいを明らかにしている。この議論は、そもそも両者間での比較が可能かどうかということへと焦点が推移してきた。そして第三に、執行権を含む、政治権力全般に関する正統性が両者で異なっていることに目が向けられる。それは、民衆が決めるという言説をできるだけ正確に形象化しようとする政体と、そうした意図をもたない政体とのちがいである。民主主義では自己統治が最終的な正統性であり、さらにそれは実現すべき制度的な理想だ。これに対して、民主主義以外の体制では、この正統性としての自己統治が形骸化していたり、別の正統性に置き換わっていたりする。あるいは、一九八五年にすでに提示されていたウォリンの鋭敏な観察を引用すれば、政治権力が市民社会から遊離すると、「国家が社会の共同生活に基礎づけられるのではなく、国家と社会の関係が危うい仕方で逆転し、国家がそれ自体の根拠となり、自動的正統性の条件を享受するようになる」(Wolin 2016a: 322)。国家の自動的正統性が確立しているのであれば、国家にとって緊急事態の発生は危機どころか、むしろ自らの必要性を喧伝できるような僥倖である[16]。だが他方で民主主義にとっては、政治権力の分岐がますます鮮明となり、いっそう虐げられる契機となるにちがいない。こうした正統性のちがいは、政策の目的や妥当性のちがいに反映される。そのため、民主主義的な手続きや理念と合致した決定が、民主主義的にもっとも望ましい帰結をもたらすわけではないという解釈は、たしかに妥当性がある。

民主主義と非民主主義を区別する、実質への介入、目的、そして正統性のちがいを論じてきた。それぞれの要素は明らかにリンクしている。あらゆる政府は緊急事態に対応するものの、その処置と展望は異なっている。こうしたちがいが、民主主義に固有だとされる遅さの正体である。パンデミックを背景として、インネラリティによれば、「平等や参加などの威信のある〔民主主義的な〕価値と比べるなら、〔…〕効率性は私たちの民主主義において上位の価値ではない」(Innerarity 2020: 131)。仮に、それでも緊急時の民主主義のあり方を批判するならば、民主主義の実質が損なわれた程度によって評価することは可能かもしれない。すなわち、偶然性の包摂をあきらめて、民衆の意志を無視するような政治状況が発生したとき、その民主主義体制が批判されるのである。この民主主義の毀損は、政治権力の暴走だけでなく、ガバナンスの脆弱さや民衆の統治能力の欠如によっても引き起こされるだろう。そしてもちろん、人命や健康も民主主義の実質に欠かせない要素である。

民主主義の対応力についての考察は、遅さの弁護というよりも、その意外な強靭さに光を与えることにもなった。民主主義の緊急時における優位さは、偶然性（とルサンチマン）を私たちの手で政治過程に組み込めるという点、そしてその実践の持続を目的にできる点にある(e. g. Glezos 2012: Chap. 1)。民主主義は、瞬間的な対応を執行権に委ねつつ、その妥当性を持続的に判断する。この意味で、民主主義には政策的な間違いを受け止めるだけの度量と、これを修正する能力があらかじめ織込み済みである(Evans and Stoker 2022: Chap. 12)。これに対して非民主主義的な体制の場合、たとえ肯定的な帰結であっても、その対応力を評価する契機が失われている。そこには個人の唯一性を実現する回路がない。だが、民主主義による対応がつねに正解というわけでもない。少なくともたしかなのは、緊急対応に関する私たちの意志と政策的な帰結が同一化しないという冷徹な事実である。しかし、この事実は民主主義を持続するための理由でもあるのだ。

とはいえ、民主主義の緊急事態における原理的な優位さは、私たちに楽観を許すものではないだろう。執行権を中心とした政治権力が、私たちの唯一性に関わるような個別で多元的な意志の表出と衝突する可能性が高いというだけでなく、それでもそれが私たちに最終的には資するはずだという信頼と結びついているためである。非民主主義的な体制の場合、政治権力への信頼は、支配という事実が維持されるかぎり、それほど重要な要素ではないかもしれない。これに対して民主主義では、政治権力が私たちの権力ではないという評価を受け、信頼が損なわれているのであれば、もはやその意味を失っている。そして、個別の政権に対してというよりも、政治権力それ自体に対する信頼が低下している場合、例えば公共政策として進められるワクチン接種のような、緊急事態での政策的なアウトプットに不信の目が向けられるのは当然だろう(吉田 2020)。ここでも問題は緊急事態ではなく、平時の民主主義である。

緊急事態に臨んで、専門家支配(テクノクラシー)を導入すべきという提案がなされることがある。例えば、欧州金融危機の際には、イタリアでは非政治家の専門家たちによるテクノクラート政権(モンティ政権)が発足し、付加価値税の増税や年金支給年齢の引き上げ、労働市場の流動化など、緊縮財政の大胆な導入による信用回復が図られた。もっともイタリアの事例では、内閣は議会の信任にもとづいており、専門家支配によって現行の民主主義体制を取り換えるものではない。また、コロナ対応で注目をあつめた台湾でも、高度な専門性を備えた人物たちが政権の中枢を担っている点で専門家支配に比せられたが、あくまで民主主義の枠内での政治任用にもとづく点は強調されてしかるべきだろう。

たしかに意志決定の的確さや迅速さから、専門家支配は複雑な現代社会に即した統治形態とみなされるかもしれない。しかし、民主主義の観点から、いくつか指摘すべき点もある。ひとつは、たとえ専門家であっても事態の解釈や評価は同じではなく、対応を誤ることは十分に考えられる。ましてや、先述したように、緊急対応する目的が多様な状態では、私たちにとって最良の選択がなされる保証がないのは、専門家支配であっても同じだ。第二に、専門家支配は政治責任のあり方の変更を意味する。それは政治的決定にともなう政治責任を、専門知に関する責任に置き換える。このとき、私たちの意志や評価とは無関係に為政者が存在することになる。そして第三に、たとえ一時的な存在であったとしても、だれを専門的な為政者にするのかについて、事前のコンセンサスが得られているわけではない。すなわち、専門家自体が中立ではなく、これまで民主主義が苦しんできた権威や信頼の不足を、新生の専門家支配が事後的に補塡できるわけではない。これらの点は、専門家支配を民主主義体制と完全に置き換えようとすれば、いっそう際立つことになる(17)。

ここでも一般的な政治感覚と異なる帰結が導かれることになるが、専門家支配が機能するのはむしろ平時だ。そこでは常識と先例の再生産が、確立された専門知にもとづき、機械的にもとめられている。これに対して緊急事態では、あるいは偶然性との遭遇機会が増している社会情勢では、専門家が政治的な判断を下すのには、その性質と責任とが合致していない。政治的な判断は、偶然性の受容と事後的な修正が可能な、民主主義が引き受けるべき職務である。政治権力が信頼できないのであれば、なおさらそれを人任せにするべきではないだろう。

## 五　平時の民主主義——緊急事態は存在するか

緊急事態への対応に関して、それぞれの統治体制に長所と短所はあるものの、民主主義だけが際立って短所が多く、あるいは深刻だというわけではない。これがここまでの民主主義の原理的な考察から導かれた、私たちのひとつの結論である。そしてこの考察は、民主主義の対応力の真価が問われるのは、緊急時よりもむしろ平時だという認識をくりかえし標榜してきた。そこで本節では、平時の問題性について考えてみたい。

緊急事態に対する民主主義の優位さのひとつは、それが持続する点にある。すなわち、たとえ対応に一時的に失敗したとしても、私たちの意志にもとづき、政治権力のあり方を反省的に修正できる点である。さらに、こうした民主主義の持続それ自体を、緊急対応する目的として措定することが可能だ。これに対して、特定の指導者や組織に権力が集中するような統治体制の場合、対応の失敗は、その支配を崩壊させるかもしれないし、行く場のない民衆のルサンチマンはますます強まるかもしれない。だからこそ、失敗は隠蔽されなければならず、その存在が否定される。社会の加速化がルサンチマンを亢進させ、執行権への期待と集中をよびおこすのは後期近代の一般法則だとしても、少なくとも民主主義にはこれを緩和する回路もある(Glezos 2012)。その回路は、まさに平時に培われている。将来の緊急事態に備えて私たち民主主義者が平時にしておくべきことについて、そのいくつかを検討したい。

民主主義が私たちによる自己統治の形象化であるかぎり、私たちは知や情報を正確に獲得し、政治的な判断の材料としなければならない。とくに緊急事態に関して、過去の発生や未来の予測はもちろん、現在進行中の情勢についても私たちは知る必要がある。こうした知や情報の蓄積は、緊急事態の例外的な性質を偶然性に変換して、包摂可能な通例の出来事に抑え込むことになるだろう。この場合、専門家の役割は、知や情報を独占したり、ましてや支配や統治したりすることではない。それは知や情報について、収集し、精度を高め、発表することで、当局のみならず、私たちの政治的な判断をも導くことである。[18] 私たちはつねに学んでおくだけでなく、その判断を導くことのできる制度的な条件を平時に整備しておく必要がある。こうした点を考慮するなら、政府にとって都合の良い情報のみを流すメディアしか存在しない社会は、民主主義を名乗る資格を失っている。知や情報の流通を妨げるような、失敗から学習できない統治体制は、民主主義の優位さを自ら放棄しているといえる。

また、平時に法制度をできるだけ整えておくべきだ。この当然ともいえる作業が意味するのは、緊急事態の例外性を打ち消すことだ。それは偶然的な出来事の発生を回避することではなくて、それを法制度の内側で処理できるような体制を整備することである。例えば、デヴィッド・スタサヴェイジはその緊急対応に関する歴史的な再考察から、民主主義の選択肢として、集権化(緊急権の発動)と地方分権化をともに退け、国家の予防能力の構築を主張する。[19] そしていっそう重要なのは、この構築を私たちが適切に評価できるようになるという政治的な成熟である(Stasavage

2020)。緊急時を見据えて平時に、私たちの理解に適うかたちで、民主主義を構築しておく必要性である。

スティーブン・ホームズはテロリズムの脅威に対する緊急対応に関して、公職者の最良の働きへの期待、感情的で過剰な反応への誘惑の拒絶、事態を単純化して視野が狭まる危険性の了解、そしてとりわけ民主主義において、公職者が緊急性を偽装することの回避のために、平時のルールに依拠すべきだと主張する(Holmes 2009: 354)。すなわち、法の支配という点で、それに反する例外的な対応を認めないという主張である。ノミ・クレア・ラザルはさらに踏み込んで、緊急と例外を混同すべきではないと説く。例外は根本的に民主主義的なアカウンタビリティを拒絶するのに対して、緊急は「秩序と正義、そして抑制力と実行力の間の緊張」を表明し、「政治への無邪気な取り組みの危うさを鮮明にする」(Lazar 2009: 162)。つまり緊急は、平時の民主主義の能力が問われる瞬間であって、例外ではない。それは非日常であるかもしれないが、民主政治の規範の外側にあるわけではない[20]。

近年のコロナ禍は、平時の――緊急時のみならず――制度的な不備を明るみに出した。宇野重規はコロナ禍での緊急事態宣言の発出を念頭に、緊急事態だからこそ、事後的な検証と責任追及を可能にする記録の確保が重要になると指摘する。また、専門家の学問的な責任と政治家の政治的な責任を区別する必要性を主張する。こうした枠組みの準備は、通常の立法で可能である。すなわち、緊急事態は、執行部に緊急権の発動を必然的に要請するものではない。ましてや、緊急事態が憲法に緊急事態条項を盛り込む必要性を証明するわけではない。宇野はコロナ危機を安易に戦争状態と形容する傾向、そしてそうすることで民主主義の切り下げを常識とする傾向に、警鐘を鳴らしている(宇野 2020)[21]。平時にやるべきは、手続きの整備と精査を通じた執行権に対する管理体制の構築であり、それはそのまま緊急時に用いられる(Scheuerman 2006)[22]。平時と緊急時には、民主主義の実質と枠組みに関して継ぎ目はない。

そのため、平時にこそ、民主主義的な諸価値を確認し、共通理解を高めておくべきだ。点検事項は多岐にわたるが、ここでは偶然性の包摂という点を指摘したい。偶然性が既存の民主主義に対する新たな要求ということであれば、それは民主主義を刷新する契機となる。偶然性は民主主義の対応力を向上させ、民主主義の構成に関わる。偶然性の内容とその出現は予測不可能であるものの、この偶然性の構成的な性格は周知されておくべきだろう(Honig 2009)。それは民主主義にとってチャンスであって、危機ではない。偶然性が民主主義を停止するのではなく、偶然性の否定こそが自己統治の制度化としてのその実質を奪う。

民主主義理論の見地からすれば、緊急対応は、その現象の政治権力を用いた抑え込みという側面だけでなく、(偶然的な)緊急事態にある人びとの自己実現を目的としている。そしてこの目的は平時でも同じだ。緊急事態に執行部が対処し、それを私たちが判断する。この形式もまた平時と同じである。インネラリティも同様に、緊急事態が通例の民主主義の価値や手続き、とりわけ人びとの多元主義的な性格を奪うものではないと強調する。「多元主義はそのまま維持され、通常の社会的な不一致は存在し続ける」(Innerarity 2020: 127)。彼の主張によれば、「緊急時においてでさえ、民主主義には対立が必要で、正当化がもとめられる。多元主義は規範的な要求だけでなく、合理性の原理でもある。民主主義はその統治者たちに負うと同じくらい、批判者たちにも負っている」(Innerarity 2020: 128)。

第三節では、偶然性を政治の条件として位置付けてきた。たしかに偶然性は、既存の政治や私たちのあり方を攪乱する。コノリーの表現を用いれば、偶然性が出現する「民主主義的な騒乱」において、「確立された共同性」の内部で抑圧されていた対立可能性が引き出される(Connolly 2002a: 200-01=374-75)。だからこそ、政治は偶然性に対抗して、何らかの意味で安定性の確保を目指すことになる。偶然性が表出する政治的な根拠の不在は、政治的な行為をつねに導く根拠となるような、政治過程の自己免疫的な再生産を可能にする。偶然性に応答し、その実現を確保することで、民主主義は持続する。[23] しかも、その真摯な作業こそ、民主主義に対する私たちの信頼を集め、またその正統性を高める。

平時にやっておくべきこと。それは民主主義の実質的な確立に寄与するような、私たちによる統治の手段や手続きの整備である。それは個別には知や情報の共有、法制度の充実、そして民主主義的な価値の共通了解などを含んでいる。そして緊急時でも、民主主義の実現という目的は変わらない。平時と緊急時が滑らかに繋がっているからこそ、緊急事態に直面する前に、その統治体制に対する信頼と正統性を高めておくべきだ。緊急事態にはこれらの不足が露呈し、民主主義への期待と機能が、結果的に減退してしまうかもしれない。そのため、緊急事態においても信頼できる政治家、どのような決定を下したとしても、私たちが自らのものとして受容できるような政治家、そして民主主義の実現を最後まで譲らない政治家を、平時から選んでおいた方がよさそうだ。これは私たちにとって、もっとも簡単で実効性のある政治行動である。それはまた、政治的な慎慮の現実化として、私たちの代表を現在に構築しておくことでもある。

## 六　「終わり」に代えて

政治的な行為は、最終的な根拠の不在から逃れられないという点で、つねに不安定である。たしかに、権利、コスト、幸福、倫理、信仰、伝統、愛情、義理、あるいは意志などの、何らかの根拠によって政治的な行為を基礎づける作業は、意義を失っているわけではない。だが、ここで主張したいのは、たとえどのような論拠で特定の政治的な行為を正当化したとしても、その陳述は別の論拠の台頭や環境の変化によって、つねに挑戦の対象となるという政治の不安定な性格である。こうした選択可能性が持続するという意味で、政治的な行為は偶然性を内包している。政治的な行為は、何かの論拠で自分に言い聞かせたとしても、それが挑戦可能だという後ろめたさから自由になるわけではない。しかし、逆にいえば、政治はこれまでの規範から相対的に自由でありつづける。

本章では、民主主義は死ぬのかという不安に駆り立てられて、緊急事態に関する考察を重ねてきた。そして、緊急時の民主主義は、その目的設定や能力獲得において、むしろ平時の問題だと論じてきた。しかし、民主主義がけっきょく平穏で安全だ、というのが本章の結論ではない。むしろその逆だ。民主主義にとって、通常はいつも緊急である。偶然性を包摂して、変化し続けながら生きるという、困難な必然性を民主主義は帯びている。

たしかにそのかぎりにおいて、民主主義は死なない。しかし、その必然性を放棄したとき、民主主義はすぐにでも死を迎えるだろう。その場合、民主主義を終わらせるのは、ほかでもない私たちだ。それだけはたしかである。

# 注

## 序　論

（1）Kahn(1985)でも同作品は表紙に用いられている。

（2）慎慮を過去・現在・未来という三つの時制と結びつける考えは古代からあり，それをオオカミ・ライオン・犬の三種の動物で表現する芸術作品も数々存在しており，こうした伝統はルネサンス期のヴェネツィアにもみられる(Panofsky 1955; Lippincott et al. 1999; McCouat 2013-14)。ただし，本作品の放射線画像を用いた調査で動物がのちに書き加えられたと確定しており，この事実は，構図の下部への偏りを説明すると同時に，作品の解釈をより困難にする(Penny 2008)。

（3）エリン・キャンベルは，筆致の違いはヴェネツィア派の画風を知らしめるためという解釈を提示する(Campbell 2003)。

（4）だが，シモーナ・コーエンやキャンベルの解釈は視点が過去にあり，現在を中心とした銘文と内容的に合致せず，さらに現在と未来の区別の時間論的な意義を失わせるという反論はありうる(McCouat 2013-14)。仮にコーエンの解釈が妥当するなら，その意図をより忠実に反映するであろう一人(たとえばティツィアーノ本人)をモデルとして，その容貌の推移をなぜ描かなかったのかというような，別の疑問を惹起する。またキャンベルの解釈では，擁護の中心にあるはずの過去の描写が薄暗く，脇に追いやられている構図の説明が難しいようにも思われる。

（5）『リヴァイアサン』第一部第五章では，知の形態における慎慮と学識が区別され，前者が経験によるのに対して，後者は科学にもとづくとされた。これらは知の確実性および普遍性において異なっている。ホッブズにおける慎慮と学識の関係については，Skinner (1996)が解明する。

（6）『リヴァイアサン』では社会契約を導出する直接的な役割を与えられていない慎慮だが，学識と理性をめぐる人間能力の悲観的な展望から，ホッブズの政治構造の維持に，為政者にも臣民にも，慎慮の機能を導入しているという主張はHouten (2002)を参照。ホッブズの哲学体系のなかでの慎慮の位置づけについてはPettit (2008)が整理している。近年ではHoekstra (2023)がホッブズの慎慮概念をその歴史観との関係で論じる。

（7）佐々木毅はルネサンス・宗教改革期における慎慮概念の変化を，次のように整理する。第一に世俗化と実践的生の強調とともに慎慮の地位が上昇し，第二にその理性的秩序との結びつきが失われ，権力や利益実現や狡智と慎慮が同一化し，そして第三に世俗化とは正反対に，宗教改革が恩寵の絶対性と人間および政治社会の自立性の否定を招き，慎慮の土台が崩れた(佐々木 1986: 8-9)。ルネサンス期の人文主義とともに興隆する慎慮の働きを体系的に描き出したKahn(1985)は、ホッブズにその終焉をみる。近代政治思想における時制論を含めた時間意識の変化と秩序形成の論理については、Brunner(2007)がホッブズ、ジョン・ロック、そしてジェレミー・ベンサムを比較して論じる。慎慮が働く余地を与える偶然性の近代思想史上の展開は、Wootton(2007)が詳述する。

(8) 同様の分類にもとづく民主主義論の興味深い事例として、大杉栄の民本主義批判がある。大杉は民本主義が「主権運用の方法」のみに議論を限定し、「主権の所在」という「政治の目的」の考察を蔑ろにして国家を所与として受容すると批判する(大杉 1918)。

(9) ジャック・ランシエールの表現によれば、「民主主義とは、議会制や法治国家ではない。ましてやそれは、社会的なものの状態ではなく、個人主義の支配でも大衆の支配でもない。民主主義とは一般に、政治の主体化の様式である[…]」(ランシエール 2005: 166)。だが、民主主義の民衆は見せかけであり、特定の属性で定義できず、係争から逃れられない。そして彼がポスト民主主義とよぶ政治状況は、民主主義に固有なこうした民衆に関する不安定さが排除された、計算可能な統治形式である。

## 第一章

(1) 政治理論における時間の位置づけについては、Cohen(2018)が広範な先行研究を網羅する。ただし同著の内容は、以下で言及するクロノス的な時間の政治に対する構成的な機能に特化しており、本書を含む、現代政治理論における議論、あるいは民主主義の可能性のすべてを射程に収めるものではない。*International Political Science Review* 誌の第一九巻第一号(一九九八年)は「民主主義と時間」をテーマとして、民主主義の時間に関する諸相の分析を集約する。その巻頭論文によれば、「政治的な時間は、いまだに完全に無視された変数」(Schedler and Santiso 1998: 5)である。

(2) 真木悠介は、時間を対象として析出した、近代の直線的な時間論が果たした二重の解放に着目する。第一に、それが時間を共有した人びとによる巨大な協働連関を可能にし、物質的生活水準の高さと、精神的生活の多様性をもたらした。第二に、自由な個体性と自立した想像力を発展させることができた。時間が人びとの自然性や共同性の外に析出されることは、人びとが時間の外に主体化されることでもある(真木 1981: 264-65)。

(3) 政治における時間的性質の事例として、永井は冷戦下における政治体制がもつ時制の相違を挙げる。「伝統的社会とは、「過去」のために「現在」を犠牲にする体制であり、現代資本主義体制は、「現在」のために「未来」を犠牲にする体制であり、社会主義体制は、「未来」のために「現在」を犠牲にする体制である。[…]犠牲を吸収する待忍力と持久力は、財や貨幣ではなく時間で測られるとともに、その対立・紛争にかけられている「争点」の緊迫度、重要度に深い関連をもっている」(永井 1979: 70)。

(4) Shapiro(2013)はニーチェの政治思想に内在的なふたつの時間意識の相違を明確化する。ホッブズにおけるカイロスの位置づけは

Skinner (2023)を参照。

(5) 宮沢俊義口述「『ポツダム』宣言ニ基ク憲法、同付属法令改正要点」(江藤淳編『憲法制定経過 占領史録第三巻』講談社、一九八二年)。宮沢俊義「憲法改正について」(芦部信喜他編『日本国憲法制定資料全集(四)I 憲法草案・要綱等に関する世論調査』信山社、二〇〇八年)。

(6) 樋口陽一によれば、八月革命説には、法理に関する理論的な認識作業としての科学学説と、政治と不可分である実践的な価値判断作業としての解釈学説とが、両面機能性として同時に含まれている(樋口 1984)。

(7) 八月革命説に至る明治憲法下における主権の外部化の学説史は林(2006)を参照。

(8) 梅森直之は、八月革命説の成功が、戦争の勝者と敗者という二分法的な主体をめぐる語りを、憲法議論に与えた点に注目する(梅森 2002: 51)。佐藤卓己は、戦後メディアによる八・一五の神話構築を明らかにするとともに、政治学分野で八月革命説を主導した丸山眞男の議論における、「戦前と戦後の連続性を見えなくする効果」を指摘する(佐藤 2014: 273)。宮沢と丸山による戦後民主主義のはじまりの「偽造」については米谷(1997)を参照。去りゆく時間に対する抵抗という丸山の政治・時間感覚については間宮(1999)を参照。

(9) 八月革命説の関心は、もっぱら根本建前としての主権にあり、憲法制定への国民の実質的な参与ではない(日比野 1999: 5)。政治理論からの宮沢の国民概念批判については松下(1975)を参照。

(10) 過去による現在の制限の厳密さ、別言すれば現在での選択肢の排除の程度は、プリコミットメント論のなかでも相違がある(佐々木 2007a: 81)。なお、ルールの変更にともなうコストを高くしすぎてしまうと、逆にルールへの敬意が失われ、その拘束としての役割を損なうという指摘もある(佐々木 2007a: 94)。

(11) 死者の存在が、主流の自由主義政治哲学の理論的な一貫性に脅威を与える点はMulgan (1999)に詳しい。

(12) 阪口正二郎は主権の万能さという観点から、現在の主権者である民衆が(自己意識を含む)何らかのものに拘束されることの矛盾を指摘する(阪口 2001: 238)。リチャード・ベラミーは、プリコミットメントによって守るべき対象に関して、個人の場合とは異なり、基本的な自由についての合意がなく、それを定置できないとする(Bellamy 1999: 65)。

(13) ジェレミー・ウォルドロンによれば、プリコミットメント論にみられる司法への過度な期待は、政治主体の時間的な同一性の点で疑問が残り、手続き的にも民主的政治に対する侵害になりかねない(Waldron 1999a: 265-66)。なお、後述するジェド・ルーベンフェルドが提起するコミットメント論でも、同様の欠点は残る(横大道 2010)。

(14) 紙幅の都合で論及できないが、現代に再生した社会契約論にも、過去と現在を意識的に架橋した、帰結による評価という側面が含まれている(関谷 2007: 36)。

(15) アーレントにおけるはじまりの誕生について、森川輝一が思想内在的な解明を試みている(森川 2010)。アーレントの自由概念が、政治共同体の創設としての新たなはじまりと、そしてカール・シュミットの構成的権力概念と、結びつく点についてはKalyvas(2008: 200-10)を参照。支配に抗うはじまりが、出来事と共にある人間の条件であり、彼女の民主主義理論と接続する点は、Markell(2010)を参照。

(16) 政治的思考において他者を代表する、アーレントの代表理解は、代表の構築主義的契機に注目する近年の代表論と親和的に思われる(BPF: 241=327)。この点は第四章で議論したい。

(17) ホニッグはアーレントの独立宣言の解釈とジャック・デリダのそれを比較分析するが、後者の検討と応用については第六章で行う。森川はアーレントの活動におけるはじまりは、たった一度の特権的な瞬間ではないとホニッグの解釈を批判する(森川 2010: 357; Tekin 2016)。森川によれば、「複数の人々が構成する政治体」では、「複数の権力のはたらきは、或る特定の瞬間に集約されるものではなく、様々な出来事が始まる時間の過程の中で捉えられねばならない。言い換えれば、「始まり」そのものが複数化されねばならない」(森川 2010: 290)。この点は、はじまりと他者の関係はもとより、以下で整理するように、はじまりが生じるカイロス(およびそれと対置されるクロノス)の理解と直結する。

(18) アーレントの国民国家批判は寺島(2006)、Volk(2015)を参照。過去の暴力的な支配と区別された、水平的で動態的な政体およびその正統性はBernal(2009)が詳しい。

(19) 評議会の職務を政治的なものに限定する(評判の良くない)アーレントの構想について、マルドゥーンは「究極的には、政治的問題と非政治的問題の区別に、ある形態がありうるとアーレントにたとえ譲歩したとしても、その決定はそれ自体で高度に政治的な決定である[…]」(Muldoon 2011: 416)とする。上述の批判も含め、アーレントの評議会論については、Lederman(2018)やMuldoon(2018)が手際よくまとめている。

(20) 『アウグスティヌスの愛の概念』の緻密な再読にもとづく、行為の瞬間において既在性と将来が同時生起する、はじまりの時間性に関する分析として森(2008)を参照されたい。ミシェル・フーコーはパレーシア(真理を語ること)とカイロスの結びつきに注目している(フーコー 2002: 165)。

(21) アーレントの分類では制作にあたる法と物語の政治化、および革命の持続という点については、寺井(2017)が興味深い分析を行っている。ジョルジョ・アガンベンによれば、カイロスはクロノスの結晶であり、両者は部分的には混交している(Agamben 2005: 68-69)。反復するはじまりに、過去の出来事が結びついて復古的な行為となる思想史は森(2014)を参照。

(22) アーレントのはじまりが絶対的ではない点は、過去との継承関係がひとつの論点となる彼女の構成的権力の特性と交えてMuldoon

（2016a）が論及している。

(23) ルーベンフェルドは、時間的な幅をもった人民の持続的なコミットメントによる統治として憲法体制を理解し、民主主義の正統性はその成立時から徐々に高まると主張する。この場合、人民は「所与の法・政治秩序の支配下で、時間を超えた共存」（Rubenfeld 2001: 153）にもとづいており、人種、性別、宗教など特定の同質的な要素は不問である。彼の議論は過去と現在の接続、時間的な人民、そして時間の蓄積による正統化という点などでプリコミットメント論と近いが、現在に行為を強制する外的な装置がなく、現在のコミットメントが過去の規定に優越する点でそれとは異なる（Rubenfeld 2005: 75-84; 佐々木 2007a: 102）。だがカイロス的な観点からすれば、このコミットメント・モデルが依拠する、時間的な厚みをもった人民の暴力性は問題となる。過去に立ち向かうカイロスの政治は、国民国家を再生産し、われわれ人民の同一性を保障するクロノス的な時間を切断する。ルーベンフェルドが立ち上げる時間を超えた人民に対する、詳細かつ鋭敏な憲法学的な批判として愛敬（2009）を参照。

(24) 本テーマに関連するジェファーソンとマディソンの書簡（Jefferson 1999: 593-98; Madison 1999: 606-09）については、森村（2006: 719-25, 725-29）に訳出されている。なおジェファーソンの一連の議論の主眼は個人の財産権と公債にあるが、この点については本書では論及できない。ジェファーソンの時間論をめぐる歴史的なコンテクストについては、Smith（1999）が詳しい。

(25) ブルース・アッカーマンはジェファーソンと同様に、憲法（憲政）のユニットとしての世代に注目し、その解釈の作り手としての性格を重要視するものの、世代間の断絶よりも継承（折衝）に力点を置いている（Ackerman 1997）。そこでは過去は知恵とも因習ともなりうるような、政治的な諸条件であり、現在の世代はそれらとの対話を主導する。この観点から考えると、ジェファーソンの世代別の憲法論はそのラディカルさはもとより、現在の自己統治の実現を真面目に検討し、この課題が生まれたばかりの共和国の構成的な原理と深く連関していたのがよくわかる。この憲法論が地政学的にも原理的にも、そして主体認識においても、旧世界からの独立を意味する点についてはShklar（1998: 138-43, 174）を参照。また、ジェファーソンの提案を、そのフランス滞在経験や負債に関する個人史から析出する研究としてSloan（1993）を参照。アッカーマンの議論を検討したフランク・マイケルマンは、憲法的な折衝が必要なのは世代間よりも世代内であり、それには民主的な主体が形成される前にすでに憲法的な規範のあることが必要だと適切に指摘する。「利用可能な確立した規範の一式がなければ、いかなる世代においても、「人民」の意志や「人民」の判断の表現としてどの出来事をみなすべきかを、伝えるものがない」（Michelman 1997: 1539）。マイケルマンの指摘は、過去と現在の世代的な分断を主張するジェファーソンの議論にもあきらかに妥当するが、後述するように、彼自身は政治主体に対する高い評価と信頼のために、この問題を問題と思っていなかったかもしれない。

(26) 逆にいえば、ジェファーソンはそれだけ民衆の政治的な能力を高く買っており、たとえ不便が生じても、原理的な整合性を優先することにそれほど支障がないと考えている（森村 2006: 746, 760）。

(27) ジェファーソンが政治的な責務の発生を共時的なものに限定し、通時的な次元を看過しているという共同体主義的な観点からの批判は Thompson (2009: 7) が提起する。

(28) ジェファーソンによる同様の表現は別の書簡(一八一三年六月二四日のエッペス宛)にもしめされている。「人びとの世代は身体や法人のように思われる。〔…〕それぞれの世代を、その多数派の意志によって自らを束縛する権利は持っているが次の世代を拘束する権利を持たない別々の国家として見ることができよう。それは別の国の住民を拘束する権利を持たないのと同じである」(Jefferson 1999: 599)。この点に関して、ジェファーソンの世代別主権論に対抗して、現代の批判者たちは道具的な論拠であれ倫理的な論拠であれ、共同体の所与性やその継続の優位性にもとづいて反論する傾向にあるが、こうした議論の運びに関して、彼とは共同体理解に根本的な齟齬があるかもしれない (Gosseries 2008a; Muñiz-Fraticelli 2009)。ジェファーソンによる人民の表出は Frank (2021) も注目する。

(29) ジェファーソンによる民主主義の設立論における「再生」については、Bernal (2017) が彼のフランス革命体験や当時の言説とのつながりで分析する。Bernal (2017) は民主主義の単一の起源を批判し、それを超える契機としての持続的で多元的な設立に注目する点で、本書の時間論と共鳴する。ただし、議論を先回りすると、本書はこの契機に民主主義に本質的な代表も想定しており、この点は本書の後半で論じられる。

(30) 全員一致によるはじまりの不可能性という、世代の導入によっても避けられない自己統治の正統性の瑕疵は、ジェファーソンが主に執筆した「独立宣言」の自己評価に関係すると考えると興味深い。執筆者の意図を離れた民主主義的なはじまりのあり方は第六章であらためて考えてみたい。シュクラーもこの点に言及している。「人間の精神の進歩を熱烈に信じていたため、ジェファーソンにとって、過去の世代は権利がないだけでなく、劣っていた。彼自身のような共和国の建国者たちは、優秀で知的な人たちであったが、しかし将来世代はよりいっそう賢く、そしてその諸制度を改善する顕著な能力があるだろう」(Shklar 1998: 175)。ジェファーソンが将来世代を無視したのではなくて、信頼してその自由にまかせたとする解釈は Ball (2000) を参照。

## 第二章

(1) 本章が対象とする未来はあくまで政治理論、さらにいえば民主主義理論の範疇に限定されるものの、将来世代に対する公共的な責任に関する倫理学的考察は Sikora and Barry (2012) および Gosseries and Meyer (2009) を参照。本章は、自己統治にともなう政治的な応答可能性の形式を議論の対象とし、将来世代(その想定を含め)に対する責任全般や世代間正義を論じたり、権利や共同体などのその論拠を提起したりすることを目的とはしない。本章では、これら世代論の前提における政治性、あるいはそのかぎりにおける本質的な論争性の基部に拘泥する。共同体主義的な将来世代の考慮は Thompson (2009) を参照。

(2) カイロスについては、アントニオ・ネグリがその性質を整理している。「カイロスは瞬時であり、それはいわば、瞬時の時間の質、時間性の断絶と開始の瞬間である。それは現在であるが、特異で開放的な現在である」(Negri 2003: 152)。前章および本章の課題は、カイロス的な現在の特異性および開放性に注目して、民主主義の時間的な特徴を考察することにある。なおその際、ネグリもまた、既存の思考と正対するような、「空間の時間性に対する従属」を指摘して、本章と問題意識の大枠を共有する(Negri 2003: 154)。

(3) アーレントの約束が、社会に関する見通しを安定化させると同時に、何か新しい事柄をはじめることを含む不安定な政治的行為を導くという、未来に対する両義的なはたらきをもつ点は Smith and Shiyu (2019)を参照。『人間の条件』での表現を用いれば、約束はあくまで「不確実性の大洋における確実性の孤島」に過ぎず、「未来の大地全体」を覆うとは想定されない。約束の範囲は限定的であり、その同意の目的においてのみ主権が成立する。このとき、主権は「未来の不可測性をある程度免れて」おり、「未来を現在であるかのように扱う能力」をしめす(HC: 244-45=382-83)。アーレントの政治原理が過去の再生と未来の解放の双方に向けられている点は、Muldoon (2016b)を参照。

(4) https://www.thetimes.co.uk/edition/news/being-a-mother-gives-me-edge-on-may-leadsom-0t7bbm29x を参照。

(5) ルークスの *Power: A Radical View* 初版(一九七四年)との大きな違いとして、第二版(二〇〇五年)以降では権力の定義が変更された。かつての権力論では、対象に対する権力の行使のみが注目され、権力の行使する能力としての側面が看過されていた。そしてその権力を支配と同一視して、他の権力作用が存在する可能性を無視し、また対象の利益を画一的にとらえていた。そのため、二者間関係を固定的なものとして単純化しすぎていた。つまり、かつての概念は「権力」というよりも、あくまで「支配への服従の確保」という権力の一断片と理解されるべきである(Lukes 2021: 17, 114)。この変容を念頭に置くならば、本節の議論も権力のひとつの傾向をしめすに留まり、権力の多元的な認識という点は次項の責務論の分析結果と結びつくと考えられる。私たちの課題は、政治理論における権力現象に関する時間であり、その存在に関する時間ではない。

(6) 権力理解に内在した時間的な性質は、初期近代に権力を体系化したトマス・ホッブズの『リヴァイアサン』での定義で明示的に表れる。「ある人の権力とは(普遍的に考えれば)、善だと思われる未来の何かを獲得するための、彼が現在もっている手段である」(第一部第一〇章、強調は引用者)。この定義に従ってホッブズは権力の形態を多角的に論じるが、バリー・ヒンデスはこの叙述にフーコーの権力論にまで通じる、権力の異質的、非還元的、あるいは遍在的な性質を指摘する(Hindess 1996: 100)。

(7) コノリーは、主体を介在して権力と責任とを結びつけると同時に、これら概念の本質的な論争性を提起してこの権力形態の政治性を明らかにする。この論点は *The Terms of Political Discourse* の第二版(一九八三年)に第六章として追加された。

(8) ルークスは *Power: A Radical View* の第二版以降では、フーコーなどの構造的な権力論の批判的な分析に傾注する。

(9) 本書では、民主的なアカウンタビリティの時間的な性質については言及する余地がない。ジョン・ダンによれば、それは「公権力を行使する人たちの過去の行いとその未来の個人的な責任との関係」として理解され、たしかに責務論と議論の射程は重なる(Dunn 1999: 335)。ただし本書では、市民と「公権力を行使する人たち」の厳格な区別を想定せず、あるいはその区別以前の段階を問題としており、また民主的なアカウンタビリティが「本質的に回顧的」である点は本書と議論の性格が異なる。すなわち、それには、「未来の行いを現在で説明責任を果たさせる概念的な可能性がない」(Dunn 1999: 340)。それが現在から過去を見つめるのに対して、本書で論じる責務論は、現在からあるべき民主主義的な未来を展望し、要求する。アカウンタビリティ論を含む政治責任は鵜飼(2022)を参照いただきたい。

(10) A・ジョン・シモンズは、これらの論拠のいずれもが政治的責務を私たちに十全に課すことができないとし、支配への服従が多元的な活動であることを指摘する(Simmons 1979)。

(11) 投票を統治への暗黙の同意とする理解に対して、瀧川(2017: 119-23)は詳細に批判する。

(12) 未来に対する責務が行為の多様性により相対化されるという考えは、以下で言及するルドヴィグ・ベックマンも主張する。「現役世代の未来への諸責務は、諸行為の多様性を通じて解除可能である」(Beckman 2009: 187)。

(13) 代表するものとされるものの二者間関係を超える展望を示す現代代表論において、マイケル・サワードは将来世代を対象とした代表形式を分析する(Saward 2010)。

(14) 将来世代を代表する制度や権利の構想については、代表的な研究だけでも、Gosseries(2008a/b)、Wolfe(2008)、Ekeli(2009)、Thompson(2010)、González-Ricoy and Gosseries(2016)などがあり、枚挙にいとまがない(網羅的な紹介および精緻な批判としてCampos(2020)を参照)。これら先行研究との本章での議論の方向性のちがいに関して、一例を挙げれば、Gosseries(2008a/b)の議論は将来世代の利益を確保するという倫理的および法的な要請であり、その主張は示唆に富むものの、自己統治の実現を基軸とし、将来世代の言説に内在的な権力性に注目する本章の議論とは、未来の意味に関する理解が異なるかもしれない。なおGosseries(2008a/b)は、将来世代の権利保護の制度化の論拠のひとつとして、日本国憲法第一一条(「国民は、すべての基本的人権の享有を妨げられない。この憲法が国民に保障する基本的人権は、侵すことのできない永久の権利として、現在及び将来の国民に与へられる」)に論及するものの、同規定は未来の現在での制度化の要請というよりも、権利の永久性およびその信託の継承との対応関係で「将来の国民」(future generations)に言及したように思われる(基本的人権の歴史性については同第九七条がより鮮明に叙述する)。すなわち、同規定は国民国家のクロノス的な再生産に関する陳述であり、それは本書第六章で分析される前文の規定にも表れている。吉良(2017: 47)によれば、第一一条は、将来世代の具体的な権利の実現というよりも、持続可能な世代間協働を要請している。

(15) 将来世代を代表することの困難さと危険性については、Karnein(2016)が手際よく整理している。Jensen(2015)は、将来世代を代表する制度的実現を断念し、道徳的な責任としてそれを現役世代の民主主義的な実践にもとめる。たしかにこれは賢明な措置に思われるものの、それが将来世代の自己統治を毀損している点を、本書はより切実に受け止めている。

(16) Beckman(2009)は民主主義の範囲、あるいは事実上の代表対象を、次節で詳述する被影響原理にもとづくと想定している。ただし、その主眼は現代から影響を受ける将来世代を、いかに現代民主主義に織り込むかという点にあり、その土台を提供する点で、被支配原理を追認するかたちになっている。本書は基本的にベックマンの一連の議論を現実的なものとして尊重するが、将来世代(あるいは過去からすれば現役世代)の自己統治をできるだけ制約なく(民主的に)実現するという理想に、もう少し固執している。あるいは、本書の表現を用いれば、想定可能な将来世代(クロノス)の現在への取り込みという立憲主義的な措置のみならず、根源的に不在であるという将来世代のあり方(カイロス)に、現代民主主義がどのような応答ができるかを、本章の後半で考えてみたい。

(17) たしかに未来の代表という言説を、現在における利益という理解に徹底的に解消するという方策も考えられる。いわば将来世代を建前にして現役世代が自己正当化を図る手法であり、むしろ現実政治では未来に対する一般的なアプローチといえるかもしれない。だが、仮に将来世代を虚偽意識として、現在の現役世代の利益にすべて翻訳できたとしても、現在の民主主義が非時間的な形態として完全に成立するかは不明であり、政治の将来志向的な時間的性質を拒絶できるわけではない。実際、政治に反映されるべき利益(の展望)は刻々と変化している。そのため、政治の時制を否定してしまうと、政治的行為の成立要件そのものを掘り崩すことになってしまう。逆にいえば、時制による分類から政治が逃れられないのであれば、将来世代に言及しなくとも、未来をめぐる政治闘争をもはや避けることができない。本書の序論でふれたように、こうした状況は、慎慮を獲得し、その民主化を図ってきた政治の代償である。むろん代表には(利益反映だけでなく)継続的な利益形成という側面が色濃く存在し、それは現代代表論では積極的に論じられ、また評価されてきた(Hayward 2009; Szymanek 2015)。

(18) たとえば、「予測にもとづいた代表」は、ロバート・ダールの政治理論を典型とする一次元的権力観とは合致しない(Mansbridge 2003: 517)。

(19) マンスブリッジは制裁型の二者間の代表関係に対して、選別型の有効性を主張している。選別型のアカウンタビリティは、二者間におけるナラティヴや熟議の形式をとり、「代表するものが予期できない未来の決定に直面する際」に効果を発揮する(Mansbridge 2016: 13)。

(20) 被支配原理の民主主義論への導入として、ロバート・ダールをその典型として挙げることができる(Rovira Kaltwasser 2014: 473)。民主的な政治システムの適切な規模について、効率的な対応能力と市民の実質的参加のトレードオフをダールは指摘し、それに一般的な答えがないことを確認した上で、デモスは民主主義によっては与えられないという冷徹な事実を受け入れる(Dahl 1989: 207-09)。デモスは民主主義に先行する何らかの規範によって与えられ、こうしたデモスが多元的に存在する状況を、総体として評価するのである（鵜飼2014）。現実政治に被支配原理が依拠する以上、ダールの政治主体は国民国家体制を超えられないという重大な欠陥を孕むことになる（Dahl 1999）。「どの国際機関にも「人民」、デモスがいない」（Dahl 1982: 15）。ルーベンフェルドは、ダールの民主主義理解から、スピーチ・モデルの現在の民意では自己統治を構成できない点を学ぶ（Rubenfeld 2001: 81-82）。

（21） 被影響原理にもとづく将来世代の代表を実現するために、Bovenkerk（2015）は熟議の効果と意義を強調する。前節で参照したインネラリティの議論にもみられるように、将来世代の現在での制度的な組み込みが、民主主義の熟議的な展開のひとつの論拠になっている。だがHeyward（2008）は、こうした熟議と被影響原理の親密なつながりが、代表されるべき将来世代の「個人的」な不在を真面目に受け止めておらず、ロールズ的な抽象的な理論の方が、熟議よりも、未来への影響を実効的に反映できると主張する。

（22） 逆に、ダールが主張するように、利害が混在した世界では、誰を人民に組み込むかは、当該の政府の決定で影響を受ける範囲では決められないという反論もありうる（Dahl 1990: 49-51）。

（23） 被支配原理と被影響原理の双方に対抗して、既存の主権国家体制をデモスの実現の場として擁護する議論としてSong（2012）を参照。以下でみるように、どの原理を選択するかの根本的な基準は、「自己統治」の解釈にかかっており、Song（2012）ではあらかじめ国民国家の統治形式がそれに反映されている。デモス内部における国民、市民、マルチチュードの相克が、デモスの空間および時間的な性質に反映されている点は山崎（2015）を参照。

（24） フレイザーが被影響原理を奉じていた頃でも、何らかの学的成果によってフレームを一元的に決定できるとは思っていなかった。むしろ、影響範囲を「民主的な熟議における論争」によって解釈するという展望をしめしていた（Fraser 2008: 166-67=227）。福原（2018）は、被影響原理の拡張傾向を批判した上で、アジェンダごとのデモスの設定を構想する。

（25） エヴァ・エルマンは、誰を市民に入れるかという境界線のあり方に民主主義的な正統性との合致をもとめ、その民主主義のふたつの条件として成員間の政治的平等と、集合的な民主的実践をもたらす政治的結びつきとを指摘する。彼女によれば、被影響原理は、平等な政治参加の機会が曖昧なために政治的平等が実現できず、またあくまで個人ベースであるために政治的結びつきも実現できない（Erman 2014: 132-35）。たしかにこの被影響原理に対する批判は妥当している。しかし、それが法的権利や支配などの、より強固な枠組みを所与とした、あるいは民主主義の過去を前提とした見地からの批判であるなら、これらの暴力性自体を問題化する被影響原理とは議論が噛み合っていない。実際、ライナー・フォアストはエルマンが「すでに実存している民主主義的な共同体」を奉じている点を繰り返し指摘する（Forst 2014: 200-05）。ベックマンは被影響原理の範囲を特定できない弱点に対して、法的な形式で同原理を実現し克服するという提案をしているものの、それによって自己統治を集合的に再定義し、事実上、被支配原理と同様の統治形態を要請する点に注意する必要があるだろう(Beckman 2008a; e. g. Beckman 2014; 2016)。法的な形式に還元された被影響原理では、将来世代への影響を論じる余地はなくなる(Beckman 2008a: 353)。ベックマンの主旨が、将来世代の「存在」ではなくてその「自由」の現在への組み込みにある点が、彼を立憲主義的な主張に向かわせているとも考えられる。すなわち、将来世代の自己統治の実現に、彼の関心があるわけではない。同じくMiklosi(2012)による被影響原理への批判も傾聴に値するが、自己統治の実現という同原理の根幹を顧慮しない批判の組み立ては、少なくとも本章の議論とは問題関心がずれている。

(26) 被支配原理においても論争性が不可避な点と、その意味で影響の議論を無視しえない点はArrhenius(2018: 105-06)を参照。また、被影響原理における影響を「実際」のものに限定しても、論争性から逃れられるわけではない。なぜなら、ロバート・グッディンが指摘するように、実際の影響によるデモスの定義は、何らかの政治的決定の後に確定するために、結局デモスを事前に与えることができないからである(Goodin 2007: 52-53)。

(27) フレイザーは本章で参照した議論以前に、アクセル・ホネットとの論争で政治的な枠組みの問題に論及し、それを事前に与える必要性を強調している。彼女によれば、「参加の平等を規範的基準として据えることで、枠組みの問題を政治的アジェンダに乗せることができる」。さらに言葉を続けて、「結局のところ、平等の権利を正当に与えられた参加者たちの集合を明確にする形で、参加の範囲を境界づけることとなくしては、そうした基準は適用されない。」(Fraser 2003: 94=115)。また公共的議論のガイドラインに関して、「それぞれの領域で平等が正当に認められる参加者の範囲を明確にするために、さまざまな参加領域の境界を定めなければならない」(Fraser 2003: 88=107)と主張する。

(28) 民主主義を決定手段とする場合には被影響原理の非現実さが際立つものの、民主主義を「ひとつの規範主義的な理想」とすれば、この原理の意義が高まるといえるかもしれない(Arrhenius 2005; Arrhenius 2018)。被影響原理が民主主義の起源を与えられない点は、Lagerspetz(2015)を参照。Ochoa Espejo(2015)は、人民の開放性について、非領域性、多元性、そして変容可能性という要素にしたがって精緻化する。彼女によれば、こうした開放性が人民のいわば「自己制約」として、過程としての人民主権を形成するとともに、民主主義とポピュリズムを区別する基準となる。

(29) たとえば、影響の濃淡を捨象してしまう被影響原理の傾向に対して、影響の程度に応じた政治的平等との、論争的な、調和が必要となるだろう(Erman 2013: 66-68)。被影響原理の実効的な精緻化についてはGoodin(2007)を参照。影響をその存在可能性において論じるグッディンの主張が、不在の未来を混入させて、実体的なデモスの成立を阻むとする批判は、Cheneval(2011)を参照。実際の影響という理解を退けるグッディンに対して、オーウェンは「選択」による影響は、影響の結果を待たずに識別できるとする(Owen 2012a: 131-33)。このオーウェンによる批判の成否は問わないが、少なくとも彼が実際の影響を現在において測定する課題に専心しているのはたしかである。

（30） Abizadeh（2008）では、現行の民主主義国家による入国政策の一方的な決定様式は、デモスが境界化できないため、人民主権の観点から擁護できないとする。これに対して、デヴィッド・ミラーは強制と自律の読み直しを通じて、入国政策の現状を擁護するMiller（2010）。

（31） Campos（2020）が主張する「法的な被影響原理」では、理論的にも実践的にも問題が山積する未来の制度構想を回避し、現在にすでに生を受けており政治的影響を直に受ける子供を、代表されるべきメンバーとする。そして、この原理が時間的に連鎖することで、実質的に未来が代表され、長期的な政治的展望がもたらされるとする。

（32）『ならず者たち』の主題である、民主主義と自己免疫的な主権との関係についてはThomson（2007）および鵜飼（2013）を参照。同著の議論が周知となる以前に、デリダの政治的思考を体系的に分析した先駆的研究としてBeardsworth（1996）とThomson（2005）がある。脱構築と民主主義の接続に注目して、デリダの政治思想としての意義を明示する研究として、Thomassen（2010）、Dinan（2014）、Czajka（2017）を参照。

（33） 民主主義の未来の「来るべき」性質とその困難さをめぐる詳細な分析として、Fritsch（2002）およびEvans（2016）を参照。

（34） エルネスト・ラクラウによれば、主体化を主軸とした民主主義の実践において、構造的な決定不可能性をしめす脱構築は、決定の理論であるヘゲモニーを必要とする。このような提案に、デリダの応対はややつれない。「決定があるなら、決定の主体はまだ存在せず、決定の対象も存在していない」（デリダ 2002: 161）。決定の主体や対象は、その決定に先立って決定されなければならないために、それらを与える決定は別の新たな決定の準備へと横滑りしてしまう。つまり、決定は同一化であるとともに非同一化の過程でもある。「決定がなされる対象と主体という名の、実際に他者である他者との関係では、他者は同一化の過程にとっては独占できないままである」（デリダ 2002: 162）。決定不可能性とヘゲモニー理論の関係についてはTorfing（1999: 62-66）を参照。非決定性を前提としつつ、あくまで十全化を目指すラクラウとデリダとの民主主義理解での相違については、Hägglund（2008）の第五章が論じている。

（35） 出来事が現前化不可能な未来に属しており、いかなる出来事であれ、それに伴うトラウマが来るべきものの脅威によって生産されている点は、九・一一後の状況分析の枢要な視角のひとつである（デリダ 2004; 守中 2016）。（支配を強化して民主主義の実態を破壊する）脅威にも（他者を受け入れて、無条件の正義やより広範な自己統治を実現する）好機にもなりうる、民主主義における自己免疫性については佐藤（2012）とCzajka（2017）が詳しい。民主主義が民主主義であるためには、その脅威となるような、非難や予期できない選挙結果も受け入れなければならない（Hägglund 2008: 14）。

（36） デリダの未来と反復との関係については、Fritsch 2005: 70-71 を参照。

(37) 構成的外部とは、ある対象が形成されると同時に生じるような、それと区別された差異の存在である(Mouffe 2013: 45)。構成的外部は内部化されないことで、その対象を構成する。例えば、「私たち」というアイデンティティの形成は、私たちではない「あなたたち」という外部の形成を伴っている。このように、構成的外部は成立可能性と不可能性を同時に示している。

(38) 来るべきものへと拡延・遅延する、永遠なる現在としてのカイロスについての「構成的」な分析はNegri(2003)を参照。

(39) よく知られているように、八〇年代後半よりデリダの議論の対象が政治に向かうが、彼自身はこれを脱構築の政治的・倫理的転回とみることを否定している。なぜなら、「政治的なものの思考はつねに差延の思考であったし、差延の思考はまたつねに政治的なものの思考、政治的なものの輪郭と諸々の限界についての思考であり、とりわけ民主的なものの謎あるいは自己免疫的ダブルバインドをめぐる思考であった」(Derrida 2005: 39=85、強調は原著者)ためである。この点についてはチャーとゲルラク(2012)が詳しい。民主主義の差延としての性質に、サイモン・クリッチリーは、「日々よりよいものとして、民主主義を発明する倫理的＝政治的義務」との結びつきを指摘する(Critchley 1992: 240)。デリダの非決定性を倫理学的解釈に引き付けるクリッチリーの読解への批判は、Hägglund 2008: 96-98を参照。

(40) 未来の「来るべき」性質に結集する、デリダの時間論の政治理論的含意に関して、ハッチングスの評価は手厳しい。「デリダは、時間の管理や作成に政治が依存するという考えを見事に変容させ、現在の本質や方向性を把握できるという意味で、政治理論が時機に適っているという考えも掘り崩した。しかし、亡霊的という以外に、異質的な時間性(heterotemporality)に関する考察を彼は提供していない」(Huchings 2008: 168、強調は原著者)。この評価の妥当性に関しては次章で扱う時間性の分析から議論されるべきであり、本章はあくまで時制の問題に専心している。

(41) 松葉祥一の『ならず者たち』の読解にしたがえば、「支配する者であると同時に支配される者でもあるデモスは、車輪のように回転して自らを支配する。それは、デモクラシーがつねに時間的な「ずれ」をともなうことを意味すると同時に、不完全な統治でしかありえないことを意味する」(松葉 2014: 127)。

(42) ネグリによれば、特異なものとしてのカイロスは多様であり、それは別のカイロスとともにある(Negri 2003: 155)。さらに、「カイロスの出来事は来るべきものに開放されている」。ここで来るべきものを把握するのに働くのが「想像力」であり、それはたんなる空想ではなく、いわば言語的な仕草であるカイロスの権力である(Negri 2003: 156)。ネグリもまた未来と「来るべき」との周到な区別を怠らず、カイロス的な現在が未来から到来せず(過去に流されず)つねに永遠である点を強調する(Negri 2003: 163-65)。そして彼が主張するのは、「カイロスが開放するすべては永遠的である。そのため私たちは、永遠性およびその生産に同時に責任がある」(Negri 2003: 167)ということである。

## 第三章

（1） http://www.chulayarnnon.com/film13.html を参照。

（2）「時間の性質と構造」を意味する時間性の分析が、現代政治理論研究で、クロノス的な時間の想定への対抗として台頭したことの簡潔な説明は、Widder（2010）を参照。経験し、知覚される時間としての時間性への注目は、前章で参照したMueller（2016）にもみられる。時間性に依拠した政治理論の体系的な考察についてはLittle（2022）を参照。

（3） グローバル化の時間的側面の概要については、Jessop（2008）を参照。

（4） 速度と政治の関係性の分析に先駆的に取り組んできたポール・ヴィリリオの診断によれば、民主主義の真髄は時間を必要とする決定の共有にあるため、時間を必要としない絶対速度に政治が依拠すると、民主主義は危機に陥る（Virilio 2001: 92-93）。速度の違いという相対速度の時代では、それは公平な分配の対象となり、その意味で民主主義の問題であった。しかし、速度が偏在性、瞬間性、そして直接性を帯びた絶対速度となったとき、「もはや民主主義とは何も関係がなく」、専制となる（ヴィリリオ 1998: 9-10）。ハルトムート・ローザの分析では、他の分野や活動とは異なり、加速化する社会情勢では民主政治はむしろ遅くなってしまう。なぜなら、意志の結集が阻害され、確固たる展望が不在となり、にもかかわらず政治的決定の効果がはるか先となる課題への取り組みが要請されるからである（Rosa 2005: 451）。短慮と熟慮を比較し、否定的な政治イメージが短慮と結びついている点を実証的に明確化するStoker et al.（2016）は、短慮を余儀なくする加速化した社会状況での政治の、根元的な困難さを反映している。

（5） ショイアマンも加速化が「自己統治」を脅かす点に論及するが、彼は自己統治を代表者による支配と同一視している（Scheuerman 2008: 298）。本章では自己統治を代議制のみに還元されない、民主主義体制全般に関する権力形態と理解している。ショイアマンの自由民主主義的な枠組みに対する批判は、Glezos（2012）が展開する。なおヴィリリオの悲観的な見解によれば、速度の進歩に民主主義の発展がうながされるという甘い希望はその都度破綻してきた。そして絶対速度の時代では、時間のかかる民主主義はもはや速度に追いつくことは不可能である（ヴィリリオ 1998: 13-14）。

（6） 民主主義の開放的な性質についてはKeenan（2003）が詳述し、その開放性が民主主義におけるシニシズムを喚起するという議論はBilakovics（2012）が展開している。

（7） ルフォールとその周辺の思想史的文脈については宇野（2016）を参照。

（8） 権力が社会的身体の表現を断念し、超越的な理性と正義から切り離されることで、法と知も権力から分離する（Lefort 1988: 17-18）。

（9） 民主主義における「確実性の指標の解体」および権力の場の空虚さは、シャンタル・ムフが『政治的なるものの再興』（一九九三年）

で繰り返し言及しているように、彼女の民主主義理論を支える基本的な認識である(Mouffe 1993)。だが彼女の『民主主義的パラドクス』(二〇〇〇年)では、近代の民主主義が、人民主権原理のような支配の形態である点と、民主的な支配が行使される象徴的な枠組みである点との区別が強調される。後者は個人の自由や人権などを擁護する自由主義の系列にあり、平等と人民主権を中心的な価値とする民主主義的な伝統とは異なる(Mouffe 2000: 2)。エルネスト・ラクラウによれば、ルフォールが民主主義を自由主義の象徴的枠組みとしてのみ考えるのに対し、ムフは民主主義と自由主義の偶発的な節合をみる。そして、ムフの理解にしたがうなら、民主主義および人民が自由主義的な枠組みを越える可能性がある(Laclau 2005a: 166-67)。ジェレミー・ヴァレンティンは、人民民主的な主体性の構成に注意を払わないとする、ラクラウによるルフォール批判が、政治における情動や情念をルフォールが見逃している点も含んでいると指摘する(Valentine 2013: 214)。

(10) 宇野重規の表現を用いれば、民主主義社会とは、「内部の対立や分断を認め、むしろそのような対立や分断こそを自らの構成原理とする社会」である(宇野 2008: 271)。

(11) ルフォールと同様に、ハンナ・アーレントも政治の舞台に着目する。ウィム・ウェイマンスは、ルフォールでは舞台と観衆が区別され、この意味で現実的な社会との齟齬が維持されるのに対して、アーレントではすべてが演者として参加するという違いを指摘する(Weymans 2012: 67-68)。政治と社会の関係性や、全体主義の理解をめぐるルフォールとアーレントの比較についてはFlynn(2005)および松葉(1995)も参照。舞台イメージとしての政治は、Urbinati(2014)でも詳述されている。ナディア・ウルビナティは演者と観衆の区別を認めるが、観衆もまた舞台(民主主義)を作り上げる固有の能動的な役割を果たし、完全に受動的なプレビシット的な観衆との違いを強調する。

(12) 教条主義的マルクス主義との対抗、不確定さと闘争の政治、そして空虚さへの着目という共通点で、ラクラウとルフォールの理論的な関係性は興味深い(Newman 2004; 宇野 2008; Wiley 2016)。結論的にいえば、ラクラウ自身が述べるように空虚さの意味するものが、人民民主的な主体の構成に関する「アイデンティティのタイプ」か、それとも自由民主主義体制における「構造的な場」なのかで両者は異なっている(Laclau 2005a: 166)。ラクラウの「空虚なシニフィアン」は人民アイデンティティの性質であり、それが等価性の連鎖を実践的に可能にするのに対し、ルフォールでは空虚さは権力構造の性質であり、象徴的な次元にとどまっていて、主体のアイデンティティ構築とは直結していない。ラクラウよれば、誰もが占有できる権力の場に空虚さが限定された場合、「占有する力自体が、ある程度は、空虚なシニフィアンとならないと占有できない」という重要な点をルフォールは見失ってしまう(Laclau 2014: 173; e. g. Laclau 2005a: 169)。これに対して、ルフォールの方が人民の実体化に対して警戒的かつ懐疑的で、政治と社会の区別に留意していると反論できるかもしれない。たとえばウルビナティは、権力の非実体化あるいは永続的な空虚な場を主張するルフォールに肩入れして、ラクラウのポピュリズム理論が、「ヘゲモニー的な機能を通じて政治を空虚さの生産に向けることで、その空虚な空間を埋めよう」(Urbinati 2014: 132=158、強調は原著者)とし、この空虚さの取り替えの帰結として多元主義を破壊しかねないと指摘する。アンドリュー・アラートは、ルフォールが発見した空虚な場をポピュリズム的な身体化で埋めようとするラクラウの戦術を批判する(Arato 2013)。この点に関するラクラウの考えを引用すれば、「完全な身体化と完全な空虚さの間には、部分的な身体化を含む状況の濃淡がある。こうした部分的な身体化は、まさに、ヘゲモニー的な実践が担う形態である」(Laclau 2005a: 166)。

(13) 「逆立ちした全体主義」に関する批判的な分析は、千葉(2022)を参照。

(14) Fugitive Democracy を、本章では時間的なニュアンスを踏まえて「刹那的な民主主義」とよぶことにする。非実践的で敗北主義的とする、刹那的な民主主義に対する先行研究の解釈を批判し、ウォリンにおける思想的な営為における位置づけ、および政治主体とのつながりでその民主的な価値を肯定する議論としてMcIvor(2016)を参照。千葉眞は同語を「束の間のデモクラシー」と訳した上で、それが国家権力からの逃亡者やお尋ね者というニュアンスを含む点を指摘する(千葉 2022: 145)。ウォリン自身の説明によれば、私たちの現実生活が経済に支配されおり、政治にほとんど時間を割けないという現状認識がこの用語に反映されている(Cane 2020: 202)。

(15) こうした挑戦のひとつとして、世界の思想圏を席巻した「ポストモダニズム」の批判的読解をあげることができる。ポストモダニズムの理解と「脱近代」的な政治情勢に対する認識との違いを鮮やかに浮かび上がらせて、森政稔はウォリンの理論を批判的に再構成する(森 2014)。

(16) ウォリンの政治理論は、政治ではなく、政治的なるものに向けられており、それは民主主義の実践的な取り組みである。「政治理論を一般的に定義するならば、それは、集合体の現在の存在とそのありうべき存在についての論説の伝承といえよう。つまり、政治理論は、第一義的に市民的行為であり、第二義的に学術的行為なのである。したがって私〔ウォリン〕の理解では、政治理論とは、集合体の存在とそこにおのずと生じる権力をめぐる政治的経験とに批判的に参与することである」(Wolin 1989: 1=1)。

(17) ウォリンは、アメリカの政治イデオロギーを「管理化の政治」(フェデラリスト)と「保全の政治」(アンチ=フェデラリスト)に区別する。主流となった前者では、差異は拒絶された。「差異が意味するのは、例外、変則性、地域的特殊性であり、また一定の権力が要求する規格品から逸脱した無数の相違である。差異が拒否するのは、一元化された歴史的物語や一元化された統一的目的である」(Wolin 1989: 92-93=122)。二〇世紀の世界大戦と大恐慌は「管理化」の勝利を確定し、管理を実行するエリートと「無気力が無分別の仮面をかぶっている」大衆との分極化を固定した(Wolin 1989: 99=129)。

(18) ウォリンは、近代立憲主義全般のパラドクスとして、権力抑制と分立の原理と、「人民」の究極的な主権権力の原理を指摘する。この本質的に逆説的な憲政は、権力や権威の構造だけでなく、一定の仕方で人民をも構成する。「およそ集合体のアイデンティティは公共の言説によってつくりあげられ、それをつうじて永続化する」(Wolin 1989: 9–11、強調は引用者)。なおウォリンは、政治的アイデンティティそのものを争いの対象とし、人民の中身が問題となり、それに関する形而上学的概念を拒否した点に、アメリカ政治史の特徴を見出す(Wolin 1989: 10–12)。

(19) 共同性を無視した多元主義に対する、ウォリンによる批判については、ジェイムズ・ウィリーが整理している(Wiley 2016: 180)。

(20) 千葉はウォリンの民主主義理論の意義として、「不断の相対化の視点」の提供を挙げる。この点は、一九八〇年代にウォリンが主催した季刊雑誌『デモクラシー』が、あくまで小文字のｄから綴られた事実と関係している。千葉によれば小文字の民主主義には、自己批判的であるためにドグマ化から自由であり、その不十分さが未来の展望をもたらし、完全な制度化が拒絶されるという三点が含意されている(千葉 1995: 62-64)。

(21) この論考('What time is it?')もタイトルの翻訳という重要な問題を読者に投げかける。「何時？」とすれば、世紀末を迎えた世界情勢についての批判的な分析を予感させる。他方で、直訳調に「何の時間か？」とすれば、政治に関する時間論的な解釈を期待させる。おそらく彼の狙いもこの両義的な解釈にあって、実際この著作はどちらも含んでいる。

(22) 本書では全く論及できないが、ベルクソンにおける純粋持続に対する一連の批判は、民主主義の現在に対する理解の深化を助ける。木村敏は純粋持続が時間であるためには、それが空間と区別されるだけでなく、空間を内包して、「あいだ」という性質を維持しなければならないとする(木村 1982: 55)。つまり、空間との差異化である持続は、それが成立する限り、すでに空間を伴っている。「ことはものとの共生関係においてのみ現実の世界に存在」し、純粋持続では「もの」が動かないため、時間が経験されない(木村 1982: 41-43、強調は原著者)。カイロス的な新規さがクロノス的な過去を前提している点はサイモン・グレゾスが指摘し、彼はこの論拠を後述する(未来を避けていると彼が解釈する)ウォリンに対する説得材料にする(Glezos 2012: 40)。

(23) 民主主義における余暇の必要性と現代社会でのその喪失を嘆くウォリンに対して、グレゾスは「政治的熟議のさまざまな時間への拘束という点では、現代はけっして目新しくない。[…]加速化するテクノロジーの進歩は、政治的熟議の過程に制約を付け加えたものの、機会も与えてきた」(Glezos 2012: 38)と批判的に言及する。たしかにこの指摘は社会史的な観点からは妥当するが、ウォリンの余暇は、社会・経済・文化的な事象から解放された、民主主義に従事できる時間であり、それは現代でもひきつづき希少であろう。この余暇に関する理解については、後述する(クロノス的な時間というよりも)ウォリンの政治的なものと刹那的な民主主義におけるカイロス的な時間のあり方に関係すると思われる。

(24) ラフマンと同様に、ウォリンによる政治的時間と文化・経済のテンポとの厳格な区別に対する批判は、シャピロもしめしている(Shapiro 2001: 233)。

(25) McIvor (2016) は、政治活動や熟議の遅さによって育まれる、複数の公共的な自我に即した、実践的な性質を刹那的な民主主義に読み込んでいる。

(26) 千葉は同じ箇所を引用し、ウォリンの民主主義的立憲体制および多形型デモクラシーの構想をより詳細に概念化する(千葉 2022: 155-56)。

(27) ハッチングスは、コノリーの政治理論から異質的でカイロス的な時間性を引き出し、国際政治の批判的な解釈への応用を模索している(Hutchings 2008: 170-77)。コノリーの時間論に依拠しつつ、Glezos (2012) はスピードの存在論的な分析によって、その速度との区別や民主主義的な実践への貢献を導く。

(28) Connolly (2002b) の元になったと想定可能な Connolly (2000a) では、ペースの加速化と生成の政治が結びつけられており、その対応力が「民主主義の高貴さ」として、基本的に高く評価されている。「〔…〕民主主義、スピード、そして多元性は上手くいく。ある程度まで」(Connolly 2000a: 311)。

(29) ボニー・ホニッグは生成の政治の事例としてスローフード運動を指摘し、それがたんなる遅さへのノスタルジアではなく、時間の異質性や権利の刷新を含んでいる点を見出す(Honig 2009)。デヴィッド・マッキーヴァーはこのホニッグの問題提起に、ウォリンの遅さの政治理論と、加速化に親和的なコノリーの多元的な政治理論の結合をみて高く評価する。スローフード運動はノスタルジーではなく、生活リズムを遅くする側面と、コミュニケーションや物流の加速化とグローバル化という側面を含んでおり、速さと遅さが相互に支え合う。「スローフードの机上で、ウォリンとコノリーはついに収斂する」(McIvor 2011: 82)。

(30) コノリーは「アゴーン」にふたつの意味を見出している。「すなわち、他者によって疑問を呈された自らの信仰の要素を保持するという苦悩(アゴニー)を受け入れること、そして他者へ伝達する敬意に他者のアゴーン〔競争的〕的な論争性を織り込むこと、である」(Connolly 2005: 123-24、強調は原著者)。

(31) 持続する現在に対するコノリーの評価が、『プルーラリズム』で、クロノス的な存在の政治に対して妥協的となったという興味深い指摘は Wong (2012) を参照。ジェレミー・ヴァレンティンは時間と偶然性に対するコノリーの関心が、既存の行動論的な政治認識に対して政治的概念の本質的な論争性を提起した、初期の方法論的な議論と通底しているとする(Valentine 2009: 203)。

(32) グレゾスは、ウォリンがカイロス的な未来を恐れていると果敢に指摘する。その理由は、アイデンティティを与える歴史的な過去を、未来が打ち消すとウォリンが感じているからである。これに対してグレゾスは、特異性を提供する過去の役割と同じものを、未来も果たすことができ、それが政治的現状を動かすと説く(Glezos 2012: 39-40)。「私〔グレゾス〕に言わせれば、ウォリンは〔その政治的な動きの〕スピードについてそれほど心配する必要はない。〔…〕もし、歴史性に注意を向ける政治の志向と未来性に開放的な政治の志向とのつながりに、ウォリンがいっそう関心を寄せたら、現代生活のペースの一般的な加速化の幾つかの要素を、彼は奉じたかもしれない」(Glezos 2012: 40-41)。

(33) コノリーも、ウォリンがカイロス的な時間系も取り出している点は認めている。たとえば、民主主義を存在としてではなく、「民主主義の脆弱性と生成の要素」が含まれた来たるべきものとして注目する人物として、ニーチェとともにウォリンが挙げられる(Connolly 2002b: 174)。アレクサンダー・ヒルシュは「刹那的な民主主義」が立憲主義的な規定と衝突する点を詳述するとともに、その構想が社会的対立の和解というプロジェクトに資する点を明確にする(Hirsch 2011)。コノリーとウォリンの対立において、マッキーヴァーは明確にウォリンに肩入れしている。彼によれば、加速化がもたらす社会的な分断や格差に、速さを奉じるコノリーはあまりに楽観的で、その害悪を認めつつも「ある程度まで」というあいまいな表現でしか速さを論じていない。さらに問題なのは、遅さをノスタルジーといいながら、遅さを厭う者を、民主主義を破壊する後期近代の資本主義に同調させてしまう点である(McIvor 2011: 71-72)。マッキーヴァーによれば、コノリーは遅さが多元主義を導く可能性を軽視しており、またウォリンの遅さには排除の契機は含まれていない(McIvor 2011: 74, 78)。このような一連のコノリー批判とウォリン擁護に対する私たちの応答は、加速化に対する勝ち目がないようなクロノス的次元のみに民主主義を還元するべきではない、ということになろう。

(34) 前章までの議論を引き受けるなら、自己統治のはじまりを民主的な政治過程が説明できず、それが持続するという事実にその正統性をもとめざるをえないので、政治的時間の即時的な一元化は民主主義自体を掘り崩すこととなる。バトラーの表現によれば、「複数の人間からなる主体がそのパフォーマティヴな行動を通じて構成されるとすれば、それはつまりその主体がすでに構成されたものではないということを意味する」(バトラー 2015: 65)。

(35) エイドリアン・リトルは、これまで主権を固定化してきた境界線に関する時間を複雑化することで、境界線を不安定でかつ政治的なものとして顕在化する(Little 2015, 2022)。

(36) Geenens (2019) は、ルフォールの民主主義論における、未決の未来に向けた持続的な争いを、人民が代表されつづける構築主義的な過程とみなす。そして、代表者たちによる舞台化された争いは、「私たちに自らの集合的な自立性を継続的に想起」させ、「主権者としての自らのイメージを活性化し、維持する」(Geenens 2019: 101、強調は原著者)。

## 第四章

(1) ランシエールによれば、代表制は民主主義の規模の増大に対処する手段ではなく、あくまで寡頭政の一形態であり、選挙も上位権力が要求する同意の表現である。ただしこの厳然たる事実が反映するのは、代表制の次善的性格や反民主的性質というよりも、民主主義が法や政治制度の唯一の論理に依拠しているわけではない点である（ランシエール 2008: 71-76）。

（2） 学的な議論では、民意は政治システムの外側にあり、選挙を通じてそれに入力される（べき）有権者の集合的選好として一般的に使用される（小林 2012）。しばしばこの語は、死票の割合を高める小選挙区制を批判する際に、選挙結果に対する懐疑の根拠として用いられる（富田 1998）。近年、法学分野を中心として、民意の実体的な措定とその選挙のみによる表出という本質主義的な理解が、民意を表現する制度的な多元性の指摘によって修正されてきた（島田 1998/99; 石坂 2013）。只野雅人によれば、「正規」の政治制度を通じ表明される「人民の意思」だけでは十分に汲みつくせない多様性・可塑性を、民意が含意している（杉原・只野 2007: 202）。代表されるべき民意はもともと明瞭な実体がなく、その複雑な姿を可視化するような、選挙およびそれを補完する過程を組み込んだ意志形成のあり方が重要となる。また糠塚康江は、たとえ解散総選挙であれレファレンダムであれ、それぞれの決定方式に従った民意の測定しかできず、民意そのものを知ることはできないとする（糠塚 2010: 129）。そのため議員の使命は、民意を標榜することではなく、議会での発話を通じて争点を示し、院外での民意の形成に寄与することにある（糠塚 2010: 248）。糠塚によれば、今日の学説は民意の統治過程への反映を肯定しているが、唯一のあるべき民意を想定しているわけではない。「選挙後の通常の政治過程において、「民意」は［…］「代表を通じた国民の意志形成プロセス」によってたえず構成され続けなければならないという想定」が通説的である（糠塚 2010: 21）。

（3） バーバーは参加、市民権、政治活動などを民主主義の構想に組み入れるものの、共同体を市民社会に優先させるコミュニタリアニズムや、直接民主主義を国民投票による専制政治に還元する集産主義には批判的である（Barber 1984: 117=80）

（4） ハーストの理解では、一般的に、人民に主権があり、民意は何らかの集合的な代表機関を通じて表明される。代表によって立法部が民意を示すことが保証されており、その結果、民主主義と法の支配が両立可能となる（Hirst 1990: 24-25）。

（5） ハーストは、代表制民主主義のドクトリンと現実の統治行為との間に矛盾を指摘する。第一に、限られた選択肢の中から代表者を選出することが、政策や法の決定と同一視されている。第二に、法は一般的な規則であるものの、立法はあくまで政党政治の産物である。そして第三に、いかに人民が代表されているかを評価する基準や対象が未確立である（Hirst 1990: 25-27）。

（6） 市民の政策決定過程への参加と、それと対応した代表概念の拡張は Coleman（2005）、Wampler（2012）を参照。代表制民主主義の危機的現状に対する、政治思想史をふまえた参加の理論的な提起として千葉（2016）を参照。

（7） すべての政治的代表は（民衆自身による）自己代表から始まると力説するハワード・シュウェーバーにとって、公式および非公式の政治過程にある参加は代表と結びついており、「［代表者による］代表の制約は、被代表者による参加とともに始まる」（Schweber 2016: 389）。参加による（自己）代表に民主政治がもとづくかぎり、「参加、熟議、そして代表民主主義に関する、伝統的な鮮明な区別は幻影である」（Schweber 2016: 385）。

(8) 理念と制度がつねに不整合で、そのためつねに危機とともにある代表制の機能不全について、千葉眞は経済的な要因を中心に検討する(千葉 2022: 209-11)。

(9) ピエール・ロザンヴァロンによれば、長期失業者や過剰債務世帯などの社会的排除の対象となる集合は、社会学的な意味での集団ではないため、範疇化を指向する古典的な統計アプローチではとらえられない。排除された者に共通なのはその逸脱や差異の形態であり、排除の過程である。そのため、彼らは固有の意味での共通利害をもたず、また自らを動員し表象する関係から切り離されている。つまり、排除された者は代表されるべき構成要素が欠けており、代表不可能な状況に置かれているのである(ロザンヴァロン 2006: 210-13)。構築主義的側面に隠れて無視されがちな、ロザンヴァロンによる記述主義的な代表論への一貫した取り組みは Conti and Selinger (2016) が丹念に整理している。包摂と排除の二項対立ではなく、他者化の過程として社会的排除のメカニズムを分析する研究として Barter-Godfrey and Taket (2009) を参照。

(10) ピトキンは、象徴的代表が代表される者による代表に関する判断を放棄していると批判する(Pitkin 1967: 110)。現代代表論における象徴的代表の復権については Baker (2006) を参照。

(11) 「利益」が本質的に論争的な政治的概念である点は、Connolly (1993) を参照。「利益」が代表過程に先行するのではなく、それによって構成される点は Hayward (2009) を参照。

(12) 被抑圧的な社会集団の記述的代表の体系的な擁護については、Mansbridge (1999) および Dovi (2012) を参照。Dovi (2012) は記述的代表に内在する代表資格の適切さの問題に、民主主義的な基準との適合性を要請する。

(13) マンスブリッジの類型論が恣意的で、逆に代表を複雑化させているという批判は Rehfeld (2009: 220-21) を参照。レフフェルドは、代表する者の性質をめぐる伝統的な信託−委任論争の構図を批判し、代表の目的、判断の主体、そして反応の対象という三つの軸から政治的代表論の再構成を行う。サワードはマンスブリッジが選挙外的な代表の契機を、代表する者とされる者との二者間的な選挙中心の枠組みに押し込めていると批判する(Saward 2010: 23)。約束型代表の確立と、それ以外の諸類型の提起とが同時に追求される、現代日本の政治状況は早川 (2014: 133-37) を参照。

(14) ラウラ・モンタナロによれば、選挙を欠いた代表者はその影響を受ける観衆の政治的な現われを可能にし、彼らに権威とアカウンタビリティを付与される場合に、民主的な正統性を得る(Montanaro 2012)。

(15) 同様に、エルネスト・ラクラウが主張するのは、代表することと代表されることをめぐる原初的なズレが、代表を可能にすると同時に不可能にする点である(Laclau 1996: 98, e. g. Thomassen 2007a: 123)。代表する者と代表される者の構成的な距離がなければ代表は成立しないが、その距離こそが代表される者が完全に代表されてしまうことを阻害している。

(16)　ストリートは、アンカースミットによる美学的な代表理解に依拠しながら、セレブ政治が民主主義的な代表の拡張である点を指摘する(Street 2004: 445)。

(17)　代表の構築主義的理解による実証研究についてはMoss and O'Loughlin(2008)を参照。本章の以下の叙述で、その構築主義的な代表論が分析されるラッセ・トマセンは、その代表的な研究として知られるサワードの要求形成論においても、たとえば客体の所与性を想定しているなどの、構築主義的理解の不徹底を指摘する(Thomassen 2019)。

(18)　ポール・タッガートらが指摘するように、ポピュリズムは政治過程における代表の契機を否定するものではない。ポピュリズムはあくまで既存の制度や形式を批判するのみにとどまり、それらを節合して、自らも政党制や代表制にしたがい、新たな代表の構築を目的としている(Taggart 2000: 86-89, Panizza 2005: 11)。ポピュリズムには代表制民主主義への抵抗と依存が同時に必要であり、この代表へのあいまいな態度がそれが短命であることのひとつの理由として語られる(Taggart 2000: 99, 110, e. g. Mény and Surel 2002: 18)。ただし、この両義的な性格がポピュリズム現象を生かし続ける動態であるなら、短命という帰結が排他的に導かれるわけではない。

(19)　ウルビナティは、選挙が民主主義社会における代表政治の本質に届いていない点を確証し、選挙の代表に対する先行的な優越性を逆転させる。「選挙は代表者をつくるが、代表をつくらない」(Urbinati 2011: 45)。政治的代表は、選挙的権威の公的な働きを超えて、「主権者としての人民」を機能させる複合的な政治過程を含む(Urbinati 2006: 5; Disch 2008: 90)。

(20)　ピトキンが導いた不在を存在させる代表の矛盾した機能について、デヴィッド・ランシマンは個人間よりもむしろ集合体の構築により適合的だと主張する(Runciman 2007)。

(21)　デモスの成立可能性における国民国家の前提は、ダールが国際機関の民主化および世界規模の民主主義の成立に冷淡である事実と軌を一にしている。「どの国際機関にも「人民」、デモスがいない」(Dahl 1982: 15)。杉田敦によれば、ダールの国民国家への素朴で現状追認的な信頼において、「国民というデモスが過剰なアイデンティティを持つことによって、他の可能なアイデンティティを抑圧する危険性は不当に軽視されている」(杉田 1998: 156)。

(22)　サパティスタによる顔なき者の代表はBurbach(2001: 115)を参照。

(23)　代表をめぐる二項対立的な認識の破綻から導かれる政治理論がふまえるべき前提は、排除との対比で、包摂のみを肯定的に評価できなくなったという事実である。福祉ショービニズムが典型的にしめすように、包摂と排除が表裏一体でもある点に注意が払われなければならない(Goodin 1996)。またヨーロッパで台頭する新しい右翼政党も単純な二項対立に還元できない。それらの特徴として、議会制民主主義や基本的な人権などの近代的価値の擁護、過去のファシズムや暴力的な極右運動との区別、資本主義への融和的な態度、ジェンダー平等や性的マイノリティの擁護、移民文化に対する啓蒙主義的なゼノフォビアなどを指摘できる。北欧を中心とした新しい右翼政党の特徴と社会的背景についてはAndersen and Bjørklund(2008)を参照。現代ポピュリズムにおける排除と包摂の両義的性質はMudde and Rovira Kaltwasser(2013)を参照。他方で、包摂政策が有する、適切とみなされる活動や関係の強制、それらに内包された支配関係、それらに伴う自由の放棄と同一化の契機、さらにそれらを適切とみなす規範のあり方それ自体がもつ権力現象としての性格などに敏感になる必要がある。排除のみならず、包摂もまた政治的な概念である(Oyen 1997)。

(24) 持続的な民主主義の脱構築主義的な性格は、ラクラウが主導するポピュリズム的な政治戦術と、主体化をめぐって分岐するかもしれない。敵対的なポピュリズムにおいて、人民はポピュリスト(になる人たち)を提供する単位および社会的文脈に依存的であり、こうした根源的な構成的外部の存在を前にして、自己統治の実現という観点からポピュリズムはつねに不完全な言説である。ポピュリストと等価的に接続する人民は、たとえその構成において普遍的であったとしても、その接続が成立するかぎりでの特殊性を埋め込まれている。人民の構成を手助けした脱構築の試みは、それがポピュリストと人民を継ぎ目なく接続する代表をも同時に、決定不可能なものとして明るみに出すだろう。ウルス・ステーリの適切な表現を用いれば、「人民＝ポピュリスト」の代表関係そのものをもたらすような、この原初的な排除こそ脱構築の対象であり、そのかぎりにおいて——敵対的な言説に特殊性を与えるような——「敵対的な節合の可能性についての歴史的な条件」が明らかにされる必要がある(Stäheli 2004: 238-39)。こうした根源的な外部を指摘する声(それは人民の構成とポピュリズム的代表の区別を要請する)に対して、ラクラウの応答はそれを事実上受け入れるものである。彼は、自らがかつて「制限」の観念と敵対的なフロンティアを同一視していたことを認め、敵対性がすでに言説の形式に埋め込まれているとともに、敵対性が根源的な排除と同じではないとする。その上で、構成的外部と敵対性を区別することに同意する(Laclau 2004: 318-20)。つまり、もはや構成的外部は、敵対性に立脚したアイデンティティ形成のみに内在したものではなく、それが不在の次元でポピュリズムに「制限」を与えることになる。ヤニス・スタヴラカキスは、ラクラウの形式主義的なアプローチで政治と同義まで高められたポピュリズムにおいて、あらゆる政治言説が「人民」に飲み込まれ、政治分析の道具としてのポピュリズムのもつ意味が失われかねないと指摘する。そのため、スタヴラカキスは、存在論的(形式主義的)レヴェルと存在レヴェルを仲介するものとしてポピュリズム概念を再解釈し、「人民」の「構造上の位置」を考察する意義は失われていないとする(Stavrakakis 2004: 263-64)。いいかえれば、政治を「人民＝ポピュリスト」の生成のみに一元化するのではなく、その代表関係の外側にある政治にも着目すべき、ということである。

(25) ヨーロッパ政治を舞台とした代表と民主主義の不調和で多元的な関係性については、リチャード・ベラミーが詳しく展開している(Bellamy and Castiglione 2013; Bellamy and Kröger 2013)。スザンヌ・ドヴィは代表の民衆の包摂機能だけでなく、排除機能(多数決主義への抑制)を評価して、代表と民主主義の理論的な関係に一石を投じる(Dovi 2016)。

(26) 杉田は、代表するものが民意を受け取る流れとともに、代表するものが代表されるものにはたらきかけて民意が形成される流れの存在を指摘する（杉田 2013: 33-37）。

## 第五章

（1） 現代日本社会における民意をめぐる欲望と消費の形態については、樫村（2008）を参照。

（2） ナディア・ウルビナティは、マナンの政治的代表論が選挙のみに傾斜しすぎており、民主主義における代表に関する統合的な理解をしめせていないと批判する（Urbinati 2006: 9-10）。この点は第三節でふたたび取り上げる。

（3） シュムペーターが一般意志や民意を空想とみなした点については、岩崎（2002: 5）を参照。ジョージ・ミュールは、シュムペーターと同じくエリート主義的民主主義理論の一員にしばしば数えられるロバート・ダールにおいても、複雑化した社会の狐火や、ポピュリズム的なデマゴーグや独裁者が用いる人工物として「民意」を理解し、「このような観念的な存在〔民意〕が彼の分析枠組みの中でまったく推進力になっていない」と指摘する（Muhll 1977: 1095）。これに対して、ダールは晩年のインタヴューで、現在も影響力を拡大しつつある行政機関・官僚機構による権力行使の正統性との関係で民意を論じる。こうした制度が正統なのは、たんにその目的がよいとか、公共的利益のために活動しているとかだけでなく、その権威が「民意に対して責任を負っている」からである。「たとえその責任がこの鎖の末端で弱くても、また場合によっては非常に弱いために馬鹿げたもの、一種の欠陥と言えるようなときでも、正統性の鎖をたどってゆけば行き着くのはその〔民意の〕部分である」（ダール 2006: 113）。ダールとシュムペーターとの違いは、民意の存在を認めるかどうか、そしてその政治過程に対する拘束力を認めて、競争的選挙が民意の出現として解釈される余地を残しているかどうか、に反映されている。なお、両者の違いとして、民衆の政治参加の形式や相互行為としてのコントロール理解の相違はこれまで指摘されてきた（杉田 1998: 148）。ダールは非指導者であっても民主主義の政治制度に日常的に参加することを前提とし、また社会における民主主義的な価値を強調している。ダールの現代政治分析の主著である『統治するのは誰か』がエリート主義的だという批判についてはWalker（1966）を参照。これに対してダールは、ジャック・ウォーカーによる規範的志向の無視による現状追認という批判を逆手にとり、デモクラシー理論が規範的であることを全面的に擁護する（Dahl 1966）。規範的政治理論の復活を背景として付け加えられた『現代政治分析』（第四版、一九八三年）の第一〇章「政治的評価」では、民主制と非民主制の、ポリアーキーと非ポリアーキーの区別が価値の評価と結びついていると主張する（Dahl and Stinebrickner 2002: 222）。

（4） すでに前章で論及したように、現代の代表論研究では、民主主義における代表の意義を積極的に認め、直接民主主義と代議制（間接民主主義）とが代表の機能と必要性という観点において、必ずしも対立する制度ではない点がしばしば言及される（Brito Vieira and Runciman 2008: 138）。

(5) 本章では、「人民による統治」を強調し、(集合的同一性を前提とした)民意の反映形式に注目する入力時の民主的正統性を分析する一方で、「人民のための統治」を意図した出力時のそれには議論が及ばない。両者の区別についてはScharpf(1999: 6-13)を参照。

(6) 議会にしめされる仮説的な共同体全体の意志と、選挙にしめされる経験的な多数者の意志をめぐる民意の比較制度史については島田(1998/99)を参照。

(7) もちろん、議会が主権者の意志を映し出す機関として認識されるには、近代革命を先導するように生じていた、政治思想史上における原理的な革命を必要としていた。一六世紀から一七世紀に渡るイングランド政治思想史における、民意と議会との結びつき(と区別)の理論化については、代表論研究の重要な分析対象である(Skinner 2005; Brito Vieira and Runciman 2008: 16)。

(8) 半代表制と議会政治の在り方については杉原・只野(2007: 54-64(杉原担当部))を参照。

(9) 代議制統治の定義として、ミルは「国民の全体あるいはその多数者からなる部分が、彼ら自身によって定期的に選挙された代表者を通じて、究極的支配権力を行使すること」(Mill 2010: 86)とする。千葉眞によれば、ミルの民主主義モデルでは、民衆の参加と同意と信託による正統性の付与が民主主義の究極的な根源にあり、代表制は便宜と有能性を確保するために二次的に必要となる。同様に、Urbinati(2002)はミルの民主主義モデルをアテナイにもとめる。

(10) Cerovac(2022: 149)にしたがえば、「集合的な意志形成」のほとんどが、公式的な政治制度の外側、すなわち非公式的な政治領域で行われている点にミルは留意している。

(11) 民意を一元化する機能だけではなく、主権者を代表するという主張を複数化して、民意を多元化する機能を代議制統治に見出す議論として、Garsten(2009)を参照。政治と社会の関係において、代表制が民意を反映するとともに切断する役割も有している点については、早川(2010)が詳述する。イラク戦争への参加を決定した英国議会とミルの代表制論との相違は、Beetham(2003)が論じる。

(12) ミルはたとえ優秀な代表者であったとしても、選挙民の個人的意見を完全に無視してはならず、選挙民は代表者の行動について知る権限があるとする(Mill 2010: 233-34)。なお専制君主制では、「全体としての国民」も「それを構成している個人」も、自身の運命に発言権をもっておらず、意志を行使できない(Mill 2010: 46)。

(13) ジョルジオス・ヴァルーザキスは、ミルがナショナリズムを単純に擁護したとする解釈を批判し、彼が代議制統治の条件とナショナリティの理論的な結びつきに注目していた点を指摘する(Varouxakis 2007: 279; Varouxakis and Kelly 2010: 10-11)。コノリーは、ミルがナショナリティを盲目的に信奉していると批判するのではなく、それを統治の自然的・歴史的な前提とする点を問題にしている。

(14) エルネスト・ラクラウによれば、「政治的代表の古典的理論〔ここではシュムペーター、ピトキン、ロールズ、ハーバーマス〕の主たる困難さは、そのほとんどが「人民」の意志を代表より以前に構成された何かとして理解する点である」(Laclau 2005a: 163-64、強調は原著者)。

(15) バーナード・クリックの表現によれば、議会は一方的な統治機構や民意の代表機関ではなく、「政府と民意を結びつける双方向のコミュニケーション・システム」である(クリック 2003: 81)。

(16) 実現不可能な人民による自己統治という理想を少しでも実現に近づけ、自らの評価に従って政府の変更が可能という点でその実質を部分的に構成する過程としての、(自由で公正な)選挙を擁護する議論としてPrzeworski(2010)を参照。千葉(2010)は、マナンらにしめされた代表のアカウンタビリティ概念における選挙という空間的限定を批判し、アカウンタビリティを民主主義全体の原理であり、公権力の正統性を提供する契機として提起する。

(17) 小選挙区相対多数決制で顕著となる得票率と議席率の差を、民意の歪曲と批判する研究として岡沢(1988: 52)と富田(1998: 45-47)を参照。ダールによれば、アメリカの選挙制度に典型的な着順制・多数制は民主主義を歪曲している。この制度はひとつの選挙区で一人のみを選出するために、相対多数票以外の票をすべて死票としてしまう(Dahl 2001: 68-74)。その制度下では、二番目に大きな党は不釣り合いなほど少数の議席しか与えられないし、第三党以下はさらに小規模化する。さらに、得票率と議席率の構造的なズレは、投票者の過半数の選択にすら到達しない勝者をしばしば作り出す。結論的にいえば、着順制・多数制は、比例制との比較において、民主的な公正さを欠いており、さらに通常利点として評価される政府の変更可能性をともなったアカウンタビリティの説得力すら十分ではない(Dahl 2001: 118-22)。

(18) 比例代表制でも、社会の多様性に対する記述的代表が不可能であり、民意の忠実な反映とはならない点については、杉原・只野(2007: 245, 339(只野担当部))を参照。

(19) 政治的無関心と民意の不整合をめぐる理解は、すでに丸山眞男が「政治の世界」(一九五二年)で議論している。丸山によれば、「〔当時の有権者の約半数がしめす〕こうした政治的無関心や絶望の上に行われる選挙がどのようなものであるか、その結果が果たしてどれほど「民意」の表現といいうるのかはおよそ想像がつく〔…〕」(丸山 1952: 182)。

(20) コリン・ヘイは選挙の棄権が政治的無関心のみをしめすのではなく、公的な政治過程への抗議を含む、より広義の政治参加と結びついている可能性を指摘する(Hay 2007: 23-27, 73-75)。

(21) 民意を反映・形成するために、これまでその中心を担ってきた選挙制度の固有のバイアスを批判的に議論しつつ、選挙外の諸制度・運動の可能性を指摘する研究として石坂(2013)を参照。

(22) 小林良彰は、近年の日本の総選挙を分析対象とし、選挙公約と国会活動との一致度が選挙結果に影響を及ぼしていない点を経験的に明らかにしている。「選挙を通じて有権者の民意が政治家に十分に付託されているとは言えない」(小林 2012: 164)。そのため、仮に選挙で民意が完全に表明されたとしても，それが後に実現されると保証されたわけではない。

(23) いかなる政治組織や制度によっても民意が完全に実現できない性質を，クロード・ルフォールは民主主義における権力の中心の空虚さと表現する(Weymans 2005: 268)。本章は，彼による国家と社会の区別を念頭に置きつつも，以下では社会に本質的に存在する民意という発想を批判的に分析する。只野雅人によれば，「正規」の政治制度を通じ表明される「人民の意思」だけでは十分に汲みつくせない，人民が内包する多様性・可塑性を，民意が包含している(杉原・只野 2007: 202(只野担当部))。

(24) ジョフリー・ベニントンは，ルソーの議論では，主権者であるためには特殊的な政府の助けが必要であり，その政府は主権の構成における民主主義の優越的な成立から導かれているとする。ベニントンは，この原-民主主義的な契機に政治がもつ政治性を見出している(Bennington 2009)。

(25) 代表を否定するルソーも，社会契約で個人が集合的存在としての人民に代表されることは肯定している。彼によれば，集合的存在としての主権者は，「その集合的存在そのものによってしか代表されない」(Rousseau 1997: 57)。ジェフリー・エドワード・グリーンは，人民と政府(代議制統治)を厳密に区別するルソーであっても，立法権としての一般意志が措定された「政府の背後にある政府」としての人民観念を維持するかぎり，代表制民主主義の哲学的な基礎を提供していると主張する(Green 2010: 78)。

(26) 西川(2022)によれば，ルソーの「一般性」は同一性ではなく包括性を意味する。そしてルソーの意図は，脆弱な一般意志を特殊意志から防衛することにある。本節が検討する彼の代表批判論も，その防衛策のひとつといえるかもしれない。

(27) 人民が集合的に構成される根拠に，歴史的な偶然性を持ち出すリベラリズムを批判し，その根拠が人民の境界線をめぐる未完の政治課題としての民主主義的な偶然性にある点を指摘するものとしてNäsström(2007)を参照。河野勝は民主主義が自己完結的な民主主義的な根拠を有していない点を指摘し，現代政治の常套句となっている民意に対する批判的な解釈をしめす(河野 2012)。

(28) すべての政治過程を一般意志の優越性のもとに置くルソーにあっても，ウルビナティは彼を全体主義やポピュリズムの先駆者とするのを拒絶し，あくまで民主主義的だと評価する。なぜなら，市民の意志の表明は個別で自律的になされ，個人主義的な側面が決定的に維持されるからである。「ルソーが唯一の正統な主権者として人民集会を叙述したとき，彼は素晴らしい洞察力で，市民はそれぞれ集会に赴き，そしてどの雄弁家にも耳を貸さずに自身の考えで互いを推論して，なるべく静かに投票すること(これはまさに私たちが投票用紙記入所に行くときにすることである)を明らかにした。このように，ルソーの集会はすべての市民を平等に包摂するだけでなく，自らの投票を個人的に独立して推論して行うように，投票が各市民に依拠しているので，民主的と呼ばれるにふさわしい」(Urbinati 2014: 162-193-94)。もっとも，ウルビナティはルソーの意志と意見の二頭制的な民主主義の理論化を評価しているのであって，後者の前者に対する支配的な傾向性を追認しているわけではない。「(個人の意見表明としての)言論は，ルソーが政治的決定の場から追放したものの，十分な権威を与えられる必要がある」(Urbinati 2014: 42=50)。

(29) 主権者としての人民およびその一般意志は社会契約の後に潜在的であって、立法などの個別の政治的行為によって現勢化されるというルソーの理論は、王寺(2023)が詳述する。このとき、一般意志を実現するために登場するルソーの立法者は、「〔…〕「権利上」社会契約によって成立する人民に対して、法律とともにはじめて垂直的な政治的関係をもたらす者であり、その意味で、政府とその公職者たちの先駆でもあれば、彼らがもたらすさまざまな非正統的逸脱を予告する者」(王寺 2023: 331)でもある。

(30) もしズレがなければ誰を為政者に選んでも同じであり、ルソーもまた「真の民主主義」では抽籤が選出の手段となる点を指摘している(Rousseau 1997: 126)。

(31) ルソーは習俗として現われる世論を、一般意志と区別し、統治者と同様に個別の場合に適応される法とみなす。彼によれば、ひとつの人民の世論はその法体制から生じ、習俗は立法によって形成される(Rousseau 1997: 141)。ウルビナティの表現では、「〔習俗としての法は〕私たち個人の理性の下から作用し、直接的な権威というよりも、決定に対する間接的な影響を発揮する」(Urbinati 2014: 40=45)。この作用によって、合法かつ正統な一般意志の体系が、実態的に機能し、信頼を獲得する。その作用の固有性において、「公式的な主権者は非公式的なそれの不在を代替せず、一般意志は一般意見を代替しない」(Ibid.)。

(32) ウルビナティは、現代政治社会の基礎的な原理である人民主権が、代表という過程を通じて現実化されると主張する(Urbinati 2006: 5, 223; Bevir 2009: 179)。人民主権についての原理的な考察については拙書を参照いただきたい(鵜飼 2013)。

(33) 代表されるべきものとしての民意については、Wingenbach(2011)の第六章がアゴニズム的デモクラシーの特質として分析している。

(34) ヘレネ・ランデモアは、ウルビナティが代表を選挙的なモデルで想定し、市民の役割を判断と批判のみに限定していると批判する。すなわち、ランデモアは、代表概念の参加領域への拡張はみられるものの、ウルビナティの構想においても、市民による自己統治の実質が奪われたままだとする(Landemore 2020: 36)。

## 第六章

(1) 前文の作成過程や論点については、衆院憲法調査事務局が作成した資料第三二号が網羅的である。同資料は平成一五年七月三日の衆議院憲法調査会「最高法規としての憲法のあり方に関する調査小委員会」において、日本国憲法前文をテーマとする参考人質疑および委員間の自由討議のために作成された。なお同資料では、同調査会での参考人発言の概要および各国憲法の前文が記載されている。前文研究の論点については、服部(2006)が包括的に提起している。前文における平和的生存権の成立過程は、本庄(2017)が詳述する。鈴木(2017)は、近年の日本国憲法制定史研究における論点を手際よく整理する。

(2) http://www.ndl.go.jp/constitution/index.html を参照。以下、本章で参照される一次資料については、同ホームページで参照可能である。

(3) [Constitution of Japan], SCAP Files of Commander Alfred R. Hussey, Doc. No. 12.

(4) [Drafts of the Revised Constitution], Hussey Papers "24-A Draft of the 'Preamble' to the Revised Constitution" through "24-I Drafts of Chapter ten, 'Supreme Law', of the Revised Constitution"〈YE-5, Roll No. 5〉.

(5) デール・ヘレガースは、のちに第九条となる同資料の第一段落をチャールズ・ケーディスが書いたとし、同資料をハッシーとの合作と判断している(Hellegers 2001: 579)。

(6) [Original drafts of committee reports], SCAP Files of Commander Alfred R. Hussey, Doc. No. 8 に記載された前文は[24-A-3]と同じである。

(7) [Ellerman Notes on Minutes of Government Section, Public Administration Division Meetings and Steering Committee Meetings between 5 February and 12 February inclusive], SCAP Files of Commander Alfred R. Hussey, Doc. No. 7.

(8) 「憲法改正要綱」、佐藤達夫文書22。

(9) 「會見記」、入江俊郎文書15(「三月六日発表憲法改正草案要綱」の内)。

(10) マッカーサーは当初一院制を支持していた。ケーディスは一院制の文言が二院制に固執すると予想される日本側に対して、より大切な主張を実現するための「効果的な駆け引きの手段」となると認識していた(前掲注7、Ellerman Notes, p. 2)。実際、松本の手記では、二二日の会談で民選を条件に二院制を認めるというGHQの「譲歩」を得たとする(前掲「會見記」五頁)。

(11) Meeting of General Whitney, Colonel Kades, Commander Hussey, Lt. Col. Rowell with Dr. Matsumoto, Mr. Yoshida and Mr. Shirasu, 22 February 1946, SCAP Files of Commander Alfred R. Hussey, Doc. No. 20.

(12) 「日本國憲法」、入江俊郎文書15(「三月六日発表憲法改正草案要綱」の内)。

(13) 逐条審議に参加した佐藤達夫の証言を参照(憲法調査会編『憲法制定の経過に関する小委員会第二五回議事録』二頁)。

(14) 「帝国憲法改正案」、佐藤達夫文書156。小委員会における「主権」への変更におけるGHQの関与と日本政府の応答については、佐藤達夫の証言(前掲『第二五回議事録』三一一七頁)および古関 2009: 269-73 を参照。

(15) [1-1]にある「国会」を帝国議会とする研究として初宿(1993)を参照。私見によれば、この解釈の鍵は憲法前文を(いくつかの法律に付された前文のように)立法時点に制約された一般的な説明として理解するか、あるいは超時間的な規範として理解するかにあると思われる。この問題は、「われら日本国民」の意味内容と関係するだろう。

(16)「枢密院委員会記録」、入江俊郎文書31、一九頁。

(17)「枢密院委員会記録」、入江俊郎文書31、九頁。同様の議論は第二日(四月二四日)にもみられる。

(18)独立宣言が内包する政治理論について、Sheldon(2002)はジョン・ロックの近代自由主義、古代ギリシア・ローマの共和主義、そしてプロテスタント的なキリスト教の混合を指摘する。またジェファーソン自身も、独立宣言がこうした歴史的な結実の帰結であるとし、逸脱的な新規さを認めていない。独立宣言の日本への思想史的な移入についてはAruga(1999)が詳しく、また日本国憲法前文の執筆過程にも着目している。

(19)ボニー・ホニッグは、このデリダによる独立宣言の解釈を、事実確認性を行為遂行性の不純物とし、独立宣言を政治のはじまりとして高く評価するハンナ・アーレントの解釈と対比している(Honig 1991)。

(20)デリダの思想的文脈における独立宣言の分析の位置づけについては、De Ville(2010)を参照。

(21)独立宣言における神の記述の変遷については、Slauter(2009)を参照。

(22)清宮四郎によれば、現行憲法に付された天皇を主語とした上諭は、「日本国憲法」という題名の前にあることから、憲法典の一部とみなされない。なお清宮は、上諭が欽定憲法の手続きに従いながら、それが「日本国民の総意」にもとづいた改憲であると表明する点に矛盾を指摘する(清宮 1969: 177)。本章は、憲法の外側にある、国民主権をもたらした規範の痕跡として上諭を理解している。

(23)この観点からすれば、八月革命説は、主権者たる国民を過去に実体化して、それによって国民主権にもとづく現行憲法の法学的一貫性を説明する解決策であるといえよう。これはもちろん、現行憲法の書き手を具体化する措置ではあるものの、第一章で議論したように、その実存については憲法成立以降では理論的に問うことができない。

(24)一九四六年六月に衆議院本会議に上程された帝国憲法改正案について、佐藤達夫法制局次長によって答弁の準備がなされた。彼の書込みが見られる資料「帝国憲法改正案」(佐藤達夫文書130)には、前文第一項第二文の行間に、「リンカーン」と記載されている。

**第七章**

(1)民主主義的な価値とガバナンスに与えた、コロナ禍の「巨大で喫緊の挑戦」をマイケル・サワードは五つに整理している。それらは、経済・社会に対する国家権力の介入、社会的距離や移動制限が選挙や熟議などの手続きに与える影響、集会や表現の自由への影響、追跡アプリの導入などによる行動把握、そして格差の拡大である(Saward 2021: 200-01)。

(2)現代を代表する学者が一同に勢ぞろいしたアピール「Humans are not resources. Coronavirus shows why we must democratise work」は、コロナ危機によって、人間が商品としての労働力ではないことが鮮明となったと主張する。私たちは他者の労働、そしてその健全な身体に相互依存している。だからこそ、働く場の民主化が必要となる（https://www.theguardian.com/commentisfree/2020/may/15/humans-resources-coronavirus-democratise-work-health-lives-market）。コロナ禍と現代社会の諸課題というテーマは『現代思想』（第四八巻第一〇号）が特集する。

（3）コロナ流行が民主主義に与える影響の二面的な性格は、Walker（2020）が詳細に展開する。

（4）デヴィッド・ランシマンの『民主主義の壊れ方』では、民主主義の死は人間の「中年危機」のアナロジーで語られる。民主主義は着実に死に向かっており、予断を許さないが、民主主義は問題を分解し、部分ごとに延命措置を施すことができる。そして、「人生の最後がみな同じでないように、民主主義の歴史がすべて同じ形で終わることはない」（Runciman 2018: 218=250）。民主主義の危機論はLandemore（2020）が整理する。

（5）すでに参照したように、ウォリンの遅さへの憧憬には多くの批判が集中しており、ルーシー・ケインもこれらの妥当性を基本的に認める。しかし、彼女によれば、後期ウォリンはローカリズムに限定されない超域的な政治を志向しており、そこでは刹那性や遅さや制度化も含む「多形態の民主主義」が構想されていた（Cane 2020: 136-39）。ウォリンでは示唆的に留まった多型的な民主主義論について、千葉眞はより精巧に肉付けしている（千葉 2022: 153-59）。

（6）肯定的なものか否定的なものかはともあれ、社会的な加速化が民主主義の構成に影響を及ぼすのは、多くの研究が指摘している（e. g. Hassan 2012）。また「加速主義」と称される社会分析の現代的潮流も、民主主義に論及する（e. g. Srnicek and Williams 2016）。ただし、これらの多くは加速化の影響を、民主主義の形態や機能に関して論じるものであり、民主主義の時間性との関係を原理的に分析する意図はない。

（7）政治理解に直接的に連なる歴史や人間存在の偶然性というアーレントの認識は、Birulés（2009）が詳しく展開する。

（8）アイデンティティの偶然性の緻密な観察と、それにもとづく対策の検討は『アイデンティティ／差異』の第六章の中心的な課題である。

（9）アイリス・ヤングによれば、『アイデンティティ／差異』のもっとも重要な貢献は、「政治理論を人間の条件についての偶然性に接続したこと」（Young 1992: 512）である。政治主体が抱く記憶に偶然性のあり方を指摘する研究としてRahman（2015）を参照。

（10）経済危機に対応する自由民主主義体制の遅さを問題視する、カール・シュミットの所説についてはScheuerman（2004）が批判的に検討する。

（11）法学分野を中心とした緊急権や例外状態に関する議論が主に注目するのは、緊急事態と民主主義というよりも、法の支配との衝突である（Sarat 2010; 大林 2021a/b）。

(12) Landman and Splendore(2020)はコロナ禍での各国の選挙過程を分析し、選挙の円滑な遂行が民主主義の根幹だと強調する。

(13) コロナ対策初期でみられた日本国政府と地方政府の政策的な対応のちがいについては、選出手続きを含む、民主主義の諸制度の編成上のちがいに由来するかもしれない。大林(2021a)は地方政府の積極的な対応や、三権を中心とした国政上の権力編成の変化を叙述する。二〇二一年二月に新型コロナウイルスの流行を受けて改正された新型インフルエンザ等対策特別措置法では、「対策の強化」によって、「国民の生命及び健康」の保護、そして「国民生活及び国民経済に及ぼす影響」の最小化が目的とされた(第一条)。このように、新型インフルエンザ等に対する対策の目的は、かなり幅広く、あいまいである。なお、「国民の自由と権利」に対する制限は、「必要最小限のものでなければならない」とされる(第五条)。

(14) なお、Edgell et al.(2021)は、民主主義的な基準に対する侵害とコロナウイルスによる死亡率は関係しないという分析結果を提示する。つまり、民主主義を犠牲にしたとしても、ウイルスの被害を効果的に食い止められるわけではない。Evans and Stoker(2022)は、危機における民主主義のパフォーマンスを評価する基準を、民主主義を維持し、そして高められるかという観点から整理する。安中(2023)は権威主義体制のデータの信頼性を問題化し、コロナ禍に対応する民主主義体制を、説得力をもって擁護する。

(15) Runciman(2018)によれば、権威主義は個人の利益と集団の尊厳を約束し、短期的な利益の実現を正統性とする。これに対して民主主義では、個人の尊厳、集団の利益、そして長期的な利益を展望する。また彼の確信するところでは、成熟した民主主義は、権威主義の迅速さは認めつつ、自らを崩壊させるリスクは冒さない。

(16) 山崎望の表現によれば、民主主義と統治が乖離することで、「不安を与える脅威への対処というセキュリティの自己正統化により、脅威の存在こそが統治の正統性の源泉となる」(山崎 2018: 202)。

(17) ランシマンは、専門家支配を民主主義から派生するものとし、他方で、知者の支配(エピストクラシー)を民主主義と対置する。その上で、知者の支配が退けられる理由として、それが政治的決定の変更可能性を否定する点や、あくなき真理追究がより強固でグロテスクなテクノロジーによる支配を招く点などを指摘する(Runciman 2018: Chap. 4)。

(18) 岡山(2021)が手際よく整理するような、新型コロナウイルス対応での専門家と政権の関係性を確認しておくことが、平時の知の形式を構成する上で、現在ではもっとも有益かつ簡便な方法だろう。

(19) 日本の新型コロナウイルス対応の障害として、地方行政と国政との齟齬は竹中(2020)が詳述する。Stasavage(2020)は緊急対応に臨む分権の失敗として、一七世紀オランダの英蘭戦争での敗北を例示する。なお第三の選択肢として彼が想定するのは、SARS や MERS の経験に学んだ、コロナ対応における韓国と台湾である。

(20) 非日常における民主的な規範の存在と、その原初的な出現は、Kalyvas(2008)が克明に描出する。

(21) 緊急事態を利用した緊急権の拡大についての学問的検討は枚挙にいとまがないが、一例として松平徳仁は原子力特措法上の避難指示をケースに、緊急権条項の不在を検討する(松平 2021)。
(22) コロナ禍のみならず、コロナ対策禍の検討も平時の課題である(金井 2021)。
(23) コノリーによれば、「他のいかなる社会形態にもまして、民主主義は、人々が偶然性に曝されていることを強調し、アイデンティティに内在する差異を肯定することが公的生活に表現される見込みを増大させる」(Connolly 2002a: 193=358)。

# あとがき

本書は、私がこれまで十数年にわたって考察してきた、政治理論としての時間というテーマのいちおうの集大成である。各章の初出は次の通りである。

序　論　時間の問題――『慎慮の寓意』とその先
書き下ろし。
第一章　過去――死者による支配からの解放
鵜飼健史「民主主義の過去と現在」『西南学院大学法学論集』五〇巻二／三号、一八一－二一一頁、二〇一八年。
第二章　未来――将来の民主主義と民主主義の将来
書き下ろし。
第三章　テンポ――民主主義の遅さと遅れ
鵜飼健史「時間の中の民主主義」『思想』岩波書店、第一一五〇号、七三－九二頁、二〇二〇年。
第四章　代表――デモスの持続的な現在
鵜飼健史「代表と民主主義」、西南学院大学法学部創設五〇周年記念論文集編集委員会編『変革期における法学・政治学のフロンティア』日本評論社、二〇一七年。

第五章　民意――代表制民主主義における不純さ

鵜飼健史「民意は代表されるべきか」、山崎望・山本圭編『ポスト代表制の政治学』ナカニシヤ出版、二〇一四年。

第六章　はじまり――主権者の意味と無意味

鵜飼健史「日本国憲法前文は誰が書いたか――行為遂行性と事実確認性の間」、中野勝郎編著『市民社会と立憲主義（法政大学現代法研究所叢書34）』法政大学出版局、二〇一二年。

第七章　終焉――民主主義がなくなるとき

書き下ろし。

各初出については、本書において一貫性のある叙述とするため、大幅な変更を受けている。また、参考文献のアップデートなど、形式的な変更もかなり施されている。ただし、すべてにわたる修正は作業が膨大になるので、事実上あきらめている。この点につき、読者のご理解を賜れば幸いである。本書での再録をお認めいただいた各出版社に、記して謝意をしめしたい。

私にとっては回想含みになるが、いくつかの論文の執筆経緯と内容にふれながら、本書の展望を整理してみたい。時間と政治の関係は、本書の構想が生まれた時点ではさほど注目されていなかったが、いまやそれなりに認知度の高いテーマとなってきた。発刊がかなり遅れたために本書の叙述には反映されていないが、オックスフォード大学出版からハンドブック『時間と政治』がついに出版された（Goetz, Klaus H. (ed.) (2024) *The Oxford Handbook of Time and Politics*, Oxford: Oxford University Press.）。中華圏でも代表的な政治思想研究者の葉浩による大著『政治時差・時差政治――叙事共時性作為民主政治的一種想像』（聯經出版、二〇二四年）が上梓され、政治と時間をめぐる思想的な連関に光があてられはじめている。

私としては、本書が流行を先取りしたとか、流行に乗っかったとか言うつもりはまったくない。世界の政治学研究が英語圏に集約されるなかで、同じ材料をもちいて、同じような社会的な背景に接するために、当然に生じる現象だと考えている。政治的な時間への注目が徐々に高まる傾向は、本書にとって、的を外していないという自信につながるとともに、この分野の研究に何かを付け加えなければという焦燥をも生じさせた。本書の前半部の第一章・第二章・第三章は、こうした学的な潮流と同調しながら執筆された。その際に意識されたポイントは、そのまま本書の特徴としてあげることができそうだ。

第一に、政治理論において、時間と代表の関係性を明示することである。代表を中心に論じた本書の後半部の方が、議論の成立としては早く、学的な流行としても早い。本書でも論じているように、政治的代表についての分析は、この二〇年くらいで多角的に深化してきた。本書もこうした流行に刺激を受けつつ、代表をもたらす民主主義の時間的な側面に注目してきた。第四章・第五章は、元来は代表の論理を解明するという意図にしたがい個別論文として準備されたものの、その際に強く意識された代表制民主主義の時間性は、本書を構成するもっとも根本的な基部を提供した。

第二に、同時代史的な諸課題との格闘を本書は意識している。本書の前半部では、過去・現在・未来に関するさまざまな事例が取り上げられて、それらに対して民主主義の時間という観点から応答と再検討がなされた。理論によって現象に解釈を与えるという役割に、本書は意識的に取り組んでいる。さらに民主主義の遅さという、あえていえば誤解に、政治理論の立場からどのように答えていくかも、本書の軸のひとつである。第七章はコロナ禍を素材として、民主主義の可能性について、より実践的に考察している。同章は、中華圏を代表する学術雑誌《思想》(聯經出版)に掲載予定の中国語論文をベースとしている。ただし、オリジナルの中国語論文は中華圏の議論や先行研究を意識した内容なので、それなりに叙述のちがいがある点を断っておきたい。また、コロナ禍対策において、緻密なデータにもとづき民主主義体制を擁護する優れた研究がこの間いくつも発表されているものの、オリジナルの中国語原稿が書かれた時点ではほぼ参照できなかった。出版事情のため、過去と未来が逆転して、未来が先に陽の目を見ることになった。

第三に、本書は時間それ自体を考察するというよりも、民主主義とのつながりを意識し、民主主義の理解を深めるという目的で時間を扱っている。すなわち、序論で述べられた、慎慮を必要とする政治体制としての民主主義の特徴を分析している。慎慮をめぐる問題系とともに、本書を構成するもっとも古い層は第六章である。歴史の事例研究を中心とした本章は、人民主権を論じた以前の拙書には組み込むことができなかったが、本書では執筆の起点となっている。この事例研究をどのように生かすかが、私個人としての年来の課題であり、理論研究の方向性を定めてくれた。そして、本書ではほぼ論及されていないが、私が学生時代から親しんできた、日本の哲学業界で一ジャンルを形成している時間論はつねに発想の源にある。

執筆期間という表現は必ずしも正確ではないものの、既存の二冊および現在刊行準備中の一冊の私の他のモノグラフと比べて、本書ははじまりからおわりまで、もっとも時間がかかった著作である。そして三〇代から四〇代前半までの、学者としては生産性がもっとも高く、私人としては生活上の変化にもっとも富んだ時期に書かれたために、数多くの出会いによって本書が育まれた。お名前はあげられないが、ここに皆さまに感謝を申し上げます。また、本書のはじまり以前――過去――からすでに知り合いであった皆さまにも、継続的な支援と刺激をいただいている。過去なくして本書はなかった。あらためて感謝を申し上げます。この期間に代表者・分担者として参加した科研費助成事業は、本書に欠かすことのできない養分である（17K18297、19K21680、20K01463、22K01310）。

本書の成立という、いっそう限定的な事柄に関しては、以下の皆さまからの直接的な恩恵にあずかっている。《思想》（聯經出版）の編集長で中央研究院の銭永祥教授には、脈絡のない訪問にもかかわらず、温かくご対応いただき感謝申し上げます。《思想》が中華圏の民主化についての橋頭堡となるというお話は、たいへん印象的であった。二〇二三年から二四年にかけて、客員教員として台湾での研究拠点を提供していただいたのは國立政治大學である。山藤夏郎先生、黒崎貴史先生、石原忠浩先生、井上園子様に感謝いたします。

勤務先の西南学院大学には、研究・労働環境について、大学をとりまく現代社会において想定しうるなかで、最良の対応をいただいている。さらに本書は、二〇二四年度の西南学院大学出版助成による支援を受けている。また、二〇一八年には研究休暇を与えられた。その際に訪れたロンドンのナショナル・ギャラリーで、ティツィアーノ『慎慮の寓意』を偶然に見かけたとき、まさに本書の構想が電撃的に形作られた。本書にとって、もっともよいタイミングでの邂逅である。もしここで出会わなければ、あるいはそのタイミングが少しでもずれていたら、本書はどのような著作になっていただろうか。その日にひとりで出歩く自由を与えてくれた家族に、いつもとはちがう意味での感謝を捧げたい。

なお、二〇二四年の夏休みに本書出版の報告ついでに同館を訪れた際には、大規模な改修中のためか、『慎慮の寓意』が展示されていなかった。いないとは思うが、本書に刺激を受けて同館で現物を確認したいと希望される方は、ご注意いただきたい。もちろん、同作品の展示がなくとも、列挙することが困難なほどに充実した作品群で、また別のティツィアーノ作品もいくつもあって、訪問する価値は十分に保たれている。

『思想』(岩波書店)の編集長で、本書をご担当いただいた押川淳氏にも特別な感謝を申し上げたい。もちろん短期的には、本書の成立にご尽力いただいた万事に関する感謝である。ただもうひとつは、本書のはじまり以前からつづく、ご厚情に対する感謝である。お互いに歳をとり、にもかかわらずますます忙しくなるなかで、こうしてかたちを残すことができたことは、私としてはとても感慨深い。

本書の完成という現在的な事柄につながる出来事において、実は、もっとも古くまで遡るのはカバーデザイン作成にご協力いただいた坂本知万氏との出会いである。（はるか昔の）高校の同級生で、バトミントン部ではペアを組んだ仲である。このたび時間を経て、別のかたちであらためてペアを組むことができた。時間を考えてきた本書の、ちょっとした演出でもあり、こだわりでもある。見事なデザインを提供いただき、ありがとうございました。今後もよろしくお願いします。

私たちは未来を知りたいと願いつつ、知ることの恐怖も同時に感じている。本書が主張するのは、民主主義がこうした私たちの両義的な未来感覚にもっとも合致した体制だ、ということである。だからこそ、とりあえずいまをより大切に、より民主主義的に生きるべきだろう——よりよい未来といつか出会うために。

鵜飼健史

二〇二五年二月

鵜飼健史
1979年生，愛知県出身．専門は政治理論．一橋大学大学院社会学研究科博士後期課程単位取得退学，博士(社会学)．日本学術振興会特別研究員，早稲田大学助教などを経て，現在西南学院大学法学部教授．主要著作として，『政治責任 民主主義とのつき合い方』(岩波新書 2022年)，『人民主権について』(法政大学出版局 2013年)．訳書にナディア・ウルビナティ『歪められたデモクラシー——意見，真実，そして人民』(岩波書店 2021年)．

民主主義はいつ成立するのか 時間と民意の政治学

2025年2月27日 第1刷発行

著 者 鵜飼健史《うかいたけふみ》

発行者 坂本政謙

発行所 株式会社 岩波書店
〒101-8002 東京都千代田区一ツ橋 2-5-5
電話案内 03-5210-4000
https://www.iwanami.co.jp/

印刷・法令印刷 カバー・半七印刷 製本・牧製本


ISBN 978-4-00-024899-0 Printed in Japan

# 索　引

## ア 行

アカウンタビリティ　61, 131-132, 136, 138-142, 165, 169, 233, n244-245, n257, n262
アガンベン，G.　7, n240
アメリカ独立宣言　36-37, 200, 202, n240, n242, n266
アーレント，H.　11, 21, 34-40, 49-50, 87, 151, 219-221, 223, n240, n243, n251, n266-267
インネラリティ，D.　63-64, 82, 88, 122, 210, 229, 234, n246
ウォリン，S.　12, 90-91, 97-104, 107-111, 114, 117-119, 216, 228, n252-255, n267
宇野重規　92, 96, 173, 233, n250-251
ウルビナティ，N.　135, 142, 145-146, 151-153, 161-163, 165, 169, 173-175, 179-180, n251, n258, n260-261, n263-264

## カ 行

カイロス　11-12, 20, 34, 36-41, 49-50, 55, 63-64, 71-73, 76, 79-80, 91, 99, 103-104, 110-113, 115, 118-123, 185, n238, n240-41, n243, n245, n249, n253-255
川崎修　37-39
クロノス　11-12, 14-15, 20, 23-26, 29, 32-34, 36-41, 46, 49-51, 53-54, 57, 60, 63-66, 71-72, 74-75, 77, 79, 81-83, 87, 91, 99, 100, 102-104, 110-113, 115-120, 122-124, 151, 164, 185, 196, 201, 206, n238, n240-241, n244-245, n250, n253-255
構成的外部　79, 81, 169, n249, n259
コノリー，W. E.　12, 54, 114-119, 163-164, 221-223, 234, n243, n254-255, n257, n261, n269

## サ 行

ジェファーソン，T.　11, 21, 28, 42-46, 67, 200, 202, n241-242, n266
時間性　40, 71, 74, 87, 95, 107, 115, 117, 119-121, 185, n240, n243, n249-250, n254
主権(者)　14, 22-26, 96, 112-113, 122-124, 135, 150-151, 157-158, 160, 171-175, 184-206, n238-239, n243, n248, n252, n255-256, n258, n261, n263-266
慎慮　2-7, 10, 15, 21, 62, 64, 104, 152-153, 181, 206-207, 221, 235, n237-238, n245
杉田敦　53, 90, 184, n258-260
刹那的な民主主義　98-100, 102, 107-112, 118, n252-255

## タ 行

ダール，R. A.　14, 18-19, 128, 146, n245-246, n258, n260, n262
ダン，J.　2, 6, 21, n244
ティツィアーノ　2-3, 5, n237
デモス　8-15, 19, 26, 28, 33, 41-46, 49, 51, 55, 57, 59, 66-76, 79-83, 100, 106, 112-113, 123, 126, 141, 146-147, 149-151, 153, 180, 185, n245-249, n258
デリダ，J.　12, 51, 75-80, 87, 106, 148, 200, 202, n240, n248-249, n266
トマセン，L.　13, 147-150, n258

## ナ 行

永井陽之助　18-19, 21, n238
ネグリ，A.　13, 128, 132-133, n243, n249

## ハ 行

バトラー，J.　79, 112-113, 149-150, n255
ピトキン，H.　13, 127, 136-137, 141, 152,

n257-258, n261
フーコー，M.　52, n240, n243
ブラウン，W.　8, 214-216
フレイザー，N.　40, 68-74, n246-247
ホッブズ，T.　4-5, 136, n237-238, n243
ホニッグ，B.　27, 36, 117, 174-175, 203, 212, n240, n254, n266
ポピュリズム　14, 144-145, 152, 178-179, n247, n252, n258-260, n263

## マ 行

丸山眞男　168-169, n239, n262
マンスブリッジ，J.　61-62, 141, n245, n257
ミル，J. S.　13, 159-166, n261
民意　11, 13-14, 31, 127-128, 137-138, 142, 145, 152, 156-181, 185, n246, n256, n259-264
ムフ，C.　7, 150, n250-251

## ラ 行

ラクラウ，E.　144-145, n248, n251-252, n257, n259, n261-262
ランシエール，J.　127, n238, n255-256
リンカーン，A.　206, n266
ルークス，S.　52-54, n243
ルソー，J. J.　13, 127, 170-177, 186, 203-204, n263-264
ルフォール，C.　12, 90-97, 100, 103-104, n250-252, n255, n263,
ロザンヴァロン，P.　87, 93-94, 119-120, n257
ロック，J.　194, n238, n266,

# 参考文献

略号(すべてHannah Arendtの著作)

BPF——*Between Past and Future: Eight Exercises in Political Thought*, New York: Penguin Books, 1977.(『過去と未来の間——政治思想への8試論』引田隆也・齋藤純一訳，みすず書房，1994年.)

CR——*Crises of the Republic: Lying in Politics; Civil Disobedience; On Violence; Thoughts on Politics and Revolution*, New York: Harcourt Brace Jovanovich, 1972.(『暴力について——共和国の危機』山田正行訳，みすず書房，2000年.)

HC——*The Human Condition*, Chicago IL: The University of Chicago Press, 1958.(『人間の条件』志水速雄訳，ちくま学芸文庫，1994年.)

KPP——*Lectures on Kant's Political Philosophy*, Ronald Beiner (ed.), Chicago IL: The University of Chicago Press, 1982.(『完訳 カント政治哲学講義録』仲正昌樹訳，明月堂書店，2009年.)

LM——*The Life of the Mind*, New York: Harcourt Brace Javanovich, 1978 (LM1——Vol. 1 Thinking, LM2——Vol. 2 Willing).(『精神の生活(上・下)』佐藤和夫訳，岩波書店，1994年.)

OR——*On Revolution*, New York: The Viking Press, 1965.(『革命について』志水速雄訳，ちくま学芸文庫，1995年.)

愛敬浩二(2005)「憲法によるプリコミットメント」『ジュリスト』第1289号，2-8頁.
愛敬浩二(2009)「世代を超えた共同作業としての憲法——奥平憲法学と「物語」論」，長谷部恭男・中島徹編『憲法の理論を求めて——奥平憲法学の継承と展開』日本評論社.
ジョルジョ・アガンベン(2011)「民主主義概念に関する巻頭言」，ジョルジョ・アガンベン他『民主主義は，いま？——不可能な問いへの8つの思想的介入』河村一郎他訳，以文社.
芦部信喜(1983)『憲法制定権力』東京大学出版会.
バーバラ・アダム(1997)『時間と社会理論』伊藤誓・磯山甚一訳，法政大学出版局.
荒木勝(2011)「フロネーシス(知慮)」，古賀敬太編『政治概念の歴史的展開』第四巻，晃洋書房.
ハンナ・アレント(2016)『責任と判断』ジェローム・コーン編，中山元訳，ちくま学芸文庫.
安中進(2023)「政治体制とCOVID-19」『日本比較政治学会年報』第25号，3-21頁.
石川健治(2015)「八月革命・七〇年後——宮澤俊義の8・15」『法律時報』第87巻第7号，80-85頁.
石坂悦男編著(2013)『民意の形成と反映』法政大学出版局.
今井一(2003)『「憲法九条」国民投票』集英社新書.

参考文献


岩崎正洋(2002)『議会制民主主義の行方』一藝社.

ポール・ヴィリリオ(1998)『電脳世界――最悪のシナリオへの対応』本間邦雄訳，産業図書.

シェルドン・ウォーリン(2003)「逆・全体主義」杉田敦訳，『世界』第717号，74-77頁.

鵜飼健史(2013)『人民主権について』法政大学出版局.

鵜飼健史(2014)「民意と現代政治分析――ロバート・A・ダールのデモクラシー理論」『早稲田社会科学総合研究』第14巻第3号，25-44頁.

鵜飼健史(2022)『政治責任――民主主義とのつき合い方』岩波新書.

宇野重規(2001)「代表制の政治思想史――三つの危機を中心に」『東京大学社会科学研究所紀要・社会科学研究』第52巻第3号，3-36頁.

宇野重規(2004)『政治哲学へ――現代フランスとの対話』東京大学出版会.

宇野重規(2008)「メルロ＝ポンティ／ルフォール――身体論から政治哲学へ」『現代思想』第36巻第16号，264-275頁.

宇野重規(2016)『政治哲学的考察――リベラルとソーシャルの間』岩波書店.

宇野重規(2020)「コロナ危機，民主主義，そして世界的連帯」，筑摩書房編集部編『コロナ後の世界――いま，この地点から考える』筑摩書房.

梅木達郎(2002)『脱構築と公共性』松籟社.

梅森直之(2002)「「亡命」者の日本国憲法――大山郁夫の戦後思想をめぐって」，飯島昇藏・川岸令和編『憲法と政治思想の対話――デモクラシーの広がりと深まりのために』新評論.

穎原善徳(2012)「八月革命説再考のための覚書」『立命館大学人文科学研究所紀要』第97号，37-61頁.

王寺賢太(2023)『消え去る立法者――フランス啓蒙における政治と歴史』名古屋大学出版会.

大杉栄(1918)「民主主義の寂滅」，松田道雄編『アナーキズム(現代日本思想体系16)』筑摩書房，1963年.

大林啓吾編(2021a)『感染症と憲法』青林書院.

大林啓吾編(2021b)『コロナの憲法学』弘文堂.

岡沢憲芙(1988)『政党』東京大学出版会.

尾形典男(1987)『議会主義の政治理論』岩波書店.

岡山裕(2021)「政治家と専門家の関係――政権は医学専門家に主導権を握られたのか」(大林2021b所収).

押村高(2010)「断片化するアカウンタビリティ――日本におけるグローバル化と政治的責任概念の変化」，眞柄秀子編『デモクラシーとアカウンタビリティ――グローバル化する政治責任』風行社.

樫村愛子(2008)「ポストモダン的「民意」への欲望と消費――転移空間としてのテレビにおいて上演される「現実的＝政治的」なもの」『現代思想』第36巻第1号，124-144頁.

金井利之(2021)『コロナ対策禍の国と自治体――災害行政の迷走と閉塞』ちくま新書.

川崎修(2010)『ハンナ・アレントの政治理論――アレント論集I』岩波書店.

木村敏(1982)『時間と自己』中公新書.
清宮四郎(1969)「憲法の前文」『憲法の理論』有斐閣.
吉良貴之(2017)「シルバー民主主義の憲法問題」, 片桐直人・岡田順太・松尾陽編『憲法のこれから』日本評論社.
ジュリア・クリステヴァ(2006)『ハンナ・アーレント――〈生〉は一つのナラティヴである』松葉祥一他訳, 作品社.
バーナード・クリック(2003)『現代政治学入門』添谷育志・金田耕一訳, 講談社学術文庫.
サイモン・クリッチリー(2012)「市民の教理問答」清水雄大・須納瀬淳訳,『現代思想』第40巻第13号, 143-171頁.
スザンヌ・ゲルラク(2012)「赦しの脆さ(デリダとリクール)」, フェン・チャー, スザンヌ・ゲルラク編『デリダ――政治的なものの時代へ』藤本一勇・澤里岳史編訳, 岩波書店.
河野勝(2012)「原発再稼働とふりかざされる「民意」」『中央公論』第127年第11号, 46-53頁.
古関彰一(2009)『日本国憲法の誕生』岩波現代文庫.
小林良彰(2012)「代議制民主主義の機能に関する計量分析――日本を事例として」, 日本比較政治学会編『日本比較政治学会年報第14号・現代民主主義の再検討』ミネルヴァ書房.
阪口正二郎(2001)『立憲主義と民主主義』日本評論社.
佐々木くみ(2007a/b)「憲法学におけるプリコミットメントの意義(一)(二・完)」『法学』(東北大学)第71巻第1号, 71-127頁, 第71巻第2号, 258-317頁.
佐々木毅(1986)「政治的思慮についての一考察――J. リプシウスを中心にして」, 有賀弘・佐々木毅編『民主主義思想の源流』東京大学出版会.
佐藤節子(1989)「革命からいかに拘束力ある憲法がうまれるか――故宮沢教授の「八月革命説」によせて」『青山法学論集』第31巻第1・2・3合併号, 1-21頁.
佐藤卓己(2014)『増補 八月十五日の神話――終戦記念日のメディア学』ちくま学芸文庫.
佐藤嘉幸(2012)「民主主義の自己免疫とその反転――デリダにおける残虐性なき死の欲動をめぐって」『表象』第6号, 111-124頁.
初宿正典(1993)「日本国憲法前文冒頭における「国会」の意味――憲法制定権力論への若干の覚え書き」『法学論叢』第133巻第6号, 1-22頁.
島田幸典(1998/99)「民意・代表・公益――議会制を巡る諸観念の比較史的考察(一)(二・完)」『法学論叢』第143巻第5号, 55-80頁, 第145巻第2号, 28-48頁.
杉田敦(1998)『権力の系譜学』岩波書店.
杉田敦(2004)「「押し付け憲法」は選びなおさないと, 自分たちの憲法にはならないのではないか」, 憲法再生フォーラム編『改憲は必要か』岩波新書.
杉田敦(2013)『政治的思考』岩波新書.
杉田敦(2015a)『権力論』岩波現代文庫.
杉田敦(2015b)『両義性のポリティーク』風行社.
杉原泰雄・只野雅人(2007)『憲法と議会制度』法律文化社.

参考文献


鈴木敦(2017)「日本国憲法制定の記憶」, 片桐直人・岡田順太・松尾陽編『憲法のこれから』日本評論社.

関口正司(2020)「政治哲学と政治的思慮」『政治研究』第67号, 1-33頁.

関谷昇(2007)「社会契約説と憲法」, 杉田敦編『岩波講座 憲法3 ネーションと市民』岩波書店.

高橋良輔・山崎望編著(2021)『時政学への挑戦——政治研究の時間論的転回』ミネルヴァ書房.

高見勝利(1983)「古い革袋と古い酒——八月革命説への一視覚」『ジュリスト』第796号, 65-74頁.

瀧川裕英(2017)『国家の哲学——政治的責務から地球共和国へ』東京大学出版会.

竹中治堅(2020)『コロナ危機の政治——安倍政権 vs. 知事』中公新書.

ロバート・A. ダール(2006)『ダール, デモクラシーを語る』ジャンカルロ・ボセッティ編, 伊藤武訳, 岩波書店.

千葉眞(1995)『ラディカルデモクラシーの地平——自由・差異・共通善』新評論.

千葉眞(1996)『アーレントと現代——自由の政治とその展望』岩波書店.

千葉眞(2010)「後期近代国家と民主主義的アカウンタビリティ——正統性の危機と戦争責任の問題」, 眞柄秀子編『デモクラシーとアカウンタビリティ——グローバル化する政治責任』風行社.

千葉眞(2016)「代表制民主主義と参加民主主義との確執」, 山口二郎・杉田敦・長谷部恭男編『憲法と民主主義を学びなおす』岩波書店.

千葉眞(2022)『資本主義・デモクラシー・エコロジー——危機の時代の「突破口」を求めて』筑摩書房.

フェン・チャー, スザンヌ・ゲルラク(2012)「イントロダクション」, フェン・チャー, スザンヌ・ゲルラク編『デリダ——政治的なものの時代へ』藤本一勇・澤里岳史編訳, 岩波書店.

寺井彩菜(2017)「「革命」という持続と断絶——「始まり」の後のハンナ・アレント」『政治思想研究』第17号, 360-391頁.

寺島俊穂(2006)『ハンナ・アレントの政治理論——人間的な政治を求めて』ミネルヴァ書房.

ジャック・デリダ(2002)「脱構築とプラグマティズムについての考察」, シャンタル・ムフ編『脱構築とプラグマティズム——来たるべき民主主義』青木隆嘉訳, 法政大学出版局.

ジャック・デリダ(2004)「自己免疫:現実的自殺と象徴的自殺——ジャック・デリダとの対話」, ユルゲン・ハーバーマス, ジャック・デリダ, ジョヴァンナ・ボッラドリ『テロルの時代と哲学の使命』藤本一勇・澤里岳史訳, 岩波書店.

ジャック・デリダ(2007)『マルクスの亡霊たち——負債状況=国家, 喪の作業』増田一夫訳, 藤原書店.

ジル・ドゥルーズ(2007)『意味の論理学(上)』小泉義之訳, 河出文庫.

富田信男(1998)「民意とは何か」, 飯塚繁太郎他編『民意・政党・選挙』新評論.

永井陽之助(1979)『時間の政治学』中公叢書.

長尾龍一(1982)『日本国家思想史研究』創文社.

成沢光(2011)『現代日本の社会秩序――歴史的起源を求めて』岩波書店.
西川純子(2022)『統治のエコノミー――一般意志を防衛するルソー』勁草書房.
糠塚康江(2010)『現代代表制と民主主義』日本評論社.
長谷川正安(1981)『憲法現代史(上)――占領と憲法』日本評論社.
長谷部恭男(1999)『憲法学のフロンティア』岩波書店.
長谷部恭男(2000)『比較不能な価値の迷路――リベラル・デモクラシーの憲法理論』東京大学出版会.
波多野澄雄(2014)「国体護持と「八月革命」――戦後日本の「平和主義」の生成」『国際日本研究』(筑波大学人文社会科学研究科国際日本研究専攻)第6号, 1-15頁.
A. H. バーチ(1972)『代表――その理論と歴史』河合秀和訳, 福村出版.
服部守(2006)「憲法前文の法的性格と内容」『龍谷大学大学院法学研究』第8号, 147-163頁.
ジュディス・バトラー(2015)「われわれ人民――集会の自由についての考察」, アラン・バディウ他『人民とはなにか?』市川崇訳, 以文社.
ジュディス・バトラー(2018)『アセンブリ――行為遂行性・複数性・政治』佐藤嘉幸・清水知子訳, 青土社.
早川誠(2010)「代表制民主主義におけるつながりと切断」, 宇野重規編『つながる――社会的紐帯と政治学』風行社.
早川誠(2014)『代表制という思想』風行社.
林尚之(2006)「大日本帝国憲法体制における八月革命説の系譜について」『日本史の方法』(奈良女子大学)第4号, 66-75頁.
樋口陽一(1984)「「八月革命」説理解の視点――学説の「両面機能性」・補説」『國家學會雑誌』第97巻第5号, 444-452頁.
日比野勤(1999)「現行憲法成立の法理」, 高橋和之・大石眞編『憲法の争点 第3版』有斐閣.
福島弦(2022)「これからの「正統性」の話をしよう――国家の規範的正統性の概念分析」『政治思想研究』第22号, 274-305頁.
福原正人(2018)「民主主義の境界画定――正当性と正統性」『年報政治学 2018-Ⅱ』224-245頁.
ミシェル・フーコー(2002)『真理とディスクール――パレーシア講義』中山元訳, 筑摩書房.
ウェンディ・ブラウン(2011)「いまやわれわれみなが民主主義者である」, ジョルジョ・アガンベン他『民主主義は, いま?――不可能な問いへの8つの思想的介入』河村一郎他訳, 以文社.
ウェンディ・ブラウン(2017)『いかにして民主主義は失われていくのか――新自由主義の見えざる攻撃』中井亜佐子訳, みすず書房.
本庄未佳(2017)「日本国憲法前文の成立過程――ハッシー文書を中心に」『成城法学』第85号, 149-187頁.
真木悠介(1981)『時間の比較社会学』岩波書店.
松尾隆佑(2016)「影響を受ける者が決定せよ――ステークホルダー・デモクラシーの規範的正

当化」『年報政治学 2016-Ⅱ』356-375 頁.
松下圭一(1975)『市民自治の憲法理論』岩波新書.
松平徳仁(2021)『東アジア立憲民主主義とそのパラドックス——比較憲法の独立時代』羽鳥書店.
松葉祥一(1995)「民主主義の両義性——クロード・ルフォールと〈政治哲学〉の可能性」『現代思想』第 23 巻第 12 号, 52-60 頁.
松葉祥一(2014)「デリダ／ランシエール——デモクラシー・他者・共同性」, 齋藤純一責任編集『岩波講座 政治哲学 5 理性の両義性』岩波書店.
間宮陽介(1999)『丸山眞男——日本近代における公と私』筑摩書房.
丸山眞男(1952)「政治の世界」『丸山眞男集』第 5 巻, 岩波書店, 1995 年.
宮澤俊義(1946)「八月革命と国民主権主義」『世界文化』第 1 巻第 4 号, 64-71 頁.
宮澤俊義(1957)『國民主權と天皇制』勁草書房.
森一郎(2008)『死と誕生——ハイデガー・九鬼周造・アーレント』東京大学出版会.
森政稔(2014)『〈政治的なもの〉の遍歴と帰結』青土社.
森川輝一(2010)『〈始まり〉のアーレント「出生」の思想の誕生』岩波書店.
守中高明 2016)『ジャック・デリダと精神分析——耳・秘密・灰そして主権』岩波書店.
森村進(2006)「「大地の用益権は生きている人々に属する」——財産権と世代間正義についてのジェファーソンの見解」『一橋法学』第 5 巻第 3 号, 715-762 頁.
谷澤正嗣(2002)「現代リベラリズムにおける立憲主義とデモクラシー」, 飯島昇藏・川岸令和編『憲法と政治思想の対話——デモクラシーの広がりと深まりのために』新評論.
山岡龍一(2006)「政治におけるアカウンタビリティ——代表, 責任, 熟議デモクラシー」『早稲田政治經濟學雜誌』第 364 号, 20-33 頁.
山崎望(2015)「代表制のみが正統性をもつのか？」(山崎・山本 2015 所収).
山崎望(2018)「例外状態における正統性をめぐる政治」, 杉田敦編『デモクラシーとセキュリティ——グローバル化時代の政治を問い直す』法律文化社.
山崎望・山本圭編(2015)『ポスト代表制の政治学』ナカニシヤ出版.
横大道聡(2010)「ジェド・ルーベンフェルド——憲法思想の新たな時代の幕開け？」, 駒村圭吾・山本龍彦・大林啓吾編『アメリカ憲法の群像——理論家編』尚学社.
吉田徹(2014)『感情の政治学』講談社.
吉田徹(2020)「社会的な構成物としてのウィルス」『現代思想』第 48 巻第 16 号, 145-152 頁.
米谷匡史(1997)「丸山真男と戦後日本——戦後民主主義の〈始まり〉をめぐって」, 姜尚中他『丸山真男を読む』情況出版.
ジャック・ランシエール(2005)『不和あるいは了解なき了解——政治の哲学は可能か』松葉祥一・大森秀臣・藤江成夫訳, インスクリプト.
ジャック・ランシエール(2008)『民主主義への憎悪』松葉祥一訳, インスクリプト.
スティーブン・R. リード(2006)『比較政治学』ミネルヴァ書房.

クロード・ルフォール(2017)『民主主義の発明——全体主義の限界』渡名喜庸哲他訳，勁草書房.
ピエール・ロザンヴァロン(2006)『連帯の新たなる哲学——福祉国家再考』北垣徹訳，勁草書房.

Abizadeh, Arash (2008) 'Democratic Theory and Border Coercion: No Right to Unilaterally Control Your Own Borders', *Political Theory*, 36(1): 37-65.
Abizadeh, Arash (2012) 'On the Demos and Its Kin: Nationalism, Democracy, and the Boundary Problem', *American Political Science Review,* 106(4): 867-882.
Accetti, Carlo Invernizzi (2010) 'Can Democracy Emancipate Itself from Political Theology? Habermas and Lefort on the Permanence of the Theologico-Political', *Constellations,* 17(2): 254-270.
Ackerman, Bruce (1997) 'A Generation of Betrayal?', *Fordham Law Review*, 65(4): 1519-1536.
Afsahi, Afsoun, Emily Beausoleil, Rikki Dean, Selen A. Ercan, and Jean-Paul Gagnon (2020) 'Editorial: Democracy in a Global Emergency: Five Lessons from the COVID-19 Pandemic', *Democratic Theory*, 7(2): v-xix.
Agamben, Giorgio (2005) *The Time That Remains: A Commentary on the Letter to the Romans*, P. Dailey (trans.), Stanford, CA: Stanford University Press.
Alonso, Sonia, John Keane, and Wolfgang Merkel (eds.) (2011) *The Future of Representative Democracy*, Cambridge: Cambridge University Press.
Andersen, Jørgen Goul and Tor Bjørklund (2008) 'Scandinavia and the Far Right', in Peter Davies and Paul Jackson (eds.), *The Far Right in Europe: An Encyclopedia*, Oxford: Greenwood World Publishing.
Ankersmit, F. R. (2002) *Political Representation*, Stanford, CA: Stanford University Press.
Arato, Andrew (2013) 'Political Theology and Populism', *Social Research,* 80(1): 143-172.
Arato, Andrew (2017) *The Adventures of the Constituent Power: Beyond Revolutions?*, Cambridge: Cambridge University Press.
Arrhenius, Gustaf (2005) 'The Boundary Problem in Democratic Theory', in Folke Tersman (ed.), *Democracy Unbound: Basic Explorations I*, Stockholm: Filosofiska Institutionen, Stockholms Universitet.
Arrhenius, Gustaf (2018) 'The Democratic Boundary Problem Reconsidered', *Ethics, Politics & Society: A Journal in Moral and Political Philosophy*, 1: 89-122.
Arrhenius, Gustaf (2019) 'Democracy for the 21st Century: Research Challenges', in Y. Elkana, S. Randeria, and B. Wittrock, *Sociology Looks at the Twenty-first Century: From Local Universalism to Global Contextualism*, Leiden and Boston: Brill.

## 参考文献

Aruga, Tadashi (1999) 'The Declaration of Independence in Japan: Translation and Transplantation, 1854-1997', *Journal of American History*, 85(4): 1409-1431.

Baker, Gideon (2006) 'Revisiting the Concept of Representation', *Parliamentary Affairs,* 59 (1): 155-172.

Ball, Terence (2000) '"The Earth Belongs to the Living": Thomas Jefferson and the Problem of Intergenerational Relations', *Environmental Politics*, 9(2): 61-77.

Ballacci, Giuseppe (2018) *Political Theory between Philosophy and Rhetoric: Politics as Transcendence and Contingency*, London: Palgrave Macmillan.

Barber, Benjamin R. (1984) *Strong Democracy: Participatory Politics for a New Age*, Barkley, CA: University of California Press.（ベンジャミン・R. バーバー『ストロング・デモクラシー――新時代のための参加政治』竹井隆人訳，日本経済評論社，2009年.）

Barry, Brian (2002) 'Social Exclusion, Social Isolation, and the Distribution of Income', in John Hills, Jurian Le Grand, and David Piachaud (eds.), *Understanding Social Exclusion*, Oxford: Oxford University Press.

Barter-Godfrey, Sarah and Ann Taket (2009) 'Othering, Marginalization and Pathways to Exclusion in Health', in Ann Taket et al. (eds.), *Theorising Social Exclusion*, London: Routledge.

Baum, Bruce (2001) 'Freedom, Power and Public Opinion: J. S. Mill on the Public Sphere', *History of Political Thought,* 22(3): 501-524.

Beardsworth, Richard (1996) *Derrida and the Political*, London: Routledge.

Beckman, Ludwig (2008a) 'Democratic Inclusion, Law, and Causes', *Ratio Juris,* 21(3): 348-364.

Beckman, Ludwig (2008b) 'Do Global Climate Change and the Interest of Future Generations Have Implications for Democracy?', *Environmental Politics,* 17(4): 610-624.

Beckman, Ludwig (2009) *The Frontiers of Democracy: The Right to Vote and Its Limits,* Basingstoke: Palgrave Macmillan.

Beckman, Ludwig (2014) 'Democracy and the Right to Exclusion', *Res Publica,* 20(4): 395-411.

Beckman, Ludwig (2015) 'Political Representation of Future Generations and Collective Responsibility', *Jurisprudence,* 6(3): 516-534.

Beckman, Ludwig (2016) 'Power and Future People's Freedom: Intergenerational Domination, Climate Change, and Constitutionalism', *Journal of Political Power*, 9(2): 289-307.

Beer, Francis A. and Robert Hariman (2013) 'Maximizing Prudence in International Relations', *e-International Relations*, 12, http://www.e-ir.info/2013/02/12/maximizing-prudence-in-international-relations/.

Beetham, David (2003) 'Political Participation, Mass Protest and Representative', *Parlia-*

*mentary Affairs,* 56(4): 597-609.
Bellamy, Richard (1999) *Liberalism and Pluralism: Towards a Politics of Compromise*, London: Routledge.
Bellamy, Richard (2006) 'Introduction', in Richard Bellamy (ed.), *Constitutionalism and Democracy*, Aldershot: Dartmouth Publishing.
Bellamy, Richard and Dario Castiglione (1997) 'Constitutionalism and Democracy: Political Theory and the American Constitution', *British Journal of Political Science*, 27(4): 595-618.
Bellamy, Richard and Dario Castiglione (2013) 'Three Models of Democracy, Political Community and Representation in the EU', *Journal of European Public Policy*, 20(2): 206-223.
Bellamy, Richard and Sandra Kröger (2013) 'Representation Deficits and Surpluses in EU Policy-Making', *Journal of European Integration*, 35(5): 477-497.
Benhabib, Seyla (2018) 'Below the Asphalt Lies the Beach: Reflections on the Legacy of the Frankfurt School', *Boston Review* (October 9), https://www.bostonreview.net/articles/seyla-benhabib-instanbul-frankfurt-reflections-legacy-critical-theory/.
Bennington, Geoffrey (2009) 'Sovereign Stupidity and Autoimmunity', in Pheng Cheah and Suzanne Guerlac (eds.), *Derrida and the Time of the Political*, Durham, NC: Duke University Press.
Beran, Harry (1987) *The Consent Theory of Political Obligation*, London: Croom Helm.
Bernal, Angélica (2009) 'A Revolution in Law's Republic: Arendt and Michelman in Dialogue', *HannahArendt. net,* 5(1), https://www.hannaharendt.net/index.php/han/issue/view/9.
Bernal, Angélica Maria (2017) *Beyond Origins: Rethinking Founding in a Time of Constitutional Democracy,* Oxford: Oxford University Press.
Bevir, Mark (2009) *Key Concepts in Governance*, London: SAGE.
Bilakovics, Steven (2012) *Democracy without Politics*, Cambridge, MA: Harverd University Press.
Birulés, Fina (2009) 'Contingency, History and Narration in Hannah Arendt', *Hannah-Arendt. net*, 5(1), https://www.hannaharendt.net/index.php/han/issue/view/9.
Bohman, James (2007) *Democracy across Borders: From Dêmos to Dêmoi*, Cambridge, MA: The MIT Press.
Bohman, James (2012) 'Representation in Deliberative System', in John Parkinson and Jane Mansbridge (eds.), *Deliberative Systems: Deliberative Democracy at the Large Scale*, New York: Cambridge University Press.
Bol, Damien, Marco Giani, André Blais, and Peter John Loewen (2020) 'The Effect of

COVID-19 Lockdowns on Political Support: Some Good News for Democracy?', *European Journal of Political Research*, 60(4): 497-505.
Bovenkerk, Bernice (2015) 'Public Deliberation and the Inclusion of Future Generations', *Jurisprudence*, 6(3): 496-515.
Bowen-Moore, Patricia (1989) *Hannah Arendt's Philosophy of Natality*, London: Macmillan.
Brito Vieira, Mónica (2015) 'Founders and Re-founders: Struggles of Self-Authorized Representation', *Constellations*, 22(4): 500-513.
Brito Vieira, Mónica and David Runciman (2008) *Representation*, Cambridge: Polity Press.
Brunner, Jose (2007) 'Modern Times: Law, Temporality and Happiness in Hobbes, Locke and Bentham', *Theoretical Inquiries in Law*, 8(1): 277-310.
Burbach, Roger (2001) *Globalization and Postmodern Politics: From Zapatistas to High-Tech Robber Barons*, London: Pluto Press.
Butler, Judith (2009) 'Finishing, Starting', in Pheng Cheah and Suzanne Guerlac (ed.), *Derrida and the Time of the Political*, Durham, NC: Duke University Press.
Campbell, Erin J. (2003) 'Old Age and the Politics of Judgment in Titian's *Allegory of Prudence*', *Word & Image*, 19(4): 261-270.
Campos, Andre Santos (2020) 'Representing the Future: The Interests of Future Persons in Representative Democracy', *British Journal of Political Science*, 51(1): 1-15.
Cane, Lucy (2015) 'Hannah Arendt on the Principles of Political Action', *European Journal of Political Theory*, 14(1): 55-75.
Cane, Lucy (2020) *Sheldon Wolin and Democracy: Seeing Through Loss*, New York: Routledge.
Canovan, Margaret (1998) 'Introduction', in Hannah Arendt, *The Human Condition: Second Edition*, Chicago, IL: The University of Chicago Press.
Cerovac, Ivan (2022) *John Stuart Mill and Epistemic Democracy*, Lanham, MD: Lexington Books.
Cheibub, Jose Antonio, Ji Yeon Jean Hong, and Adam Przeworski (2020) 'Rights and Deaths: Government Reactions to the Pandemic', available at SSRN 3645410.
Cheneval, Francis (2011) *The Government of the Peoples: On the Idea and Principles of Multilateral Democracy*, New York: Palgrave Macmillan.
Chesneaux, Jean (2000) 'Speed and Democracy: An Uneasy Dialogue', *Social Science Information* 39(3): 407-420.
Cohen, Elizabeth F. (2018) *The Political Value of Time: Citizenship, Duration, and Democratic Justice*, Cambridge: Cambridge University Press.
Cohen, Simona (2000) 'Titian's London "Allegory" and the Three Beasts of His "Selva Oscura"', *Renaissance Studies*, 14(1): 46-69.

Coleman, Stephen (2005) 'The Lonely Citizen: Indirect Representation in an Age of Networks', *Political Communication*, 22(2): 197-214.

Connolly, William E. (1993) *The Terms of Political Discourse: Third Edition*, Princeton, NJ: Princeton University Press.

Connolly, William E. (1999) *Why I Am Not a Secularist*, Minneapolis, MN: University of Minnesota Press.

Connolly, William E. (2000a) 'The Nobility of Democracy', in Jason A. Frank and John Tambornino (eds.), *Vocations of Political Theory*, Minneapolis, MN: University of Minnesota Press.

Connolly, William E. (2000b) 'The Liberal Image of the Nation', in Duncan Ivison, Paul Patton, and Will Sanders (eds.), *Political Theory and the Rights of Indigenous Peoples*, Cambridge: Cambridge University Press.

Connolly, William E. (2002a) *Identity/Difference: Democratic Negotiations of Political Paradox, Expanded Edition*, Minneapolis, MN: University of Minnesota Press.（ウィリアム・E. コノリー『アイデンティティ／差異——他者性の政治』杉田敦・齋藤純一・権左武志訳，岩波書店，1998 年.）

Connolly, William E. (2002b) *Neuropolitics: Thinking, Culture, Speed*, Minneapolis, MN: University of Minnesota Press.

Connolly, William E. (2005) *Pluralism*, Durham, NC: Duke University Press.（ウィリアム・E. コノリー『プルーラリズム』杉田敦・鵜飼健史・乙部延剛・五野井郁夫訳，岩波書店，2008 年.）

Conti, Gregory and William Selinger (2016) 'The Other Side of Representation: The History and Theory of Representative Government in Pierre Rosanvallon', *Constellations*, 23(4): 548-562.

Critchley, Simon (1992) *The Ethics of Deconstruction: Derrida and Levinas*, Oxford: Blackwell.

Critchley, Simon and Oliver Marchart (eds.) (2004) *Laclau: A Critical Reader*, London: Routledge.

Czajka, Agnes (2017) *Democracy and Justice: Reading Derrida in Istanbul*, New York: Routledge.

Dahl, Robert A. (1966) 'Further Reflections on "The Elitist Theory of Democracy"', *American Political Science Review*, 60(2): 296-305.

Dahl, Robert A. (1982) *Dilemmas of Pluralist Democracy: Autonomy vs. Control*, New Haven, CT: Yale University Press.

Dahl, Robert A. (1989) *Democracy and Its Critics*, New Haven, CT: Yale University Press.

Dahl, Robert A. (1990) *After the Revolution? Authority in a Good Society: Revised Edi-*

*tion*, New Haven, CT: Yale University Press.

Dahl, Robert A. (1999) 'Can International Organizations Be Democratic? A Skeptic's View', in I. Shapiro and C. Hacker-Cordón (eds.), *Democracy's Edges*, New York: Cambridge University Press.

Dahl, Robert A. (2001) *How Democratic is the American Constitution?* New Haven, CT: Yale University Press.（ロバート・A. ダール『アメリカ憲法は民主的か』杉田敦訳，岩波書店，2003年.）

Dahl, Robert A. (2006) *On Political Equality,* New Haven, CT: Yale University Press.（R. A. ダール『政治的平等とは何か』飯田文雄・辻康夫・早川誠訳，法政大学出版局，2009年.）

Dahl, Robert A. and Bruce Stinebrickner (2002) *Modern Political Analysis: Sixth Edition*, Upper Saddle River, NJ: Prentice Hall.（R. A. ダール『現代政治分析』高畠通敏訳，岩波現代文庫，2012年.）

Dallmayr, Fred (2010) *The Promise of Democracy: Political Agency and Transformation*, Albany, NY: State University of New York Press.

De Ville, Jacques (2010) 'Sovereignty without Sovereignty: Derrida's *Declaration of Independence*', in Charles Barbour and George Pavlich (eds.), *After Sovereignty: On the Question of Political Beginnings*, Abingdon: Routledge.

DeLue, Steven M. (1989) *Political Obligation in a Liberal State*, Albeny, NY: State University of New York Press.

d'Entrèves, Maurizio Passerin (1994) *The Political Philosophy of Hannah Arendt*, London: Routledge.

Derrida, Jacques (1995) *Points...: Interviews 1974-1994*, Peggy Kamuf et al. (trans.), Stanford, CA: Stanford University Press.

Derrida, Jacques (2002a) 'Politics and Friendship', in Jacques Derrida, *Negotiations: Interventions and Interviews, 1971-2001*, Elizabeth Rottenberg (ed. and trans.), Stanford, CA: Stanford University Press.

Derrida, Jacques (2002b) 'Declarations of Independence', in Jacques Derrida, *Negotiations: Interventions and Interviews, 1971-2001*, Elizabeth Rottenberg (ed. and trans.), Stanford, CA: Stanford University Press.

Derrida, Jacques (2005) *Rogues: Two Essays on Reason*, Stanford, CA: Stanford University Press.（ジャック・デリダ『ならず者たち』鵜飼哲・高橋哲哉訳，みすず書房，2009年.）

Derrida, Jacque, Catherine Porter, and Philip Lewis (1984) 'No Apocalypse, Not Now (Full Speed Ahead, Seven Missiles, Seven Missives)', *Diacritics*, 14(2): 20-31.

Dinan, Matthew D. (2014) 'Keeping the Old Name: Derrida and the Deconstructive Foundations of Democracy', *European Journal of Political Theory*, 13(1): 61-77.

Disch, Lisa (2008) 'Representation as "Spokespersonship": Bruno Latour's Political Theory', *Parallax*, 14(3): 88-100.

Disch, Lisa Jane (2021) *Making Constituencies: Representation as Mobilization in Mass Democracy*, Chicago, IL: The University of Chicago Press.

Disch, Lisa, Mathijs van de Sande, and Nadia Urbinati (eds.) (2019) *The Constructivist Turn in Political Representation*, Edinburgh: Edinburgh University Press.

Dovi, Suzanne (2012) *The Good Representative*, Chichester: Wiley-Blackwell.

Dovi, Suzanne (2016) 'Measuring Representation: Rethinking the Role of Exclusion', in Marc Bühlmann and Jan Fivaz, *Political Representation: Roles, Representatives and the Represented*, London: Routledge.

Dryzek, John S. and Simon Niemeyer (2008) 'Discursive Representation', *American Political Science Review*, 102(4): 481-493.

Dunn, John (1985) *Rethinking Modern Political Theory: Essays 1979-83*, Cambridge: Cambridge University Press.

Dunn, John (1990) *Interpreting Political Responsibility*, Princeton, NJ: Princeton University Press.

Dunn, John (1999) 'Situating Democratic Political Accountability', in Adam Przeworski, Susan C. Stokes, and Bernard Manin (eds.), *Democracy, Accountability, and Representation*, Cambridge: Cambridge University Press.

Edgell, Amanda B., Jean Lachapelle, Anna Lührmann, and Seraphine F. Maerz (2021) 'Pandemic Backsliding: Violations of Democratic Standards During Covid-19', Social *Science and Medicine*, 285: 1-10.

Ekeli, K. S. (2009) 'Constitutional Experiments: Representing Future Generations through Submajority Rules', *Journal of Political Philosophy*, 17(4): 440-461.

Elster, Jon (2003) 'Don't Burn Your Bridge Before You Come to It: Some Ambiguities and Complexities of Precommitment', *Texas Law Review*, 81(7): 1751-1787.

Erman, Eva (2013) 'Political Equality and Legitimacy in a Global Context', in Eva Erman, and Sofia Näsström (eds.), *Political Equality in Transnational Democracy*, New York: Palgrave Macmillan.

Erman, Eva (2014) 'The Boundary Problem and the Right to Justification', in Rainer Forst (ed.), *Justice, Democracy and the Right to Justification*, London: Bloomsbury Publishing.

Evans, Fred (2016) 'Derrida and the Autoimmunity of Democracy', *The Journal of Speculative Philosophy*, 30(3): 303-315.

Evans, Mark and Gerry Stoker (2022) *Saving Democracy*, London: Bloomsbury Publishing.

Feit, Mario (2012) 'Wolin, Time, and the Democratic Temperament', *Theory & Event*, 15

(4), https://www.academia.edu/14301881/Wolin_Time_and_the_Democratic_Temperament.

Flinders, Matthew and Matt Wood (2015) 'When Politics Fails: Hyper-Democracy and Hyper Depoliticization', *New Political Science*, 37(3): 363-381.

Flynn, Bernard (2005) *The Philosophy of Claude Lefort: Interpreting the Political*, Evanston, IL: Northwestern University Press.

Forst, Rainer (2014) 'Justifying Justification: Reply to My Critics', in Rainer Forst (ed.), *Justice, Democracy and the Right to Justification*, London: Bloomsbury Publishing.

Frank, Jason (2021) *The Democratic Sublime: On Aesthetics and Popular Assembly*, Oxford: Oxford University Press.

Fraser, Nancy (2003) 'Social Justice in the Age of Identity Politics: Redistribution, Recognition, and Participation' in Nancy Fraser and Axel Honneth, *Redistribution or Recognition? A Political-Philosophical Exchange*, London: Verso.（ナンシー・フレイザー「アイデンティティ・ポリティクスの時代の社会正義」，ナンシー・フレイザー，アクセル・ホネット『再分配か承認か？』加藤泰史監訳，法政大学出版局，2012 年.）

Fraser, Nancy (2004) 'Hannah Arendt in the 21st Century', *Contemporary Political Theory*, 3(3): 253-261.

Fraser, Nancy (2008) *Scales of Justice: Reimagining Political Space in a Globalizing World*, New York: Columbia University Press.（ナンシー・フレイザー『正義の秤』向山恭一訳，法政大学出版局，2013 年.）

Fraser, Nancy (2014) 'Publicity, Subjection, Critique: A Reply to My Critics', in Nancy Fraser et al., *Transnationalizing the Public Sphere*, Kate Nash (ed.), Cambridge: Polity.

Freeden, Michael (2015) 'Editorial: Silence in Political Theory: A Conceptual Predicament', *Journal of Political Ideologies*, 20(1): 1-9.

Fritsch, Matthias (2002) 'Derrida's Democracy to Come', *Constellations*, 9(4): 574-597.

Fritsch, Matthias (2005) *The Promise of Memory: History and Politics in Marx, Benjamin, and Derrida*, Albany, NY: State University of New York Press.

Garsten, Bryan (2009) 'Representative Government and Popular Sovereignty', in Ian Shapiro, Susan C. Stokes, Elisabeth Jean Wood, and Alexander S. Kirshner (eds.), *Political Representation*, New York: Cambridge University Press.

Gaskell, Jennifer and Gerry Stoker (2020) 'Centralized or Decentralized: Which Government Systems are Having a "Good" Pandemic?', *Democratic Theory*, 7(2): 33-40.

Geenens, Raf (2019) 'Political Representation: The View from France', in Disch et al. (2019).

Glezos, Simon (2012) *The Politics of Speed: Capitalism, The State and War in an Acceler-*

*ating World*, Abingdon: Routledge.
González-Ricoy, Iñigo and Axel Gosseries (eds.) (2016) *Institutions for Future Generations*, Oxford: Oxford University Press.
Goodin, Robert E. (1996) 'Inclusion and Exclusion', *European Journal of Sociology*, 37(2): 343-371.
Goodin, Robert E. (2007) 'Enfranchising All Affected Interests, and Its Alternatives', *Philosophy and Public Affairs*, 35(1): 40-68.
Gosseries, Axel (2008a) 'On Future Generations' Future Rights', *The Journal of Political Philosophy*, 16(4): 446-474.
Gosseries, Axel (2008b) 'Constitutions and Future Generations', *The Good Society*, 17(2): 32-37.
Gosseries, Axel and Lukas H. Meyer (eds.) (2009) *Intergenerational Justice*, Oxford: Oxford University Press.
Green, Jeffrey Edward (2010) *The Eyes of the People: Democracy in an Age of Spectatorship*, Oxford: Oxford University Press.
Grosz, Elizabeth (2004) *The Nick of Time: Politics, Evolution and the Untimely*, Durham, NC: Duke University Press.
Haddad, Samir (2013) *Derrida and the Inheritance of Democracy*, Bloomington, IN: Indiana University Press.
Hägglund, Martin (2008) *Radical Atheism: Derrida and the Time of Life*, Stanford, CA: Stanford University Press.
Hardt, Michael and Antonio Negri (2004) *Multitude: War and Democracy in the Age of Empire*, New York: Penguin Press.（アントニオ・ネグリ，マイケル・ハート『マルチチュード――〈帝国〉時代の戦争と民主主義(上・下)』幾島幸子訳，水嶋一憲・市田良彦監修，NHK 出版，2005 年.）
Hardt, Michael and Antonio Negri (2012) *Declaration*, Argo-Navis.（アントニオ・ネグリ，マイケル・ハート『叛逆――マルチチュードの民主主義宣言』水嶋一憲・清水知子訳，NHK 出版，2013 年.）
Hariman, Robert (ed.) (2003) *Prudence: Classical Virtue, Postmodern Practice*, University Park, PA: Pennsylvania State University Press.
Hassan, Robert (2009) *Empire of Speed: Time and the Acceleration of Politics and Society*, Leiden: Brill.
Hassan, Robert (2012) '"Not Ready for Democracy": Social Networking and the Power of the People—The Revolts of 2011 in a Temporalized Context', *Arab Media and Society*, https://www.arabmediasociety.com/not-ready-for-democracy-social-networking-and-the-power-of-the-people-the-revolts-of-2011-in-a-temporalized-context/.

Hassan, Robert (2017) 'Time and Sovereignty in the Neoliberal Hegemony', in Paul Huebener et al. (eds.), *Time, Globalization and Human Experience: Interdisciplinary Explorations,* Abingdon: Routledge.

Hay, Colin (2007) *Why We Hate Politics,* Cambridge: Polity Press.（コリン・ヘイ『政治はなぜ嫌われるのか――民主主義の取り戻し方』吉田徹訳，岩波書店，2012 年.）

Hayward, Clarissa Rile (2009) 'Making Interest: On Representation and Democratic Legitimacy', in Ian Shapiro et al. (eds.), *Political Representation*, New York: Cambridge University Press.

Hellegers, Dale (2001) *We, the Japanese People: World War II and the Origins of the Japanese Constitution*, Stanford, CA: Stanford University Press.

Heyward, Clare (2008) 'Can the All-Affected Principle Include Future Persons? Green Deliberative Democracy and the Non-Identity Problem', *Environmental Politics*, 17(4): 625-643.

Hindess, Barry (1996) *Discourses of Power: From Hobbes to Foucault*, Oxford: Blackwell.

Hirsch, Alexander Keller (2011) 'Fugitive Reconciliation: The Agonistics of Respect, Resentment, and Responsibility in Post-Conflict Society', *Contemporary Political Theory*, 10(2): 166-189.

Hirst, Paul (1990) *Representative Democracy and Its Limits*, Cambridge: Polity Press.

Hoekstra, Kinch (2023) 'Politic History', in John Robertson (ed.), *Time, History, and Political Thought*, Cambridge: Cambridge University Press.

Holmes, Stephen (1995) *Passions and Constraint: On the Theory of Liberal Democracy*, Chicago, IL: The University of Chicago Press.

Holmes, Stephen (2009) 'In Case of Emergency: Misunderstanding Tradeoffs in the War on Terror', *California Law Review,* 97(2): 301-356.

Hom, Andrew R. (2020) *International Relations and the Problem of Time*, Oxford: Oxford University Press.

Honig, Bonnie (1991) 'Declarations of Independence: Arendt and Derrida on the Problem of Founding a Republic', *American Political Science Review*, 85(1): 97-113.

Honig, Bonnie (1993) *Political Theory and the Displacement of Politics*, Ithaca, NY: Cornell University Press.

Honig, Bonnie (2001) *Democracy and the Foreigner*, Princeton, NJ: Princeton University Press.

Honig, Bonnie (2009) *Emergency Politics: Paradox, Law, Democracy*, Princeton, NJ: Princeton University Press.

Honig, Bonnie (2020) 'American Quarantine: The Right to Housing in a Pandemic', *Democratic Theory*, 7(2): 143-151.

Houten, Art Vanden (2002) 'Prudence in Hobbes's Political Philosophy', *History of Political Thought,* 23(2): 266-287.

Howarth, David R. (2008) 'Ethos, Agonism and Populism: William Connolly and the Case for Radical Democracy', *The British Journal of Politics and International Relations*, 10(2): 171-193.

Hutchings, Kimberly (2008) *Time and World Politics: Thinking the Present*, Manchester: Manchester University Press.

Hutchings, Kimberly (2011) 'What is Orientation in Thinking? On the Question of Time and Timeliness in Cosmopolitical Thought', *Constellations*, 18(2): 190-204.

Hutchings, Kimberly (2014) 'Time, Politics, and Critique: Rethinking the "When" Question', in Nancy Fraser et al., *Transnationalizing the Public Sphere*, Kate Nash (ed.), Cambridge: Polity.

Innerarity, Daniel (2012) *The Future and Its Enemies: In Defense of Political Hope*, Sandra Kingery (trans.), Stanford, CA: Stanford University Press.

Innerarity, Daniel (2020) 'Understanding, Deciding, and Learning: The Key Political Challenges in Times of Pandemic', in Miguel Poiares Maduro and Paul W. Kahn (eds.), *Democracy in Times of Pandemic: Different Futures Imagined*, Cambridge: Cambridge University Press.

Inston, Kevin (2010) 'Representing the Unrepresentable: Rousseau's Legislator and the Impossible Object of the People', *Contemporary Political Theory*, 9(4): 393-413.

Jefferson, Thomas (1999), *Political Writings*, in Joyce Appleby and Terence Ball (eds.), Cambridge: Cambridge University Press.

Jensen, Karsten Kling (2015) 'Future Generation in Democracy: Representation or Consideration?', *Jurisprudence*, 6(3): 535-548.

Jessop, Bob (2008) 'The Spatiotemporal Dynamics of Globalizing Capital and Their Impact on State Power and Democracy', in Hartmut Rosa and William E. Scheuerman (eds.), *High-Speed Society: Social Acceleration, Power, and Modernity*, University Park, PA: Pennsylvania State University Press.

Kahn, Victoria Ann (1985) *Rhetoric, Prudence, and Skepticism in the Renaissance*, Ithaca, NY: Cornell University Press.

Kalyvas, Andreas (2008) *Democracy and the Politics of the Extraordinary: Max Weber, Carl Schmitt, and Hannah Arendt*, Cambridge: Cambridge University Press.

Karnein, Anja (2016) 'Can We Represent Future Generation?', in González-Ricoy and Gosseries (2016).

Kavka, Gregory S. and Virginia L. Warren (1983) 'Political Representation for Future Generations', in R. Elliot and A. Gare (eds.), *Environmental Philosophy: A Collection of*

*Readings*, University Park, PA: Pennsylvania State University Press.

Keenan, Alan (2003) *Democracy in Question: Democratic Openness in a Time of Political Closure,* Stanford, CA: Stanford University Press.

Klosko, George (2005) *Political Obligations*, Oxford: Oxford University Press.

Knowles, Dudley (2010) *Political Obligation: A Critical Introduction*, London: Routledge.

Kröger, Sandra and Dawid Friedrich (2013) 'Introduction: the Representative Turn in EU Studies', *Journal of European Public Policy*, 20(2): 155-170.

Kurki, Milja (2020) 'Coronavirus, Democracy and the Challenges of Engaging a Planetary Order', *Democratic Theory*, 7(2): 172-179.

Laclau, Ernesto (1996) *Emancipation(s)*, London: Verso.

Laclau, Ernesto (2004) 'Glimpsing the Future', in Critchley et al. (2004).

Laclau, Ernesto (2005a) *On Populist Reason*, London: Verso.

Laclau, Ernesto (2005b) 'Populism: What's in a Name?', in Panizza (2005).

Laclau, Ernesto (2005c) 'The Future of Radical Democracy', in L. Tønder and L. Thomassen, (eds.) *Radical Democracy; Politics between Abundance and Lack*. Manchester: Manchester University Press.

Laclau, Ernesto (2014) *The Rhetorical Foundations of Society*, London: Verso.

Lagerspetz, Eerik (2015) 'Democracy and the All-Affected Principle', *Res Cogitans* 10(1): 6-23.

Landemore, Hélène (2020) *Open Democracy: Reinventing Popular Rule for the Twenty-First Century*, Princeton, NJ: Princeton University Press.

Landman, Todd and Luca Di Gennaro Splendore (2020) 'Pandemic Democracy: Elections and COVID-19', *Journal of Risk Research*, 23(7-8): 1060-1066.

Lazar, Nomi Claire (2009) *States of Emergency in Liberal Democracies*, New York: Cambridge University Press.

Lederman, Shmuel (2018) 'Hannah Arendt, the Council System, and Contemporary Political Theory', in James Muldoon (ed.), *Council Democracy: Towards a Democratic Socialist Politics,* Abingdon: Routledge.

Lefort, Claude (1986) *The Political Forms of Modern Society: Bureaucracy, Democracy, Totalitarianism*, John B. Thompson (ed. and trans.), Cambridge, MA: The MIT Press.

Lefort, Claude (1988) *Democracy and Political Theory*, in David Macey (trans.), Cambridge: Polity Press.

Lefort, Claude (2000) *Writing: The Political Test*, in David Ames Curtis (ed. and trans.), Durham, NC: Duke University Press.

Levitsky, Steven and Daniel Ziblatt (2018) *How Democracies Die,* New York: Crown Publishing.（スティーブン・レビツキー，ダニエル・ジブラット『民主主義の死に方――二極

化する政治が招く独裁への道』濱野大道訳，新潮社，2018年.）
Lippincott, Kristen et al. (1999) *The Story of Time*, London: Merrell Publishing.
Little, Adrian (2015) 'The Complex Temporality of Borders: Contingency and Normativity', *European Journal of Political Theory*, 14(4): 429-447.
Little, Adrian (2022) *Temporal Politics: Contested Pasts, Uncertain Futures*, Edinburgh: Edinburgh University Press.
Lukes, Steven (2021) *Power: A Radical View, Third Edition*, London: Red Globe Press.
Madison, James (1999) 'Appendix A: James Madison to Jefferson', in Jefferson (1999).
Manin, Bernard (1997) *The Principles of Representative Government*, Cambridge: Cambridge University Press.
Manin, Bernard, Adam Przeworski, and Susan C. Stokes (1999) 'Election and Representation', in Adam Przeworski, Susan C. Stokes, and Bernard Manin, *Democracy, Accountability, and Representation*, Cambridge: Cambridge University Press.
Mansbridge, Jane (1999) 'Should Blacks Represent Blacks and Women Represent Women? A Contingent "Yes"', *Journal of Politics*, 61(3): 628-657.
Mansbridge, Jane (2003) 'Rethinking Representation', *American Political Science Review*, 97 (4): 515-528.
Mansbridge, Jane (2016) 'A "Selection Model" for Political Representation', in Marc Bühlmann and Jan Fivaz (eds.), *Political Representation: Roles, Representatives and the Represented*, London: Routledge.
Marchart, Oliver (2006) 'Time for a New Beginning: Arendt, Benjamin, and the Messianic Conception of Political Temporality', *Redescriptions* 10(1): 134-147.
Marchart, Oliver (2007) *Post-foundational Political Thought: Political Difference in Nancy, Lefort, Badiou and Laclau*. Edinburgh: Edinburgh University Press.
Markell, Patchen (2010) 'The Rule of the People: Arendt, *Archê*, and Democracy', in Seyla Bemhabib (ed.), *Politics in Dark Times: Encounters with Hannah Arendt*, Cambridge: Cambridge University Press.
Markell, Patchen (2014) 'The Moment Has Passed: Power after Arendt', in Romand Coles, Mark Reinhardt, and George Shulman (eds.), *Radical Future Pasts: Untimely Political Theory*, Lexington, KY: University Press of Kentucky.
Matthews, Richard K. (1984) *The Radical Politics of Thomas Jefferson*, Lawrence, KS: University Press of Kansas.
McCouat, Philip (2013/14) 'Titian, Prudence and the Three-headed Beast', *Journal of Art in Society*, http://www.artinsociety.com/titian-prudence-and-the-three-headed-beast.html.
McGinnis, John O. (2013) *Accelerating Democracy: Transforming Governance through*

*Technology*, Princeton, NJ: Princeton University Press.

McIvor, David W. (2011) 'The Politics of Speed: Connolly, Wolin, and the Prospects for Democratic Citizenship in an Accelerated Polity', *Polity,* 43(1): 58-83.

McIvor, David W. (2016) 'The Conscience of a Fugitive: Sheldon Wolin and the Prospects for Radical Democracy', *New Political Science*, 38(3): 411-427.

McQuillan, Martin (2007) 'Introduction: The Day After Tomorrow... or, The Deconstruction of the Future', in Martin McQuillan (ed.), *The Politics of Deconstruction: Jacques Derrida and the Other of Philosophy*, London: Pluto Press.

Mény, Yves and Yves Surel (eds.) (2002) *Democracies and the Populist Challenge*, Basingstoke: Palgrave Macmillan.

Michelman, Frank I. (1997) 'Constitutional Fidelity/Democratic Agency', *Fordham Law Review,* 65(4): 1537-1543.

Miklosi, Zoltan (2012) 'Against the Principle of All-Affected Interests', *Social Theory and Practice*, 38(3): 483-503.

Mill, John Stuart (2010) *Considerations on Representative Government*, Cambridge: Cambridge University Press.

Miller, David (2010) 'Why Immigration Controls Are Not Coercive: A Reply to Arash Abizadeh', *Political Theory*, 38(1): 111-120.

Montanaro, Laura (2012) 'The Democratic Legitimacy of Self-Appointed Representatives', *The Journal of Politics*, 74(4): 1094-1107.

Moss, Giles and Ben O'Loughlin (2008) 'Convincing Claims? Democracy and Representation in Post-9/11 Britain', *Political Studies*, 56(3): 705-724.

Mouffe, Chantal (1993) *The Return of the Political*, London: Verso.（シャンタル・ムフ『政治的なるものの再興』千葉眞他訳，日本経済評論社，1998 年.）

Mouffe, Chantal (2000) *The Democratic Paradox*, London: Verso.

Mouffe, Chantal (2005) *On the Political*, Abingdon: Routledge.（シャンタル・ムフ『政治的なものについて――闘技的民主主義と多元主義的グローバル秩序の構築』酒井隆史・篠原雅武訳，明石書店，2008 年.）

Mouffe, Chantal (2013) *Agonistics: Thinking the World Politically*, London: Verso.

Mudde, Cas and Cristóbal Rovira Kaltwasser (2013) 'Exclusionary vs. Inclusionary Populism: Comparing Contemporary Europe and Latin America', *Government and Opposition*, 48(2): 147-174.

Mueller, Justin C. (2016) *The Temporality of Political Obligation*, New York: Routledge.

Muhll, George Von der (1977) 'Robert A. Dahl and the Study of Contemporary Democracy: A Review Essay', *American Political Science Review*, 71(3): 1070-1096.

Muldoon, James (2011) 'The Lost Treasure of Arendt's Council System', *Critical Horizon*,

12(3): 396-417.
Muldoon, James (2016a) 'Arendt's Revolutionary Constitutionalism: Between Constituent Power and Constitutional Form', *Constellations*, 23(4): 596-607.
Muldoon, James (2016b) 'Arendtian Principles', *Political Studies*, 64(1_suppl): 121-135.
Muldoon, James (2018) *Council Democracy: Towards a Democratic Socialist Politics*, London: Routledge.
Mulgan, Tim (1999) 'The Place of the Dead in Liberal Political Philosophy,' *Journal of Political Philosophy*, 7(1): 52-70.
Muñiz-Fraticelli, Víctor M. (2009) 'The Problem of a Perpetual Constitution', in Gosseries and Meyer (2009).
Näsström, Sofia (2007) 'The Legitimacy of the People', *Political Theory*, 35(5): 624-658.
Näsström, Sofia (2011a) 'The Challenge of the All-Affected Principle', *Political Studies*, 59(1): 116-134.
Näsström, Sofia (2011b) 'Where is the Representative Turn Going?', *European Journal of Political Theory*, 10(4): 501-510.
Negri, Antonio (2003) *Time for Revolution*, London: Continuum.(アントニオ・ネグリ『革命の秋――いまあるコミュニズム』長原豊・伊吹浩一・真田満訳，世界書院，2010年.)
Newman, Saul (2004) 'The Place of Power in Political Discourse', *International Political Science Review,* 25(2): 139-157.
Oakeshott, Michael (1983) *On History and Other Essays*, Oxford: Blackwell.
Ochoa Espejo, Paulina (2015) 'Power to Whom? The People between Procedure and Populism', in Carlos de la Torre (ed.), *The Promise and Perils of Populism: Global Perspectives,* Lexington, KY: University Press of Kentucky.
Offe, Claus (1996) *Modernity and the State; East, West*, Cambridge, MA: The MIT Press.
Owen, David (2012a) 'Constituting the Polity, Constituting the Demos: On the Place of the All Affected Interests Plinciples in Democratic Theory and in Resolving the Democratic Boundary Problem', *Ethics and Global Politics,* 5(3): 129-152.
Owen, David (2012b) 'Book Reviews; Scales of Justice: Reimaging Political Space in a Globalizing World by Nancy Fraser', *Constellations,* 19(1): 135-139.
Owen, David (2014) 'Dilemmas of Inclusion: The All-Affected Principle, the All-Subjected Principle, and Transnational Public Spheres', in Nancy Fraser et al., *Transnationalizing the Public Sphere*, Kate Nash (ed.), Cambridge: Polity.
Owen, David (2020) 'Open Borders and the COVID-19 Pandemic', *Democratic Theory*, 7(2): 152-159.
Oyen, Else (1997) 'The Contradictory Concept of Social Exclusion and Social Inclusion', in Charles Gore and José B. Figueiredo (eds.), *Social Exclusion and Anti-Poverty Policy:*

*A Debate,* Geneva: International Institute for Labour Studies.

Palonen, Kari (1999) 'Contingency in Political Theory', *Finnish Yearbook of Political Thought,* 3: 5-10.

Palonen, Kari (2003) 'Four Times of Politics: Policy, Polity, Politicking, and Politicization', *Alternatives: Global, Local, Political*, 28(2): 171-181.

Palonen, Kari (2006) *The Struggle with Time: A Conceptual History of 'Politics' as an Activity*, Hamburg: LIT.

Panizza, Francisco (ed.) (2005) *Populism and the Mirror of Democracy*, London: Verso.

Panofsky, Erwin (1955) *Meaning in the Visual Arts: Papers in and on Art History*, Garden City, NY: Doubleday Anchor Books.

Pasquino, Pasquale (2019) 'Popular Sovereignty: The People's Two Bodies', in Bas Leijssenaar and Neil Walker (eds.), *Sovereignty in Action*, Cambridge: Cambridge University Press.

Pateman, Carole (1970) *Participation and Democratic Theory*, Cambridge: Cambridge University Press. (キャロル・ペイトマン『参加と民主主義理論』寄本勝美訳，早稲田大学出版部，1977 年.)

Pateman, Carole (1985) *The Problem of Political Obligation: A Critical Analysis of Liberal Theory*, Cambridge: Polity.

Patton, Paul (2003) 'Future Politics', in Paul Patton and John Protevi (eds.), *Between Deleuze and Derrida,* London: Continuum.

Penny, Nicholas (2008) *The Sixteenth-Century Italian Paintings: Volute II: Venice 1540-1600*, National Gallery London.

Pettit, Philip (2008) *Made with Words: Hobbes on Language, Mind, and Politics*, Princeton, NJ: Princeton University Press.

Phillips, Anne (1995) *The Politics of Presence*, Oxford: Clarendon Press.

Pitkin, Hanna F. (1967) *The Concept of Representation*, Barkley, CA: University of California Press.

Pitkin, Hanna F. (2004), 'Representation and Democracy: Uneasy Alliance', *Scandinavian Political Studies,* 27(3): 335-342.

Plotke, David (1997) 'Representation is Democracy', *Constellations*, 4(1): 19-34.

Prainsack, Barbara (2020) 'Solidarity in Times of Pandemics', *Democratic Theory*, 7(2): 124-133.

Przeworski, Adam (2010) *Democracy and the Limits of Self-Government*, Cambridge: Cambridge University Press.

Rahman, Smita A. (2015) *Time, Memory, and the Politics of Contingency*, Abingdon: Routledge.

Rapeli, Lauri and Inga Saikkonen (2020) 'How Will the COVID-19 Pandemic Affect Democracy?', *Democratic Theory*, 7(2): 25-32.

Rehfeld, Andrew (2005) *The Concept of Constituency: Political Representation, Democratic Legitimacy, and Institutional Design*, Cambridge: Cambridge University Press.

Rehfeld, Andrew (2006) 'Towards a General Theory of Political Representation', *The Journal of Politics*, 68(1): 1-21.

Rehfeld, Andrew (2009) 'Representation Rethought: On Trustees, Delegates, and Gyroscopes in Study of Political Representation and Democracy', *American Political Science Review*, 103(2): 214-230.

Robinson, Andrew and Simon Tormey (2007) 'Beyond Representation? A Rejoinder', *Parliamentary Affairs,* 60(1): 127-137.

Rosa, Hartmut (2005) 'The Speed of Global Flows and the Pace of Democratic Politics', *New Political Science*, 27(4): 445-459.

Rosanvallon, Pierre, (2006) *Democracy Past and Future,* Samuel Moyn (ed.), New York: Columbia University Press.

Rosanvallon, Pierre (2012), 'The Test of the Political: A Conversation with Claude Lefort', *Constellations*, 19 (1): 4-15.

Rousseau, Jean-Jacques (1997) *Rousseau: The Social Contract and Other Later Political Writings*, Victor Gourevitch (ed and trans.), Cambridge: Cambridge University Press.

Rovira Kaltwasser, Cristóbal (2014) 'The Responses of Populism to Dahl's Democratic Dilemmas', *Political Studies*, 62(3): 470-487.

Rubenfeld, Jed (2001) *Freedom and Time: A Theory of Constitutional Self-Government*, New Haven, CT: Yale University Press.

Rubenfeld, Jed (2005) *Revolution by Judiciary: The Structure of American Constitutional Law*, Cambridge, MA: Harvard University Press.

Runciman, David (2007) 'The Paradox of Political Representation', *The Journal of Political Philosophy,* 15(1): 93-114.

Runciman, David (2018) *How Democracy Ends*, London: Profile Books.（デイヴィッド・ランシマン『民主主義の壊れ方――クーデタ・大惨事・テクノロジー』若林茂樹訳，白水社，2020 年．）

Sarat, Austin (ed.) (2010) *Sovereignty, Emergency, Legality*, Cambridge: Cambridge University Press.

Saward, Michael (2010) *The Representative Claim*, Oxford: Oxford University Press.

Saward, Michael (2011a) 'Slow Theory: Taking Time Over Transnational Democratic Representation', *Ethics and Global Politics*, 4(1): 1-18.

Saward, Michael (2011b) 'The Wider Canvas: Representation and Democracy in State and

Society', in Alonso et al. (2011).

Saward, Michael (2017) 'Agency, Design and "Slow Democracy"', *Time & Society*, 26(3): 362-383.

Saward, Michael (2021) *Democratic Design*, Oxford: Oxford University Press.

Scauso, Marcos S., Garrett FitzGerald, Arlene B. Tickner, Navnita Chadha Behera, Chengxin Pan, Chih-yu Shih, and Kosuke Shimizu (2020) 'COVID-19, Democracies, and (De) Colonialities', *Democratic Theory*, 7(2): 82-93.

Scharpf, Fritz (1999) *Governing in Europe: Effective and Democratic?*, Oxford: Oxford University Press.

Schedler, Andreas and Javier Santiso (1998) 'Democracy and Time: An Invitation', *International Political Science Review*, 19(1): 5-18.

Schedler, Andreas (2007) 'Mapping Contingency', in Ian Shapiro and Sonu Bedi (eds.), *Political Contingency: Studying the Unexpected, the Accidental, and the Unforeseen*, New York: New York University Press.

Scheuerman, William E. (2004) *Liberal Democracy and the Social Acceleration of Time*, Baltimore, MD: Johns Hopkins University Press.

Scheuerman, William E. (2006) 'Emergency Powers', *Annual Review of Law and Social Science*, 2: 257-277.

Scheuerman, William E. (2008) 'Citizenship and Speed', in Hartmut Rosa and William E. Scheuerman (eds.), *High-Speed Society: Social Acceleration, Power, and Modernity,* University Park, PA: Pennsylvania State University Press.

Schweber, Howard (2016) 'The Limits of Political Representation,' *American Political Science Review*, 110(2): 382-396.

Seitz, Brian (1995) *The Trace of Political Representation*, Albany, NY: State University of New York Press.

Shapiro, Gary (2013) 'Kairos and Chronos: Nietzsche and the Time of the Multitude', in Keith Ansell-Pearson (ed.), *Nietzsche and Political Thought,* London: Bloomsbury.

Shapiro, Michael M. (2001) 'Time, Disjuncture, and Democratic Citizenship', in Aryeh Botwinick and William E. Connolly (eds.), *Democracy and Vision: Sheldon Wolin and the Vicissitudes of the Political*, Princeton, NJ: Princeton University Press.

Sheldon, Garrett Ward, (2002) 'The Political Theory of the Declaration of Independence', in Scott Douglas Gerber (ed.), *The Declaration of Independence: Origins and Impact,* Washington DC: CQ Press.

Shklar, Judith N. (1998) *Redeeming American Political Thought,* Stanley Hoffmann and Dennis F. Thompson (ed.), Chiago, IL: The University of Chicago Press.

Sikora, R. I. and Brian Barry (eds.) (2012) *Obligation to Future Generations*, Cambridge:

The White Horse Press.
Simmons, A. John (1979) *Moral Principles and Political Obligations*, Princeton, NJ: Princeton University Press.
Skinner, Quentin (1996) *Reason and Rhetoric in the Philosophy of Hobbes*, New York: Cambridge University Press.
Skinner, Quentin (2005) 'Hobbes on Representation', *European Journal of Philosophy*, 13 (2): 155-184.
Skinner, Quentin (2023) 'Hobbes on the Theology and Politics of Time', in John Robertson (ed.), *Time, History, and Political Thought*, Cambridge: Cambridge University Press.
Slauter, Eric (2009) 'The Declaration of Independence and the New Nation', in Frank Shuffelton (ed.), *The Cambridge Companion to Thomas Jefferson*, Cambridge: Cambridge University Press.
Sloan, Herbert (1993) 'The Earth Belongs in Usufruct to the Living', in Peter S. Onuf (ed.), *Jeffersonian Legacies*, Charlottesville, VA: University Press of Virginia.
Smith, Daniel Scott (1999) 'Population and Political Ethics: Thomas Jefferson's Demography of Generations', *The William and Mary Quarterly*, 56(3): 591-612.
Smith, William and Shiyu Zhang (2019) 'Resisting Injustice: Arendt on Civil Disobedience and the Social Contract', in Kei Hiruta (ed.), *Arendt on Freedom, Liberation, and Revolution*, Cham, Switzerland: Palgrave Macmillan.
Somerville, Peter (2011) 'Democracy and Participation', *Policy & Politics*, 39(3): 417-437.
Song, Sarah (2012) 'The Boundary Problem in Democratic Theory: Why the Demos Should Be Bounded by the State', *International Theory*, 4(1): 39-68.
Srnicek, Nick and Alex Williams (2016) *Inventing the Future: Postcapitalism and a World without Work: New Updated Edition*, London: Verso.
Stäheli, Urs (2004) 'Competing Figures of the Limit: Dispersion, Transgression, Antagonism, and Indifference', in Critchley et al. (2004).
Stasavage, David (2020) 'Democracy, Autocracy, and Emergency Threats: Lessons for COVID-19 from the Last Thousand Years', *International Organization*, 74(Supplement 1): 1-17.
Stavrakakis, Yannis (2004) 'Antinomies of Formalism: Laclau's Theory of Populism and the Lessons from Religious Populism in Greece', *Journal of Political Ideologies*, 19(3): 253-267.
Stockdale, Liam P. D. (2016) *Taming an Uncertain Future: Temporality, Sovereignty, and the Politics of Anticipatory Governance*, London: Rowman and Littlefield International.
Stoker, Gerry, Colin Hay, and Matthew Barr (2016) 'Fast Thinking: Implications for Democratic Politics', *European Journal of Political Research,* 55(1): 3-21.

Stoffel, Sophie (2008) 'Rethinking Political Representation: The Case of Institutionalised Feminist Organisations in Chile', *Representation*, 44(2): 141-154.

Street, John (2004) 'Celebrity Politicians: Popular Culture and Political Representation', *The British Journal of Politics and International Relations*, 6(4): 435-452.

Sunstein, Cass R. (1988) 'Constitutions and Democracies: An Epilogue', in Jon Elster and Rune Slagstad (eds.), *Constitutionalism and Democracy*, Cambridge: Cambridge University Press.

Szymanek, Jarosław (2015) *Theory of Political Representation*, Frankfurt am Main: Peter Lang GmnH.

Taggart, Paul (2000) *Populism*, London: Open University Press.

Taylor-Gooby, Peter (2004) 'New Social Risks and Welfare States: New Paradigm and New Politics?', in Peter Taylor-Gooby (ed.), *New Risks, New Welfare: The Transformation of the European Welfare State*, Oxford: Oxford University Press.

Tekin, Serdar (2016) *Founding Acts: Constitutional Origins in a Democratic Age*, Philadelphia, PA: University of Pennsylvania Press.

Thomassen, Lasse (2007a) 'Beyond Representation?', *Parliamentary Affairs,* 60(1): 111-126.

Thomassen, Lasse (2007b) '"A Basic Closure of Perspective"? Reply to Robinson and Tormey', *Parliamentary Affairs,* 60(1): 138-142.

Thomassen, Lasse (2010) 'Deconstruction as Method in Political Theory', *Austrian Journal of Political Science*, 39(1): 41-53.

Thomassen, Lasse (2017) *British Multiculturalism and the Politics of Representation,* Edinburgh: Edinburgh University Press.

Thomassen, Lasse (2019) 'Pinning Down Representation', in Disch et al. (2019).

Thompson, Dennis F. (2005) 'Democracy in Time: Popular Sovereignty and Temporal Representation', *Constellations*, 12(2): 245-261.

Thompson, Dennis F. (2010) 'Representing Future Generations: Political Presentism and Democratic Trusteeship', *Critical Review of International Social and Political Philosophy,* 13(1): 17-37.

Thompson, Janna (2009) *Intergenerational Justice: Rights and Responsibilities in an Intergenerational Polity*, New York: Routledge.

Thomson, Alex (2005) *Deconstruction and Democracy*, London: Continuum.

Thomson, Alex (2007) 'Derrida's Rogues: Islam and the Futures of Deconstruction', in Madeleine Fagan et al. (eds.), *Derrida: Negotiating the Legacy,* Edinburgh: Edinburgh University Press.

Torfing, Jacov (1999) *New Theories of Discourse: Laclau, Mouffe and Žižek*, Oxford: Black-

well.
Tormey, Simon (2006) '"Not in My Name": Deleuze, Zapatismo and the Critique of Representation', *Parliamentary Affairs,* 59(1): 138-154.
Tormey, Simon (2015) *The End of Representative Politics*, Cambridge: Polity Press.
Tuckness, Alex and Clark Wolf (2017) *This Is Political Philosophy: An Introduction*, Chichester: Wiley Blackwell.
Urbinati, Nadia (2002) *Mill on Democracy: From the Athenian Polis to Representative Government*, Chicago, IL: The University of Chicago Press.
Urbinati, Nadia (2006) *Representative Democracy: Principles and Genealogy*, Chicago, IL: The University of Chicago Press.
Urbinati, Nadia (2011) 'Representative Democracy and Its Critics', in Alonso et al. (2011).
Urbinati, Nadia (2014) *Democracy Disfigured: Opinion, Truth, and the People,* Cambridge, MA: Harvard University Press. (『歪められた民主主義――意見，真実，そして人民』鵜飼健史訳，岩波書店，2021 年.)
Urbinati, Nadia and Mark E. Warren (2008) 'The Concept of Representation in Contemporary Democratic Theory', *Annual Review of Political Science*, 11: 387-412.
Valentine, Jeremy (2009) 'Time, Politics and Contingency in Connolly's Political Thought', in Alan Finlayson (ed.), *Democracy and Pluralism: The Political Thought of William E. Connolly*, Abingdon: Routledge.
Valentine, Jeremy (2013) 'Lefort and the Fate of Radical Democracy', in Martín Plot (ed.), *Claude Lefort: Thinker of the Political,* Basingstoke: Palgrave Macmillan.
Varouxakis, Georgios (2007) 'Cosmopolitan Patriotism in J. S. Mill's Political Thought and Activism', in Nadia Urbinati and Alex Zakaras (eds.), *J. S. Mill's Political Thought: A Bicentennial Reassessment*, New York: Cambridge University Press.
Varouxakis, Georgios and Paul Kelly (eds.) (2010) *John Stuart Mill—Thought and Influence: The Saint of Rationalism*, London: Routledge.
Virilio, Paul (2001) 'Perception, Politics and the Intellectual (Interview with Niels Brügger)', in John Armitage (ed.), *Virilio Live: Selected Interviews*, London: Sage.
Volk, Christian (2015) *Arendtian Constitutionalism: Law, Politics and the Order of Freedom*, Oxford: Hart.
Waldron, Jeremy (1999a) *Law and Disagreement*, Oxford: Oxford University Press.
Waldron, Jeremy (1999b) 'Who Controls Withdrawals?', *Arkansas Law Review*, 52: 533-562.
Walker, Jack L. (1966) 'A Critique of the Elitist Theory of Democracy', *The American Political Science Review*, 60(2): 285-295.
Walker, Neil (2020) 'The Crisis of Democratic Leadership in Times of Pandemic', in Miguel

Poiares Maduro and Paul W. Kahn (eds.), *Democracy in Times of Pandemic: Different Futures Imagined*, Cambridge: Cambridge University Press.

Wampler, Brian (2012) ‘Participation, Representation, and Social Justice: Using Participatory Governance to Transform Representative Democracy’, *Polity*, 44(4): 666-682.

Wenman, Mark (2013) *Agonistic Democracy: Constituent Power in the Era of Globalisation*, New York: Cambridge University Press.

Weymans, Wim (2005) ‘Freedom through Political Representation: Lefort, Gauchet and Rosanvallon on the Relationship between State and Society’, *European Journal of Political Theory*, 4(3): 263-282.

Weymans, Wim (2012) ‘Defending Democracy's Symbolic Dimension: A Lefortian Critique of Arendt's Marxist Assumptions’, *Constellations*, 19(1): 63-80.

Weymans, Wim and Hetzel Andreas (2012) ‘From Substantive to Negative Universalism: Lefort and Habermas on Legitimacy in Democratic Societies’, *Thesis Eleven*, 108(1): 26-43.

Widder, Nathan (2010) ‘Temporality’, in Mark Bevir (ed.), *Encyclopedia of Political Theory: Volume Three*, London: SAGE.

Williams, Melissas (1998) *Voice, Trust and Memory: Marginalized Groups and the Failure of Liberal Representation*, Princeton, NJ: Princeton University Press.

Wingenbach, Ed (2011) *Institutionalizing Agonistic Democracy: Post-Foundationalism and Political Liberalism*, Burlington, VT: Ashgate.

Whitebrook, Maureen (1999) ‘Novel and Novelty: Dealing with Contingency’, *Finnish Yearbook of Political Thought*, 3: 74-99.

Whitt, Matt (2014) ‘Democracy's Sovereign Enclosures: Territory and the All-affected Principle’, *Constellations*, 21(4): 560-574.

Wiley, James (2016) *Politics and the Concept of the Political: The Political Imagination*, London: Routledge.

Williams, Garrath (2015) ‘Disclosure and Responsibility in Arendt's *The Human Condition*’, *European Journal of Political Theory*, 14(1): 37-54.

Wolfe, Matthew W. (2008) ‘The Shadows of Future Generations’, *Duke Law Journal*, 57(6): 1897-1932.

Wolin, Sheldon S. (1989) *The Presence of the Past: Essays on the State and the Constitution*, Baltimore, MD: Johns Hopkins University Press.（シェルドン・S. ウォリン『アメリカ憲法の呪縛』千葉眞他訳，みすず書房，2006 年.）

Wolin, Sheldon S. (1997) ‘What Time Is It?’, *Theory & Event*, 1(1): 1-10.

Wolin, Sheldon S. (2008) *Democracy Incorporated: Managed Democracy and the Specter of Inverted Totalitarianism*, Princeton, NJ: Princeton University Press.

Wolin, Sheldon S. (2016a) *Fugitive Democracy and Other Essays*, Nicholas Xenos (ed.), Princeton, NJ: Princeton University Press.

Wolin, Sheldon S. (2016b) *Politics and Vision: Continuity and Innovation in Western Political Thought (Expanded Edition)*, Princeton, NJ: Princeton University Press.

Wong, Mabel (2012) 'Struggling with Time: A Rousseauian Caution to the Politics of Becoming', *Contemporary Political Theory*, 11(2): 172-191.

Wootton, David (2007) 'From Fortune to Feedback: Contingency and the Birth of Modern Political Science', in Ian Shapiro and Sonu Bedi (eds.), *Political Contingency: Studying the Unexpected, the Accidental and the Unforeseen*, New York: New York University Press.

Young, Iris Marion (1992) 'Books in Review', *Political Theory,* 20(3): 511-514.

Young, Iris Marion (2000) *Inclusion and Democracy*, Oxford: Oxford University Press.

Young, Iris Marion (2002) 'Power, Violence, and Legitimacy: A Reading of Hannah Arendt in an Age of Police Brutality and Humanitarian Intervention', in Martha Minow, *Breaking the Cycles of Hatred: Memory, Law, and Repair,* Princeton, NJ: Princeton University Press.

Zakaras, Alex (2007) 'John Stuart Mill, Individuality, and Participatory Democracy' in Nadia Urbinati and Alex Zakaras (eds.), *J. S. Mill's Political Thought: A Bicentennial Reassessment*, New York: Cambridge University Press.

Zakaras, Alex (2009) *Individuality and Mass Democracy: Mill, Emerson, and the Burdens of Citizenship*, Oxford: Oxford University Press.